Σ BEST シグマベスト

マナビズム公式

THE
GUIDE

1冊でわかる！最大効率の攻略法

関関同立の英語

マナビズム代表
八澤龍之介

文英堂

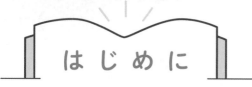

は じ め に

「関関同立に絶対合格したい！」人のための参考書

こんにちは！ マナビズムの八澤です。

この本は，「関関同立に絶対合格したい！」という受験生のために，これまでの関関同立合格指導でつちかったマナビズム独自のノウハウを，これでもかと注入しまくった本です。

「関関同立」すなわち，関西大学・関西学院大学・同志社大学・立命館大学を目指して頑張っている人… あるいは，ここまであまり頑張れなかったから，これから効率的に勉強して逆転合格したい，という人にぜひともこの本を読んでもらいたいです。

何となく漠然と志望校を目指して，何となく適当に受験勉強をしているだけで合格できるほど，大学受験は甘くありません。わき目もふらず，がむしゃらに勉強するのは当然。それができたとしても，それでも合格が約束されていない戦い，それが大学受験です。

この本を手に取ってくれたキミには，「ラクして合格する方法」ではなく，「適切な努力をして合格する方法」を捧げます。好きでもない勉強をしているんだから，絶対に結果が出る方法を知りたいですよね。報われる努力とは何かを本書では明確にしていきます。特に，いまキミがこんなことで悩んでいるのであれば，この本がとても役に立つと思います。

① 関関同立に特化した勉強のやり方がわからない
② 過去問の効果的な使い方がわからない
③ 関関同立に受かるための計画が立てられていない
④ 合格するビジョンが持てていない

使う時期としては，受験勉強の基礎が終わった頃から，直前まで。特に，夏ごろからが適しています。

ゴールを知ること

大学受験にはゴールがあります。皆さんは，そのゴールが明確に見えていますか？ ゴールが何なのかもはっきりしないまま，ただ目の前の勉強をしていませんか？ ゴールがわかっていないまま行う受験勉強は，目的地を目指さない山登りと同じ。すぐに道に迷ってしまいます。

大学受験のゴールは，本番の入試で合格点をとることです。でも，その合格点って，

いったい何点ですか？ 実際には，各科目で何点以上とれたら確実に合格できますか？ そして，その入試では，どんな問題が出てくるんですか？ どんな形式のどんなレベルの問題が，どれくらいの分量で出てくるんでしょうか？

　そういったことを知らないまま，がむしゃらにやろうとするから，道に迷うのです。

　相手に勝とうと思ったら，まずは相手のことを徹底的に研究する。ゴールを目指すなら，ぼんやりとしたイメージではなく，そのゴールがどんなものなのかをまず正確に見極める。そして，そのゴールに，最短距離で向かっていくべきなんです。

ゴールまでの最短ルートは「過去問」で！

　ゴールは本番の入試で合格点をとること。といっても，本番の入試問題は受験当日になるまでわかりませんよね。ではどうすればいいかと言ったら，過去に実際に出題された問題，つまり「過去問」を使えばいいんです。

　過去問は本物の入試問題ですから，過去問で安定して合格点をとれるように準備することが，ゴールにつながります。「過去問は，入試直前にやるもの」ではありません。志望校を決めて，受験勉強を始めようと思ったら，まず最初にその大学の「過去問」を解き，敵を徹底的に分析する。その分析に照らし合わせれば，今やっている勉強が正しいかどうかがわかります。

　「過去問」は，自分が受験する大学のゴールを知り，それに向かって最短ルートを進むためにあると思ってください。そのための方法を，1冊でまるごとわかるようくわしく解説したのが本書です。

「過去問」の使い方がわかる本

　この本では，関関同立英語の「過去問」を徹底的に分析し，どうやって，「過去問」を使って，志望大学合格を目指すのか… そのための戦略の立て方，計画の立て方，勉強の仕方まで，ひとつひとつ丁寧に説明しています。「めっちゃわかる解説動画」も用意していますので，動画を活用しつつ，本書を読み進めるようにしてください。

　本のタイトルは，キミたち一人一人が自分の志望校への最短ルートを見つけるための力強い「ガイド」になってくれたら…！ との願いを込めて「THE GUIDE」と付けました。

　つらく厳しい受験に，たった一人で，何もわからず立ち向かう必要はない。この本がガイドとなってキミたちを合格へと導きますので，一緒に，いますぐ，受験勉強の最初の一歩を踏み出しましょう。

八澤 龍之介

CONTENTS

CHAPTER 4 分析編 (過去問の復習の仕方)

別冊 問題編 (過去問)

HOW TO ACHIEVE YOUR GOALS

本書の特長と使い方

ビジュアルデータ徹底分析

01

CHAPTER 1 データ編で 関関同立の英語を知る。

どのような問題が出るのか，どのような力が求められるのか，ビジュアル分析でチェック！

まずはゴールを知ること！

紙面の QR コードをスマホやタブレットで読みとって，八澤先生の解説動画もチェック！

めっちゃわかる解説動画をチェックしてみよう！

最新年度のデータはこちらから！（毎年9月に更新）

\過去問に取り組む前に/

CHAPTER 2 対策編で
受験戦略を練る。

02

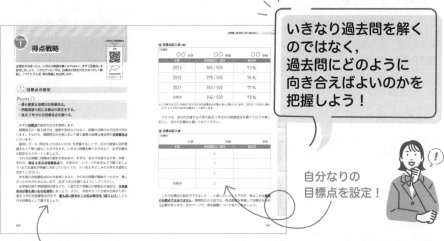

いきなり過去問を解く
のではなく,
過去問にどのように
向き合えばよいのかを
把握しよう!

自分なりの
目標点を設定!

「点数」に対する考え方を
チェック!

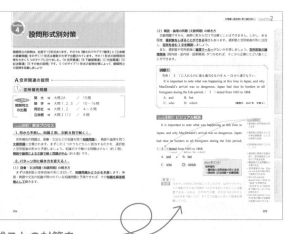

関関同立の英語の
設問 11形式 を
くわしく解説!

設問形式ごとの対策を
ビジュアル解説でチェック!

03

別冊 問題編で
実際に問題を解いてみる。

↓

CHAPTER 3 実践編で
自分の理解度を確かめる。

初めて過去問に
取り組むときは,
制限時間などあまり
気にしなくて大丈夫!

各大学の過去問を
わかりやすく
ビジュアル化して解説!

＼過去問ビジュアル解説／

本書で使用する記号

① SVOC とカッコ
- S：主語
- V：動詞
- O：目的語
- C：補語
- [　]：名詞のカタマリ
- 〈　〉：形容詞のカタマリ
- (　)：副詞のカタマリ

② 論理マーカー
（前後の論理関係）
- ▲：順接マーカー（同内容）
- ▼：逆接マーカー（逆内容）
- ▶：因果マーカー（原因→結果）
- ◀：因果マーカー（結果←原因）

何が理解できていなかったのか,
一問一問チェックして,
自分の弱点を見極めよう!

「過去問分析ノート」
の作り方！

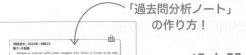

過去問の
\ 復習の仕方 /

04

CHAPTER 4 分析編で 復習の仕方を把握する。

「1回解いて終わり」
ではダメ！
必ず復習を！！

自分のための
計画表を作ろう！

全体計画の立て方！

同志社大学 英語年間計画（1年スパンの例）

ゴールを知り，ゴールを
目指して自ら受験勉強に
取り組み，最後にはしっ
かりゴールして，関関同
立の大学生になってくだ
さい！

本書掲載のQRコード一覧

「解説動画」と「最新情報」のご利用方法

　本書のSectionタイトル右側に掲載のQRコードをお手持ちのスマートフォンやタブレットで読みとることで，以下のサービスがご利用いただけます。

めっちゃわかる解説動画

　紙面のQRコードを読みとることで八澤先生の解説動画が見られます。下の一覧から，それぞれの動画にアクセスすることもできます。

CHAPTER 1

Section 1	Section 2	Section 3	Section 4	Section 5
関関同立英語の全体像	関大英語の概要と分析	関学英語の概要と分析	同志社英語の概要と分析	立命館英語の概要と分析
001	002	003	004	005

CHAPTER 2

Section 1～5
対策編
（過去問に取り組む前に）
010

CHAPTER 4

Section 1～5
分析編
（過去問の復習の仕方）
011

最新情報

　オンライン上で最新の情報が見られます。CHAPTER 1の各大学の長文データ分析は，毎年9月に更新されます。CHAPTER 4の最新計画例は，各大学ごとの学習計画例を確認することができます。下の一覧から，それぞれの情報にアクセスすることもできます。

CHAPTER 1

Section 6	Section 7	Section 8	Section 9
関大英語の長文データ分析	関学英語の長文データ分析	同志社英語の長文データ分析	立命館英語の長文データ分析
006	007	008	009

CHAPTER 4

Section 3	Section 3
最新学習計画例（1年スパン）	最新学習計画例（半年スパン）
012	013

- ●本サービスは無料でご利用いただけますが，通信料金はお客様のご負担となります。
- ●すべての機器での動作を保証するものではありません。
- ●やむを得ずサービス内容に予告なく変更が生じる場合があります。
- ● QRコードは㈱デンソーウェーブの登録商標です。

CHAPTER 1

データ編
（ビジュアルデータ徹底分析）

「敵を知り己を知れば百戦危うからず」。兵法で有名な『孫子』の一節にあるように，関関同立英語のデータを知ることが，過去問分析の最初の一歩になります。ここでは，関関同立英語のデータ編として，Section1 で全体像，Section2 〜 5 で各大学の概要と分析，Section6 〜 9 で長文データを見ていきます。

■ この CHAPTER の進め方
① まず，Section1 を読み，解説動画も視聴して，全体像を把握してください。
② 次に，Section2 〜 5 で自分の志望する大学の概要を把握してください。
③ Section6 〜 9 の長文データ分析は，過去問を解いたあとに参照してください。

関関同立英語の全体像

八澤先生の解説動画を
Check!

001

ManaviisM

まずは関関同立英語の全体像を把握しましょう！ 各大学の大問の数，タイプ分け，難易度などのデータを大まかにチェック。次の Section 2 ～5 で，各大学別によりくわしく見ていきます。

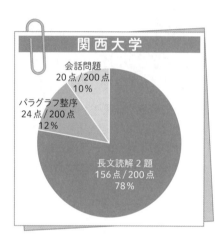

関西大学

会話問題
20点／200点
10%

パラグラフ整序
24点／200点
12%

長文読解2題
156点／200点
78%

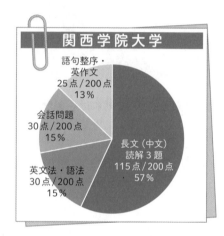

関西学院大学

語句整序・英作文
25点／200点
13%

会話問題
30点／200点
15%

英文法・語法
30点／200点
15%

長文（中文）
読解3題
115点／200点
57%

同志社大学

会話問題
（英作文1問含む）
50点／200点
25%

長文読解2題
150点／200点
75%

立命館大学

英文法・語法
16点／120点
13%

語彙問題
20点／120点
17%

会話問題
24点／120点
20%

長文読解2題
60点／120点
50%

チェック①：タイプ分け1　長文型と総合型

　関関同立英語は大きく2つのタイプに分かれます。長文読解の大問が中心の長文型と，長文読解以外の大問が複数出題される総合型で，**関大（大問3題）と同志社（大問3題）が長文型，関学（大問6題）と立命館（大問5題）が総合型**。関大と同志社は全体の約75％が長文読解，関学は約57％，立命館は50％です。

チェック②：タイプ分け2　全問マーク式と一部記述あり

　別の視点から2つのタイプに分けることができます。**関大と立命館は全問マーク式**で，**関学と同志社は和訳と英作文が出題される一部記述あり**（関学は全学部日程のみ全問マーク式，ほかの日程は記述あり）。したがって，関学と同志社は記述問題である和訳と英作文の対策も必要です。

チェック③：難易度

　和訳と英作文が出題され，長文の語数が多い同志社が最も難しく，次に問題数が多い関学，全問マーク式である関大と立命館が同程度の難易度です。しかし，以前と比べて関大の長文は難しくなってきており，必ずしもこの難易度順とは言えません。

チェック④：制限時間・設問数・長文の語数

　時間は，**同志社100分，関学90分，関大90分，立命館80分**。設問数は**同志社50問前後，関学60問前後，関大50問，立命館49問**（同志社と関学は日程によって設問数が多少異なります）。長文1題あたりのおおよその平均語数は，**同志社900～1000語程度，関大900語程度，立命館850語程度，関学は3題中1題が700語程度，他2題が450語程度**です。

　制限時間と設問数の多さ，また長文の語数の多さから，**スピードを意識**しなければなりません。

チェック⑤：設問形式

　関関同立英語の設問を形式別に分類すると，全部で13形式あります。関関同立4大学で共通して出題されるのは長文読解の空所補充問題と会話問題。3大学で出題されるのは長文読解の内容一致問題です。他は，基本的に2大学で出題される設問形式です。関大のパラグラフ整序と立命館の語彙問題のみ，その大学でしか出題されません。

　これら13形式のうち，複数の大学で出題される11形式の設問対策を CHAPTER 2 **Section 4** 設問形式別対策で行います。

Section 2 関大英語の概要と分析

八澤先生の解説動画を Check!

002

ManaviisM

関大英語の概要を把握し，ビジュアル分析で関大英語の特徴をつかみましょう！ 関大英語を制するのは，長文を制する者です！

関大英語の概要（出題内容・問題数・配点・時間）

	出題内容		問題数	配点	時間
大問1	A 会話問題		5問	20点	
	B パラグラフ整序問題		6問	24点	
大問2	長文読解	A 空所補充問題	15問	60点	
		B 内容説明問題	7問	28点	
大問3	長文読解	A 下線部内容説明問題	10問	40点	
		B 内容説明問題	7問	28点	
計			50問	200点	90分

チェック① 長文読解がメイン

大問2と大問3の長文読解で200点中156点，配点の78％になります。**900語前後の長文読解2題が関大英語のメインです！** 900語の長文をしっかり対策しましょう。

チェック② パラグラフ整序が出る

大問1Bでパラグラフ整序問題が出題されます。**ほかの大学であまり出題されない問題形式なので，この問題形式に慣れる**までしっかり対策しましょう。解答欄への記入方法も少し特別なので，解答方法に注意しましょう。

チェック③ 会話問題は簡単

大問1Aの会話問題は，200点中20点で配点の10％です。配点も低く，**関関同立の会話問題の中では最も簡単**なので，この対策には時間をかけず，長文とパラグラフ整序を優先しましょう。

チェック④ 配点が明瞭

全問1問あたり4点です。4点×50問で合計200点満点です。関関同立の中で最も計算しやすいです。

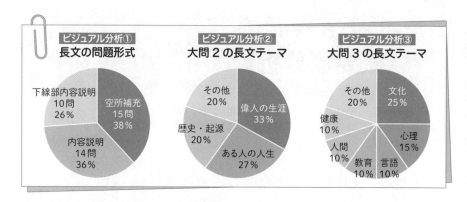

ビジュアル分析① 長文の問題形式

　3つの問題形式で出題されます。**大問2の空所補充問題は15問**と最も多く出題されますが，ここに文法4択問題と同じような知識問題が数問含まれます。この15問が関大英語で最も難しく，最初のうちは半分以上間違えるかもしれませんが，最終的には**合格ラインの15問中11問以上（7割以上）正解**を目指しましょう。

　大問2と大問3では**内容説明問題が各7問で合計14問**，大問3では**下線部内容説明問題が10問**，これらは**すべて3択の問題**です。3択だから簡単というわけではないのでしっかり対策しましょう。内容説明14問中12問正解と下線部内容説明10問中8問正解（ともに**8割以上**）を目標にすること。内容一致（「8つの中から3つ選ぶ」など）は出題されません。

　まとめると，関大の問題形式の3大特徴は，**「空所補充15問」「空所補充以外は3択」「内容一致ではなく内容説明」**ということになります。

ビジュアル分析② 大問2の長文テーマ

　評論文ではなく，**「偉人の生涯」「ある人の人生」「歴史・起源」**をテーマとした**伝記・歴史**に関する文章がよく出題されます。「偉人の生涯」は「NASAで活躍した黒人女性，キャサリン・ジョンソン」，「ある人の人生」は「オーストラリアへ移住した日本人，平野ナオ」，「歴史・起源」は「九龍城砦の歴史」などが出ています。（→ p.022～ CHAPTER 1 ❻）

ビジュアル分析③ 大問3の長文テーマ

　さまざまなテーマの評論文が出題されます。**「文化」「心理」「言語」「教育」「人間」「健康」**に関する文章がよく出題され，その他のテーマとしては，**「コミュニケーション」「IT・テクノロジー」**に関する文章なども出題されます。「英国の控えめな表現への理解」，「連想実験『プライミング効果』」などが出ました。（→ p.022～ CHAPTER 1 ❻）

Section 3 関学英語の概要と分析

八澤先生の解説動画を
Check!

003

ManaviisM

関学英語の概要を把握し，ビジュアル分析で関学英語の特徴をつかみましょう！　関学英語を制するのは，長文，文法，記述を制する者です！

関学英語　全学部日程の概要（出題内容・問題数・配点・時間）

	出題内容		問題数	配点	時間
大問1	長文読解	A 同意語句問題	3問	6点	
		B 空所補充問題	7問	14点	
		C 同意表現問題	2問	10点	
		D 内容一致問題	3問	18点	
大問2	中文読解	A 同意表現問題	3問	9点	
		B 同意語句問題	6問	18点	
		C 内容説明問題	2問	12点	
大問3	中文読解	A 空所補充問題	8問	16点	
		B 内容一致問題	2問	12点	
大問4	英文法・語法 4択問題		10問	30点	
大問5	語句整序問題		5問	25点	
大問6	会話問題		10問	30点	
計			61問	200点	90分

＊大問1，2，3，5の出題内容，問題数，配点は，日程によって異なります（大問4と6のみ同じ）。
　上記は全学部日程2022年2月1日実施分です。
＊学部個別日程などでは，記述式問題として和訳2問と英作文1問が出題されます（和訳は，大問1～3
　で2問（1問10～15点）出題。英作文は，大問5で1問（12～16点）出題）。

チェック① 大問6題，長文が3題，文法関連が3題

　関関同立の中で最も多い大問数で，問題数も多いので，解くスピードも意識しましょう。大問1～3はやや長めの長文1題と短めの長文（中文）2題，大問4～6は主に文法関連の問題で，大問6の会話問題も文法知識が問われます。**長文3題を読み解く長文読解力と整序問題まで対応した文法力**が求められます。

チェック② 受験日程によって設問形式が変わる

　2月1・2日の全学部日程は全問マークシート問題で，記述問題は出題されません。2月3～7日の学部個別日程などは記述あり，和訳が2問，英作文が1問出題されます。長文，文法，和訳，英作文をしっかり対策しましょう。

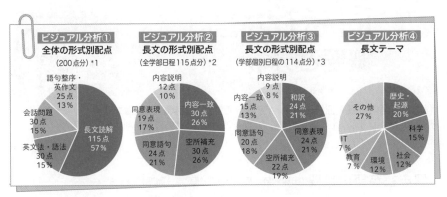

*1：一般的な配点比率。日程によりやや変化します。

*2，*3：それぞれの一般的な配点比率。日程によりやや変化します。

ビジュアル分析① 全体の形式別配点 (200点分)

　長文読解の配点比率が6割近くです。このことから，長文読解を中心とした対策が必要です。**残りの約4割は主に文法関連の問題**です。会話問題も英文法・語法4択問題のような選択肢で出題されます。差がつくのが語句整序・英作文の約25点分です。語句整序と英作文までしっかり対策しましょう。

ビジュアル分析② 長文の形式別配点 (全学部日程115点分)

　内容一致・空所補充・同意語句・同意表現がそれぞれ配点の約20〜25％を占めています。それぞれの問題形式をバランスよく対策しましょう。

ビジュアル分析③ 長文の形式別配点比率 (学部個別日程の114点分)

　学部個別日程の内容一致問題は1問3〜4点と低く，そのぶん和訳の配点が高くなっています。**和訳は1問10〜15点と配点が高く，約20％を占めて**います。**同意表現・空所補充・同意語句もそれぞれ約20％の配点**で全学部日程と同様に重要です。学部個別日程では，配点の高い和訳問題までしっかり対策しましょう。

ビジュアル分析④ 長文テーマ

　幅広いテーマの長文が出題されますが，**「歴史・起源」「科学」「社会」「環境」**がやや多いです。できるだけ多くの長文を読み，多くのテーマに触れるようにしましょう。「哲学」など抽象度の高い長文は難易度が高くなります。これまで出題されたテーマの例としては，「歴史・起源」は「トウモロコシはどこから来たのか」，「科学」は「親子の類似性と遺伝子」，「社会」は「不公平の歴史とさらなる拡大」などがあります。そのほか，**「読書」「映画」「睡眠」「哲学」**なども出題されました。
（→ p.026〜 CHAPTER 1 ❼）

同志社英語の概要と分析

八澤先生の解説動画を
Check!
004

ManaviisM

同志社英語の概要を把握し，ビジュアル分析で同志社英語の特徴をつかみましょう！　同志社英語を制するのは，語彙力を土台に長文を制する者です！

同志社英語の概要 (出題内容・問題数・予想配点・時間)

出題内容			問題数	予想配点	時間
大問1	長文読解	A 空所補充問題	4問	12点	
		B 同意語句問題	7問	21点	
		C 同意表現問題	2問	8点	
		D 語句整序問題	1問	6点	
		E 内容一致問題	3問	18点	
大問2	長文読解	A 空所補充問題	4問	12点	
		B 同意語句問題	9問	27点	
		C 同意表現問題	3問	12点	
		D 語句整序問題	1問	6点	
		E 内容一致問題	3問	18点	
		F 英文和訳問題	1問	10点	
大問3	会話問題	A 会話文空所補充問題	8問	40点	
		B 和文英訳問題	1問	10点	
計			47問	200点	100分

＊**大問1と2の出題内容，問題数，予想配点は，日程によって多少異なります**（大問1と2の合計で150点は同じ，出題内容もほぼ同じですが，まれに段落のタイトル選択問題や文挿入問題が出題されることもあります）。上記は全学部（文系）2022年2月5日実施分です。

チェック① 長文読解がメイン

　約**900～1000語程度の長文読解2題**が同志社英語のメインです！　大問1と大問2の長文読解で200点中150点，配点の75％になります。900語～1000語の長文をしっかり対策しましょう！　また，大問3の会話問題は，**約550語程度の語数**があり，長文のように英文量があります。

チェック② 語彙力が求められる

　大問1と大問2の長文読解のなかでは，**同意語句問題が合計16～20問と最も多く出題**されます。語彙の知識だけで解ける問題と〈知識＋文脈〉で解く問題がありますが，いずれにしても，まずは**しっかりとした語彙力が前提**となります。

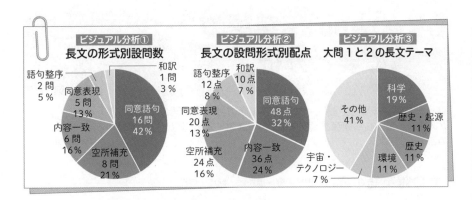

ビジュアル分析① 長文の形式別設問数

　大問1と2の長文読解は，6つの出題形式で約38問程度出題されます。**同意語句の約16問が最も多く，次に空所補充8問，内容一致6問**と続きます。まず，**同意語句は9割正解（2ミスまで）**を目指して，語彙力をしっかりきたえましょう！

　英文法・語法4択問題が大問で出題されないので，その代わりとして接続詞，前置詞，関係詞を問う空所補充問題が出題されます。接続詞は論理関係を考える必要がありますが，前置詞，関係詞は空所前後の形に注目して，形から解けるようになりましょう！

　ただし，配点比率を考えると，空所補充よりも内容一致がより重要な設問形式と言えます。

ビジュアル分析② 長文の設問形式別配点

　大問1と2の長文読解は，6つの出題形式で150点分出題されます。最も配点が高いのは問題数が多い同意語句で，約48点分出題されます。**配点上重要なのが内容一致**で約36点分出題されます。次に，空所補充が約24点分，同意表現が約20点分，語句整序が約12点分と続き，最後に和訳が1問約10点分出題されます。

　同志社は長文読解がメインです。特に，**同意語句と内容一致は9割正解**を目指し，しっかり対策しましょう！

ビジュアル分析③ 大問1と2の長文テーマ

　さまざまなテーマの評論文が出題されます。**「科学」「歴史・起源」「歴史」「環境」「宇宙・テクノロジー」**に関する文章がよく出題されます。ほかにも**「考古学」「統計学」「天文学」**などの専門的学問に関する文章が出題されたこともあります。一例として，「科学」は「匂いと記憶の関わり」，「歴史・起源」は「コーヒーの歴史」，「歴史」は「オスマン帝国滅亡の要因6つ」などが出題されています。(→ p.030〜CHAPTER 1 ❽)

Section 5 立命館英語の概要と分析

八澤先生の解説動画を
Check!

005

ManaviisM

立命館英語の概要を把握し，ビジュアル分析で立命館英語の特徴をつかみましょう！　立命館英語を制するのは，語彙・文法知識と長文読解の二刀流です！

立命館英語の概要（出題内容・問題数・配点・時間）

	出題内容		問題数	配点	時間
大問1	長文読解	1 内容説明	4問	29点	
		2 ○×△内容一致	5問		
		3 タイトル選択	1問		
大問2	長文読解	1 空所補充問題	8問	31点	
		2 下線部内容説明問題	5問		
大問3	会話問題		8問	24点	
大問4	英文法・語法		8問	16点	
大問5	語彙	1 語彙4択	5問	20点	
		2 同意語4択	5問		
計			49問	120点	80分

チェック①　関関同立英語のなかで最も高得点がねらえる

　立命館大学の英語は，基本問題が多く，高得点がねらえます。長文の内容・設問は標準レベルで，英文法・語法問題や語彙問題といった，**基本的なインプット系の知識問題が多い**のが特徴です。そのような基本問題に正解することができれば，高得点が期待できます。

チェック②　○×△内容一致

　大問1〔2〕で内容一致問題が5問出題されます。英文の内容と一致するか一致しないかのほかに，**「どちらとも判断しかねるもの」**を選びます。そのため，一致するものだけを選ぶ，よくある内容一致問題よりも難易度が高くなります。

チェック③　指示語と論理マーカーが必ず問われる

　大問2〔1〕の空所補充で，論理マーカー補充問題が出題されます。〔2〕では，**this**などの指示語の下線部内容説明が出題されます。指示語が具体的に何を指しているのかという，細部の内容把握が問われます。

チェック④　語彙・文法知識のインプットが重要

　英文法・語法と語彙問題が大問として出題されます（大問４と大問５）。インプット知識がそのまま大問の点数に直結するので，語彙・文法知識のインプットはとても重要です。

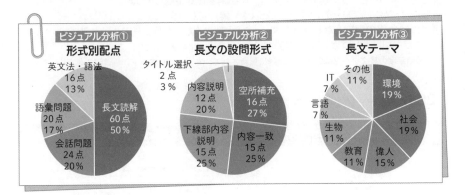

ビジュアル分析①　形式別配点

　全体の50％が長文，残り50％が長文以外（会話，語彙，文法）です。関関同立英語のなかで，**長文以外の配点が最も高い**です。語彙と文法知識をしっかりインプットし，会話文も対策しましょう。

ビジュアル分析②　長文の設問形式

　５つの設問形式で出題されます。大問１の「タイトル選択」をのぞく，**ほか４つの設問形式はほぼ同じ配点**です。そのため，４つの問題形式に慣れておく必要があります。

　また前述の通り，大問１の内容一致は，本文の内容に「一致するか（○）」「一致しないか（×）」だけでなく，**「どちらとも判断しかねる（△）」**という３つ目のカテゴリーも検討しなければならないため，少し難易度が上がります。**○×△内容一致**の対策にしっかり取り組みましょう。

ビジュアル分析③　長文テーマ

　「環境」や「社会」など，**入試に頻出のテーマ**がバランスよく出題されます。特定の分野に限ることなく，幅広い長文を読むことが必要でしょう。

　一例として，「環境」は「廃棄物ゼロのレストラン」，「社会」は「家事における男女平等」，「偉人」は「アメリカの女性発明家，マーガレット・ナイト」などが出題されています。（→ p.034～ CHAPTER 1 ⑨）

関大英語の 長文データ分析

最新年度のデータを Check!

006

ManaviisM

過去問を解いたら，長文難易度，目標点，設問難易度を確認しましょう！
難易度は，2.0（基礎），3.0（標準），3.5（やや難），4.0（難）です。
目標点は合格の目安となる点数です。「やや難」と「難」は不正解でも
しかたがない問題ですが，ほかは絶対正解できるようにしましょう！

（最新年度の長文データは毎年9月以降に更新されて，右上のQRコードから確認できます。↑）

2022年

日程	月日	大問	語数	問題形式	時間	テーマ	内容	長文難易度	目標点	設問難易度
全学	2/1	2	826	A 空所補充 15問 B 内容説明 7問	32分	美術・事件	ピカソの『泣く女』盗まれる	★★★☆☆ 3.2 （標準）	68/88点 (17/22問) 77.3% 5ミスまで)	A(4)(7)(12) B(3) …やや難 A(2)…難
全学	2/1	3	819	A 下線部内容説明 10問 B 内容説明（タイトル含む）7問	35分	比較文化	文化的一般化とステレオタイプの理解	★★★★☆ 4.1 （難）	48/68点 (12/17問) 70.6% 5ミスまで)	A(1)(3) B(4)(5) …やや難 A(6) B(3)…難
全学	2/2	2	816	A 空所補充 15問 B 内容説明 7問	30分	偉人の生涯	黒人逃亡奴隷，ヘンリー・ブラウンの生涯	★★★★☆ 3.5 （やや難）	68/88点 (17/22問) 77.3% 5ミスまで)	A(7) B(2) …やや難 A(15) B(5)(6) …難
全学	2/2	3	843	A 下線部内容説明 10問 B 内容説明（タイトル含む）7問	32分	心理・教育	ブレインストーミングとアイデアの関係性	★★★☆☆ 3.2 （標準）	56/68点 (14/17問) 82.4% 3ミスまで)	A(4)(5) B(2) …やや難
全学	2/3	2	925	A 空所補充 15問 B 内容説明 7問	30分	動物・環境	アフリカのチーターをインドに導入する計画	★★★☆☆ 3.2 （標準）	68/88点 (17/22問) 77.3% 5ミスまで)	A(8)(5) …やや難 A(10) B(2)…難
全学	2/3	3	820	A 下線部内容説明 10問 B 内容説明（タイトル含む）7問	35分	教育	アクティブラーニングの効果と採用への課題	★★★★☆ 4.0 （難）	52/68点 (13/17問) 76.5% 4ミスまで)	A(6) B(3) …やや難 A(7)(9) …難

※「全学」「全学部」など日程の呼称は各大学の公表による。※「時間」は目標とする時間配分を示す。

日程	月日	大問	語数	問題形式	時間	テーマ	内容	長文難易度	目標点	設問難易度
学部独自	2/4	2	825	A 空所補充 15問 B 内容説明 7問	32分	文化・歴史	アフガニスタンでの果物の保存	★★★☆☆ 3.2 （標準）	68/88点 （17/22問 77.3% 5ミスまで）	A(13) B(3)(4) …やや難 A(12) B(5)…難
学部独自	2/4	3	850	A 下線部内容説明 10問 B 内容説明（タイトル含む）7問	35分	コミュニケーション・言語	手話への理解	★★★★☆ 3.5 （やや難）	56/68点 （14/17問 82.4% 3ミスまで）	A(8) …やや難 A(9) B(6)…難
全学	2/5	2	849	A 空所補充 15問 B 内容説明 7問	30分	ある人の人生	女性暗号解読者、アンジェリーン・ナンニの生涯	★★★☆☆ 3.2 （標準）	68/88点 （17/22問 77.3% 5ミスまで）	A(12) B(7) …やや難 A(4)(7) (13) …難
全学	2/5	3	824	A 下線部内容説明 10問 B 内容説明（タイトル含む）7問	32分	健康・心理	泣くことの利点	★★★☆☆ 3.2 （標準）	52/68点 （13/17問 76.5% 4ミスまで）	A(4)(6) B(4) …やや難 B(1)…難
全学	2/6	2	977	A 空所補充 15問 B 内容説明 7問	30分	ある人の人生	オーストラリアへ移住した日本人，平野ナオ	★★☆☆☆ 2.5 （基礎～標準）	76/88点 （19/22問 86.4% 3ミスまで）	A(15) …やや難 A(1)(9) …難
全学	2/6	3	839	A 下線部内容説明 10問 B 内容説明（タイトル含む）7問	34分	食文化	料理の文法法則	★★★☆☆ 3.3 （標準～やや難）	56/68点 （14/17問 82.4% 3ミスまで）	A(8) …やや難 A(1)(6) …難
全学	2/7	2	965	A 空所補充 15問 B 内容説明（タイトル含む）7問	30分	偉人の生涯	ルービックキューブの考案者，エルノー・ルービック	★★★☆☆ 2.9 （標準）	72/88点 （18/22問 81.8% 4ミスまで）	A(14) B(7) …やや難 A(15) B(4)…難
全学	2/7	3	851	A 下線部内容説明 10問 B 内容説明（タイトル含む）7問	35分	文化	英国の控えめな表現への理解	★★★★☆ 3.5 （やや難）	52/68点 （13/17問 76.5% 4ミスまで）	A(7) …やや難 A(3)(10) B(4)…難

Kansai University

Kwansei Gakuin University

Doshisha University

Ritsumeikan University

2021年

日程	月日	大問	語数	問題形式	時間	テーマ	内容	長文難易度	目標点	設問難易度
全学	2/1	2	808	A 空所補充 15問 B 内容説明 7問	30分	偉人の生涯	最初のネイティブ英語教師,ロナルド・マクドナルド	★★☆☆☆ 2.0 (基礎)	72/88点 (18/22問 81.8% 4ミスまで)	A(1)(11) B(5) …やや難 A(8)(14) …難
全学	2/1	3	896	A 下線部内容説明 10問 B 内容説明（タイトル含む）7問	35分	文化・起源	文字の起源	★★★☆☆ 3.3 (標準～やや難)	52/68点 (13/17問 76.5% 4ミスまで)	A(6) B(3) …やや難 A(9) B(5)…難
全学	2/2	2	954	A 空所補充 15問 B 内容説明 7問	32分	偉人の生涯	NASAで活躍した黒人女性,キャサリン・ジョンソン	★★★☆☆ 3.6 (やや難)	64/88点 (16/22問 72.7% 6ミスまで)	A(1)(6) (10)(11) B(5) …やや難 A(7) B(4)(7) …難
全学	2/2	3	857	A 下線部内容説明 10問 B 内容説明（タイトル含む）7問	35分	健康	少しの運動で健康になる	★★★☆☆ 3.0 (標準)	56/68点 (14/17問 82.4% 3ミスまで)	A(3)(11) (13) B(3) …やや難 A(2)…難
全学	2/3	2	812	A 空所補充 15問 B 内容説明 7問	30分	歴史・起源	九龍城砦の歴史	★★★☆☆ 3.5 (やや難)	64/88点 (16/22問 72.7% 6ミスまで)	A(1)(6) (10)(15) B(5) …やや難 B(7)…難
全学	2/3	3	871	A 下線部内容説明 10問 B 内容説明（タイトル含む）7問	35分	心理	連想実験「プライミング効果」	★★★☆☆ 3.3 (標準～やや難)	52/68点 (13/17問 76.5% 4ミスまで)	B(3) …やや難
学部独自	2/4	2	832	A 空所補充 15問 B 内容説明 7問	30分	歴史・起源	ロッククライミングで有名なエル・キャピタンへの初登頂	★★★☆☆ 3.5 (やや難)	64/88点 (16/22問 72.7% 6ミスまで)	A(1)(7) (12) B(4) …やや難 A(6)(10) …難

日程	月日	大問	語数	問題形式	時間	テーマ	内容	長文難易度	目標点	設問難易度
学部独自	2/4	3	830	A 下線部内容説明 10問 B 内容説明（タイトル含む）7問	35分	IT・言語	機械翻訳はどのように言語学習を変えるか	★★★☆☆ 3.0 （標準）	56/68点 （14/17問 82.4％ 3ミスまで）	A(4) B(4)(5) …やや難 A(10)…難
全学	2/5	2	1002	A 空所補充 15問 B 内容説明 7問	30分	ある人の人生	キッチンデザイナー＆経営者，ジミ・ユイの人生	★★★⯪☆ 3.4 （やや難）	64/88点 （16/22問 72.7％ 6ミスまで）	A(2)(3) (10)(11) …やや難 A(1)(13) …難
全学	2/5	3	801	A 下線部内容説明 10問 B 内容説明（タイトル含む）7問	35分	人間・心理	感情を育む（創造性へ手探りで進む）	★★⯪☆☆ 2.4 （基礎～標準）	60/68点 （15/17問 88.2％ 2ミスまで）	B(3)(6) …やや難
全学	2/6	2	904	A 空所補充 15問 B 内容説明 7問	37分	ある人の人生	IQ195の天才，クリストファー・ランガンの人生	★★★⯪☆ 3.6 （やや難）	64/88点 （16/22問 72.7％ 6ミスまで）	A(1)(3) B(5)(6) (7) …やや難 A(9)(14) …難
全学	2/6	3	818	A 下線部内容説明 10問 B 内容説明（タイトル含む）7問	35分	文化	Sorryには思っている以上に多くの意味がある	★★★★☆ 4.0 （難）	48/68点 （12/17問 70.6％ 5ミスまで）	A(1)(5) (8) B(1) …やや難 A(3)(4) …難
全学	2/7	2	957	A 空所補充 15問 B 内容説明（タイトル含む）7問	32分	偉人の生涯	建築家フランク・ロイド・ライト『ライト建築のビジョン』	★★☆☆☆ 2.3 （基礎）	68/88点 （17/22問 77.3％ 5ミスまで）	A(9)(15) …やや難 A(4)(11) B(2)…難
全学	2/7	3	827	A 下線部内容説明 10問 B 内容説明（タイトル含む）7問	35分	人間	幼少期の成長過程と脳の働き	★★★⯪☆ 3.4 （やや難）	52/68点 （13/17問 76.5％ 4ミスまで）	A(5)(8) …やや難 B(1)…難

Section 7　関学英語の長文データ分析

最新年度のデータを Check!

007

ManaviisM

過去問を解いたら，長文難易度，目標点，設問難易度を確認しましょう！
難易度は，2.0（基礎），3.0（標準），3.5（やや難），4.0（難）です。
目標点は合格の目安となる点数です。「やや難」と「難」は不正解でも
しかたがない問題ですが，ほかは絶対正解できるようにしましょう！

（最新年度の長文データは毎年9月以降に更新されて，右上のQRコードから確認できます。↑）

（関学の設問難易度は，大学が発行する英語講評の正答率に基づき，
正答率30.1～50.0％：やや難，正答率10.1～30.0％：難，正答率0～10.0％：最難としています）

2022年

日程	月日	大問	語数	問題形式	時間	テーマ	内容	長文難易度	目標点	設問難易度
全学部	2/1	1	674	A 同意語句 3問 B 空所補充 7問 C 同意表現 2問 D 内容一致 3問 （8つから3つ選ぶ）	28分	科学	科学における観察の意義と役割	★★★★☆ 3.9 （難）	34/48点 (10/15問) 70.8％ 5ミスまで)	A(ア)(イ) B(2)(3) (6) D c.h. …やや難
全学部	2/1	2	445	A 同意表現 3問 B 同意語句 6問 C 内容説明 2問	18分	教育	子ども時代のビジネス・スキル習得体験	★★★☆☆ 2.8 （標準）	33/39点 (9/11問) 84.6％ 2ミスまで)	A(2) B(ウ) …やや難 A(1)…難
全学部	2/1	3	385	A 空所補充 8問 B 内容一致 2問 （6つから2つ選ぶ）	15分	歴史・起源	西欧におけるコーヒーの普及	★★☆☆☆ 2.1 （基礎）	24/28点 (8/10問) 85.7％ 2ミスまで)	A(1)(4) …やや難
全学部	2/2	1	803	A 空所補充 8問 B 同意語句 5問 C 内容一致 3問 （8つから3つ選ぶ）	28分	歴史・起源	自転車の歴史とその功績	★★★½☆ 3.5 （やや難）	36/48点 (12/16問) 75.0％ 4ミスまで)	A(3)(4) (6)(7)(8) B(オ) …やや難
全学部	2/2	2	380	A 同意語句 4問 B 同意表現 3問 C 内容一致 1問 （3つから1つ選ぶ）	15分	歴史・起源	トウモロコシはどこから来たのか	★★½☆☆ 2.5 （基礎～標準）	32/35点 (10/11問) 92.3％ 1ミスまで)	A(2) …やや難
全学部	2/2	3	472	A 同意語句 6問 B 同意表現 3問 （8つから3つ選ぶ）	16分	比較文化	くしゃみにおける日米文化の違い	★★★☆☆ 2.7 （標準）	24/27点 (8/9問) 88.9％ 1ミスまで)	難問なし
学部個別	2/3	1	709	A 同意語句 8問 B 下線部内容説明 2問 （7つから2つ選ぶ） C 内容一致 2問 （7つから2つ選ぶ）	25分	歴史・文化	アメリカ大陸の先住民の生活	★★★☆☆ 3.1 （標準）	37/40点 (11/12問) 92.5％ 1ミスまで)	難問なし
学部個別	2/3	2	538	A 空所補充 5問 B 同意表現 5問 C 内容一致 2問 （6つから2つ選ぶ） D 下線部和訳 1問	20分	運動・健康	運動と健康の関係	★★★☆☆ 3.2 （標準）	37/43点 (10/12問) 86.0％ 2ミスまで)	C c. …やや難 A(5)…難

日程	月日	大問	語数	問題形式	時間	テーマ	内容	長文難易度	目標点	設問難易度
学部個別	2/3	3	498	A 空所補充 7問 B 同意語句 3問 C 下線部和訳 1問	16分	人間・成長	乳幼児の発達過程	★★★☆☆ 2.8 （標準）	33/36点 （10/11問 91.7% 1ミスまで）	難問なし
学部個別	2/4	1	623	A 空所補充 6問 B 同意表現 4問 C 内容一致 3問 （9つから3つ選ぶ） D 下線部和訳 1問	26分	歴史・起源	アルミニウムの歴史と特徴	★★★☆☆ 3.3 （標準〜やや難）	34/45点 （11/14問 75.6% 3ミスまで）	B（エ） …やや難 A（6）…難
学部個別	2/4	2	505	A 空所補充 5問 B 同意語句 4問 C 内容一致 3問 （5つから2つ選ぶ） D 下線部和訳 1問	20分	社会・政治	プロパガンダは発信者の利益に沿うメッセージ	★★★☆☆ 3.0 （標準）	34/36点 （11/12問 94.4% 1ミスまで）	難問なし
学部個別	2/4	3	428	A 同意表現 4問 B 同意語句 4問 C 内容説明 3問	15分	睡眠	睡眠不足が労働に及ぼす影響	★★★☆☆ 2.9 （標準）	27/33点 （9/11問 81.8% 2ミスまで）	B（ウ）（エ） …やや難
併用／英数	共通テスト 2/5	1	721	A 空所補充 6問 B 同意語句 4問 C 内容説明 3問 D 下線部和訳 1問	26分	人体・科学	高地における人体への影響と対処法	★★★☆☆ 2.7 （標準）	41/47点 （12/14問 87.2% 2ミスまで）	A（2） …やや難
併用／英数	共通テスト 2/5	2	379	A 同意語句 4問 B 内容一致 3問 （7つから3つ選ぶ） C 下線部和訳 1問	17分	文化・社会	組織における文化とイデオロギー	★★★☆☆ 2.7 （標準）	29/35点 （7/8問 82.9% 1ミスまで）	難問なし
併用／英数	共通テスト 2/5	3	524	A 空所補充 6問 B 同意語句 3問 C 内容一致 2問 （5つから2つ選ぶ）	15分	生態学	人間生態学から考える漁業の社会システム	★★★☆☆ 2.6 （基礎〜標準）	24/26点 （10/11問 92.3% 1ミスまで）	難問なし
学部個別	2/6	1	541	A 同意語句 3問 B 空所補充 7問 C 内容一致 3問 （8つから3つ選ぶ） D 下線部和訳 1問	25分	哲学	哲学の本質	★★★★☆ 4.1 （難）	32/48点 （7/12問 66.7% 5ミスまで）	A（1）（2） B（ア）（ウ） C b.d. …やや難 A（3）…最難
学部個別	2/6	2	488	A 空所補充 4問 B 同意語句 3問 C 内容一致 2問 （6つから2つ選ぶ） D 下線部和訳 1問	17分	心理学	傍観者効果とその対処法	★★★☆☆ 2.5 （基礎〜標準）	35/41点 （8/10問 85.4% 2ミスまで）	A（4） …やや難
学部個別	2/6	3	441	A 同意語句 5問 B 内容説明 3問	15分	歴史学	歴史学の研究対象である自然	★★★☆☆ 3.2 （標準）	19/27点 （6/8問 70.4% 2ミスまで）	B（ii）（iii） …やや難 B（i）…難
学部個別	2/7	1	720	A 同意表現 4問 B 空所補充 5問 C 内容説明 3問 D 下線部和訳 1問	26分	自己啓発	習慣がもたらす影響と意義	★★★☆☆ 2.4 （基礎〜標準）	38/44点 （11/13問 86.4% 2ミスまで）	C（iii） …やや難
学部個別	2/7	2	318	A 同意語句 5問 B 内容一致 2問 （6つから2つ選ぶ） C 下線部和訳 1問	17分	遺伝・科学	親と子の類似性と遺伝子	★★★☆☆ 2.6 （基礎〜標準）	29/35点 （6/8問 82.9% 2ミスまで）	A（ウ）（エ） …やや難
学部個別	2/7	3	493	A 空所補充 5問 B 同意語句 3問 C 内容一致 2問 （6つから2つ選ぶ）	16分	AI	AIがもたらす将来の影響	★★★☆☆ 3.0 （標準）	28/34点 （8/10問 82.4% 2ミスまで）	A（2）（4） …やや難

2021年

日程	月日	大問	語数	問題形式	時間	テーマ	内容	長文難易度	目標点	設問難易度
全学部	2/1	1	753	A 同意語句 3問 B 空所補充 7問 C 同意表現 2問 D 内容一致 3問 （8つから3つ選ぶ）	27分	社会	不公平の歴史とさらなる拡大	★★★☆☆ 3.0 (標準)	40/48点 (11/15問 83.3％ 4ミスまで)	B(1)(2)(5)…やや難 A(ア)B(7)…難
全学部	2/1	2	471	A 同意表現 3問 B 同意語句 6問 C 内容説明 2問	16分	テクノロジー（ロケット）	ロケットのエネルギー	★★★☆☆ 2.5 (基礎～標準)	36/39点 (10/11問 92.3％ 1ミスまで)	難問なし
全学部	2/1	3	366	A 空所補充 8問 B 内容一致 2問 （6つから2つ選ぶ）	14分	国立公園	アーチーズ国立公園と自然保護	★★☆☆☆ 2.3 (基礎)	22/28点 (9/10問 78.6％ 1ミスまで)	B f. …やや難
全学部	2/2	1	766	A 空所補充 8問 B 同意語句 5問 C 内容一致 3問 （9つから3つ選ぶ）	27分	人間	幼少期の記憶の不確かさ	★★★☆☆ 2.7 (標準)	41/51点 (13/16問 80.4％ 3ミスまで)	A(4)(7) C f. …やや難
全学部	2/2	2	326	A 空所補充 8問 B 同意表現 3問 C 内容一致 1問 （3つから1つ選ぶ）	14分	社会・歴史	英国とアイルランドからの移民	★★★☆☆ 2.4 (基礎～標準)	25/29点 (10/12問 86.2％ 2ミスまで)	A(2)(8) …やや難
全学部	2/2	3	393	A 同意語句 7問 B 内容一致 3問 （8つから3つ選ぶ）	15分	環境	森林破壊と感染リスク	★★☆☆☆ 2.3 (基礎)	27/30点 (9/10問 90.0％ 1ミスまで)	難問なし
学部個別	2/3	1	687	A 空所補充 8問 B 同意語句 5問 C 内容一致 2問 （7つから2つ選ぶ） D 下線部和訳 1問	26分	科学・哲学	死をどのように捉えるか	★★★☆☆ 3.0 (標準)	48/57点 (13/16問 84.2％ 3ミスまで)	A(1) …やや難 A(5)(7) B(イ)…難
学部個別	2/3	2	484	A 同意語句 5問 B 内容一致 2問 （7つから2つ選ぶ） C 下線部和訳 1問	18分	睡眠・健康	先進国の睡眠不足問題	★★★☆☆ 2.4 (基礎～標準)	27/33点 (6/8問 81.8％ 2ミスまで)	A(オ)…難
学部個別	2/3	3	510	A 空所補充 5問 B 同意表現 5問	15分	料理	パスタをゆでるときの塩	★★★★☆ 3.7 (やや難)	21/30点 (7/10問 70.0％ 3ミスまで)	A(1)(4)(5) B(ア) …やや難 A(2)…難
学部個別	2/4	1	594	A 空所補充 5問 B 同意語句 5問 C 内容一致 2問 （6つから2つ選ぶ） D 下線部和訳 1問	25分	教育	大人は子どもとどのように接するべきか	★★★☆☆ 2.6 (基礎～標準)	43/48点 (11/13問 89.6％ 2ミスまで)	A(4) …やや難 B(ア)…難
学部個別	2/4	2	561	A 空所補充 3問 B 同意語句 3問 C 内容一致 2問 （6つから2つ選ぶ） D 下線部和訳 1問	21分	学習	数学の暗記	★★★☆☆ 2.7 (標準)	29/34点 (7/9問 85.3％ 2ミスまで)	A(1)(2) B(イ) …やや難

日程	月日	大問	語数	問題形式	時間	テーマ	内容	長文難易度	目標点	設問難易度
学部個別	2/4	3	474	A 同意表現 3問 B 同意語句 5問 C 内容説明 3問	15分	歴史	古代ギリシアの暦	★★★☆☆ 3.4 （やや難）	24/34点 （8/11問 70.6% 3ミスまで）	A(ⅰ)(ⅲ) B(ウ) C(3) …やや難 C(1)…難
関学独自方式	2/5	1	788	A 空所補充 6問 B 同意語句 4問 C 内容説明 3問 D 下線部和訳 1問	28分	科学	フンボルトの自然と科学に対する学際的な見方	★★★★☆ 3.9 （難）	35/48点 （11/14問 72.9% 3ミスまで）	A(4) D…やや難 A(6) …最難
関学独自方式	2/5	2	528	A 同意語句 4問 B 内容一致 3問 （7つから3つ選ぶ） C 下線部和訳 1問	22分	読書	本を書くために本を読む	★★★★☆ 3.8 （やや難～難）	25/39点 （5/8問 64.1% 3ミスまで）	A(ウ) …やや難 A(イ)(エ) C…難
関学独自方式	2/5	3	409	A 空所補充 6問 B 同意語句 3問 C 内容一致 2問 （5つから2つ選ぶ）	16分	科学	科学的思考のギャップ	★★★★☆ 3.7 （やや難）	20/29点 （8/11問 69.0% 3ミスまで）	A(3) B(ウ) C d. …やや難 A(5)…難
学部個別	2/6	1	634	A 空所補充 5問 B 同意語句 3問 C 内容一致 2問 （6つから2つ選ぶ） D 下線部和訳 1問	26分	言語	人間言語の類似性と多様性	★★★☆☆ 3.2 （標準）	38/48点 （8/11問 79.2% 3ミスまで）	A(5) B(イ)(ウ) C c. …やや難
学部個別	2/6	2	510	A 同意語句 5問 B 空所補充 4問 C 下線部和訳 1問	20分	メディア・科学	メディア・サイエンスの問題点	★★★★☆ 3.6 （やや難）	32/41点 （7/10問 78.0% 3ミスまで）	A(イ)(ウ)(オ) B(1)(3) …やや難
学部個別	2/6	3	506	A 同意語句 5問 B 同意表現 3問 C 内容一致 2問 （6つから2つ選ぶ）	15分	自然	地図や道具に頼らないで方角を特定する	★★☆☆☆ 2.5 （基礎～標準）	28/35点 （8/10問 80.0% 2ミスまで）	A(オ) …やや難 C a.…難
学部個別	2/7	1	795	A 同意語句 4問 B 空所補充 5問 C 内容説明 3問 D 下線部和訳 1問	28分	車・テクノロジー	ハイブリッドカーの燃費効率を上げるデザイン	★★★★☆ 3.8 （やや難～難）	36/44点 （9/13問 81.8% 4ミスまで）	A(ア)(ウ) …やや難 B(1)(2) (3)(5) …難
学部個別	2/7	2	519	A 空所補充 5問 B 同意表現 4問 C 内容一致 2問 （6つから2つ選ぶ） D 下線部和訳 1問	18分	資源・環境	農業から工業に転換することで起こる水不足	★★★☆☆ 3.0 （標準）	31/40点 （9/12問 77.5% 3ミスまで）	A(5) B(イ)(エ) C c. …やや難 A(3)…難
学部個別	2/7	3	373	A 空所補充 5問 B 同意表現 3問 C 内容一致 2問 （6つから2つ選ぶ）	14分	映画・歴史	無声映画時代の映画の音響	★★★☆☆ 2.8 （標準）	20/27点 （8/10問 74.1% 2ミスまで）	B(ウ) C a.b. …やや難

Kansai University
Kwansei Gakuin University
Doshisha University
Ritsumeikan University

Section 8 同志社英語の長文データ分析

最新年度のデータを Check!

008

ManaviisM

過去問を解いたら，長文難易度，目標点，設問難易度を確認しましょう！
難易度は，2.0 (基礎)，3.0 (標準)，3.5 (やや難)，4.0 (難) です。
目標点は合格の目安となる点数です。「やや難」と「難」は不正解でも
しかたがない問題ですが，ほかは絶対正解できるようにしましょう！

（最新年度の長文データは毎年 9 月以降に更新されて，右上の QR コードから確認できます。↑）

2022年

日程	月日	大問	語数	問題形式	時間	テーマ	内容	長文難易度	目標点	設問難易度
全学部（理系）	2/4	1	省略	A 空所補充 4問 B 同意語句 9問 C 同意表現 3問 D 語句整序 1問 E 内容一致 3問 （8つから3つ選ぶ）			著作権処理の都合により省略			
全学部（理系）	2/4	2	893	A 空所補充 4問 B 同意語句 10問 C 同意表現 3問 D 語句整序 1問 E 内容一致 3問 （8つから3つ選ぶ） F 下線部和訳 1問	35分	自然・環境	氷河の融解による諸問題	★★★⯪☆ 3.4 （やや難）	64/80点 (16/20問) 80.0％ 4ミスまで)	B(j) C(ウ) …やや難
全学部（文系）	2/5	1	866	A 空所補充 4問 B 同意語句 7問 C 同意表現 2問 D 語句整序 1問 E 内容一致 3問 （8つから3つ選ぶ）	28分	教育	手で書くことの学習効果	★★★☆☆ 2.8 （標準）	55/65点 (15/17問) 84.6％ 2ミスまで)	D E 6 …やや難 C(ア)…難
全学部（文系）	2/5	2	1060	A 空所補充 4問 B 同意語句 9問 C 同意表現 3問 D 語句整序 1問 E 内容一致 3問 （8つから3つ選ぶ） F 下線部和訳 1問	36分	歴史・起源	コーヒーの歴史	★★★★☆ 3.8 （やや難〜難）	64/85点 (16/21問) 75.3％ 5ミスまで)	B(h) D F …やや難 B(a)(d) …難 C(ア) …最難 （捨て問）
文・経済	2/6	1	762	A 空所補充 2問 B 同意語句 8問 C 同意表現 3問 D 語句整序 1問 E 内容一致 3問 （8つから3つ選ぶ）	35分	科学（鳥類）	鳥類と人間の能力	★★★☆☆ 3.2 （標準）	48/61点 (13/17問) 78.7％ 3ミスまで)	B(d) E…やや難
文・経済	2/6	2	992	A 空所補充 4問 B 同意語句 9問 C 同意表現 7問 D 語句整序 1問 E 内容一致 3問 （8つから3つ選ぶ） F 下線部和訳 1問	30分	科学（会話）	会話をいつ終わらせるか	★★★☆☆ 2.8 （標準）	74/89点 (22/25問) 83.1％ 3ミスまで)	C(ア)(エ) …やや難

日程	月日	大問	語数	問題形式	時間	テーマ	内容	長文難易度	目標点	設問難易度
政策・文化情報・生命 医科・スポーツ健康科	2/7	1	1066	A 空所補充 4問 B 同意語句 9問 C 同意表現 3問 D 語句整序 1問 E 内容一致 3問 （8つから3つ選ぶ）	33分	考古学（人類）	人類はいつ誕生したのか	★★★☆☆ 3.2 （標準）	61/73点 （17/20問 83.6％ 3ミスまで）	A(Z) D …やや難
医科・スポーツ健康科 政策・文化情報・生命	2/7	2	省略	A 空所補充 3問 B 同意語句 8問 C 同意表現 3問 D 語句整序 1問 E 内容一致 3問 （8つから3つ選ぶ） F 下線部和訳 1問			著作権処理の都合により省略			
法・グローバル・コミュニケーション	2/8	1	省略	A 空所補充 3問 B 同意語句 10問 C 同意表現 5問 D 語句整序 1問 E 内容一致 3問 （8つから3つ選ぶ）			著作権処理の都合により省略			
法・グローバル・コミュニケーション	2/8	2	1055	A 空所補充 3問 B 同意語句 6問 C 同意表現 5問 D 語句整序 1問 E 内容一致 3問 （8つから3つ選ぶ） F 下線部和訳 1問	35分	科学・統計学	お茶の実験と統計学	★★★☆☆ 3.3 （標準～やや難）	66/80点 （15/19問 82.5％ 4ミスまで）	B(d)(f) C(エ) …やや難 B(e) D…難
神・商・心理・グローバル地域文化	2/9	1	934	A 空所補充 3問 B 同意語句 11問 C 同意表現 4問 D 語句整序 1問 E 内容一致 3問 （8つから3つ選ぶ）	33分	歴史	忘れられた歴史上の人々	★★★☆☆ 3.2 （標準）	60/70点 （20/22問 85.7％ 2ミスまで）	C(エ) …やや難
神・商・心理・グローバル地域文化	2/9	2	787	A 空所補充 3問 B 同意語句 9問 C 同意表現 4問 D 語句整序 1問 E 内容一致 3問 （8つから3つ選ぶ） F 下線部和訳 1問	32分	天文学	天文学における市民科学者の活躍	★★★☆☆ 2.6 （基礎～標準）	74/80点 （18/20問 92.5％ 2ミスまで）	B(c) C(エ) …やや難
社会・理工	2/10	1	980	A 空所補充 4問 B 同意語句 10問 C 同意表現 3問 D 語句整序 1問 E 内容一致 3問 （8つから3つ選ぶ）	33分	科学（嗅覚）	匂いと記憶の関わり	★★★★☆ 3.5 （やや難）	63/76点 （17/21問 82.9％ 4ミスまで）	A(Y)(Z) …やや難 B(f)…難
社会・理工	2/10	2	省略	A 空所補充 2問 B 同意語句 10問 C 同意表現 3問 D 語句整序 1問 E 内容一致 3問 （8つから3つ選ぶ） F 下線部和訳 1問			著作権処理の都合により省略			

Kansai University

Kwansei Gakuin University

Doshisha University

Ritsumeikan University

2021年

日程	月日	大問	語数	問題形式	時間	テーマ	内容	長文難易度	目標点	設問難易度
全学部（理系）	2/4	1	省略	A 空所補充 2問 B 同意語句 7問 C 同意表現 3問 D 語句整序 1問 E 内容一致 3問 （8つから3つ選ぶ） F 下線部和訳 1問	37分	宇宙・テクノロジー	アラブ首長国連邦の宇宙調査	★★★☆☆ 3.0 （標準）	67/79点 （14/17問 84.8% 3ミスまで）	B(c)(f) …やや難
全学部（理系）	2/4	2	省略	A 空所補充 2問 B 同意語句 9問 C 同意表現 3問 D 語句整序 1問 E 内容一致 3問 （8つから3つ選ぶ）	30分	恐竜絶滅	恐竜絶滅の原因：隕石衝突＞火山噴火	★★★★☆ 3.5 （やや難）	58/71点 （14/18問 81.7% 4ミスまで）	B(b)(g) C(イ) …やや難 B(i)…難
全学部（文系）	2/5	1	963	A 空所補充 3問 B 同意語句 9問 C 同意表現 3問 D 語句整序 1問 E 内容一致 3問 （8つから3つ選ぶ） F 下線部和訳 1問	45分	歴史・起源	ハード夫人が設立した女性が活躍するハード博物館	★★★★☆ 4.2 （難）	56/78点 （15/20問 71.8% 5ミスまで）	B(i) C(ア)(イ) …やや難 B(a)(c) (e) D…難
全学部（文系）	2/5	2	省略	A 空所補充 3問 B 同意語句 8問 C 同意表現 3問 D 語句整序 1問 E 文整序 1問 F 内容一致 2問 （6つから2つ選ぶ）	25分	環境問題	ヒースロー空港の拡張計画反対	★★★☆☆ 2.4 （基礎～標準）	60/72点 （15/18問 83.3% 3ミスまで）	B(b)(h) E…やや難
文・経済	2/6	1	964	A 空所補充 3問 B 同意語句 10問 C 同意表現 5問 D 語句整序 1問 E 内容一致 3問 （8つから3つ選ぶ） F 下線部和訳 1問	43分	文化・歴史	遺跡に書かれた落書きの価値	★★★☆☆ 3.2 （標準）	75/87点 （20/23問 86.2% 3ミスまで）	B(c)(d) (g) …やや難
文・経済	2/6	2	973	A 空所補充 3問 B 同意語句 8問 C 同意表現 3問 D 語句整序 1問 E 内容一致 3問 （8つから3つ選ぶ）	27分	宇宙・テクノロジー	宇宙を危険にするスペースデブリの問題	★★★☆☆ 3.3 （標準～やや難）	48/63点 （15/18問 76.2% 3ミスまで）	B(c) C(ア)(イ) D…やや難
医科 政策・文化情報・生命科 スポーツ健康科	2/7	1	658	A 空所補充 2問 B 同意語句 9問 C 同意表現 3問 D 語句整序 1問 E 内容一致 3問 （8つから3つ選ぶ）	25分	医療・科学	ヒトゲノム計画と2020年の医療	★★★☆☆ 2.8 （標準）	58/72点 （15/18問 80.6% 3ミスまで）	B(h) C(ウ) E 3 4 …やや難

日程	月日	大問	語数	問題形式	時間	テーマ	内容	長文難易度	目標点	設問難易度
政策・文化情報・生命 医科・スポーツ健康科	2/7	2	1074	A 空所補充 2問 B 同意語句 9問 C 同意表現 2問 D 語句整序 1問 E 内容一致 3問 （8つから3つ選ぶ） F 下線部和訳 1問	35分	エネルギー・技術	新たなエネルギー源の発明：逆型太陽電池	★★★★☆ 3.7 （やや難）	62/78点 （15/19問 79.5% 4ミスまで）	B(g) …やや難 B(c) C(ア)(イ) …難
法・グローバル・コミュニケーション	2/8	1	865	A 空所補充 3問 B 同意語句 9問 C 同意表現 3問 D 語句整序 1問 E 小見出し選択 4問 F 内容一致 2問 （6つから2つ選ぶ） G 下線部和訳 1問	40分	歴史	オスマン帝国滅亡の要因6つ	★★★☆☆ 2.8 （標準）	70/85点 （20/23問 82.4% 3ミスまで）	B(d)(h) D G …やや難
法・グローバル・コミュニケーション	2/8	2	840	A 空所補充 2問 B 同意語句 8問 C 同意表現 2問 D 語句整序 1問 E 文挿入 1問 F 内容一致 3問 （8つから3つ選ぶ）	28分	探検	未知の大陸「極北のアトランティス」を求めて	★★★☆☆ 3.6 （やや難）	54/65点 （14/17問 83.1% 3ミスまで）	B(b)(h) …やや難
神・商・心理・グローバル地域文化	2/9	1	936	A 空所補充 3問 B 同意語句 8問 C 同意表現 2問 D 語句整序 1問 E 内容一致 3問 （8つから3つ選ぶ）	27分	歴史・起源	演劇の独自性	★★☆☆ 2.6 （基礎～標準）	64/70点 （15/17問 91.4% 2ミスまで）	B(c)(f) …やや難
神・商・心理・グローバル地域文化	2/9	2	1081	A 空所補充 3問 B 同意語句 10問 C 同意表現 3問 D 語句整序 1問 E 内容一致 3問 （8つから3つ選ぶ） F 下線部和訳 1問	42分	労働	週4日勤務	★★★☆ 3.5 （やや難）	66/80点 （17/21問 82.5% 4ミスまで）	B(a)(f) C(ウ) …やや難 B(g) C(ア)…難
社会・理工	2/10	1	942	A 空所補充 2問 B 同意語句 7問 C 同意表現 3問 D 語句整序 1問 E 文挿入 1問 F 内容一致 3問 （8つから3つ選ぶ） G 下線部和訳 1問	30分	環境（大気汚染）	オゾン層保全の歴史	★★★☆☆ 2.9 （標準）	60/73点 （15/18問 82.2% 3ミスまで）	B(a) D…やや難 C(ウ)…難
社会・理工	2/10	2	省略	A 空所補充 4問 B 同意語句 10問 C 同意表現 4問 D 語句整序 1問 E 文挿入 1問 F 内容一致 3問 （8つから3つ選ぶ）	著作権処理の都合により省略					

Section 9 立命館英語の長文データ分析

最新年度のデータを Check!

009

ManaviisM

過去問を解いたら，長文難易度，目標点，設問難易度を確認しましょう！
難易度は，2.0（基礎），3.0（標準），3.5（やや難），4.0（難）です。
目標点は合格の目安となる点数です。「やや難」と「難」は不正解でも
しかたがない問題ですが，ほかは絶対正解できるようにしましょう！

（最新年度の長文データは毎年 9 月以降に更新されて，右上の QR コードから確認できます。↑）

2022年

日程	月日	大問	語数	問題形式	時間	テーマ	内容	長文難易度	目標点	設問難易度
全学統一（文系）	2/1	1	873	〔1〕内容説明 4 問 〔2〕内容一致○×△ 5 問 〔3〕タイトル選択 1 問	26分	言語・文化	ハワイ語の復興と文化的意義	★★★☆☆ 3.0（標準）	23/29点（8/10問）79.3％2ミスまで）	〔1〕(A)…難
全学統一（文系）	2/1	2	901	〔1〕空所補充 8 問 〔2〕下線部内容説明 5 問	24分	動物・環境	カモノハシと環境問題	★★★☆☆ 3.0（標準）	23/31点（10/13問）74.2％3ミスまで）	〔2〕ⓔ…難 〔1〕(D)…最難（捨て問）
全学統一（文系・理系）	2/2	1	850	〔1〕内容説明 4 問 〔2〕内容一致○×△ 5 問 〔3〕タイトル選択 1 問	24分	偉人の生涯	ルネサンスの 2 人の女性画家	★★★☆☆ 2.5（基礎～標準）	23/29点（8/10問）79.3％2ミスまで）	〔2〕(5)…やや難
全学統一（文系・理系）	2/2	2	871	〔1〕空所補充 8 問 〔2〕下線部内容説明 5 問	25分	心理・テクノロジー	電話で保留中の心理	★★★☆☆ 3.0（標準）	23/31点（10/13問）74.2％3ミスまで）	〔1〕(A) 〔2〕ⓖ…やや難
全学統一（文系・理系）	2/3	1	871	〔1〕内容説明 4 問 〔2〕内容一致○×△ 5 問 〔3〕タイトル選択 1 問	25分	都市・環境	オーストラリア都市部での人と自然との関係	★★★☆☆ 2.9（標準）	23/29点（8/10問）79.3％2ミスまで）	〔2〕(1)(3)…やや難
全学統一（文系・理系）	2/3	2	799	〔1〕空所補充 8 問 〔2〕下線部内容説明 5 問	26分	教育	学習スタイルを考える	★★★☆☆ 3.3（標準～やや難）	24/31点（10/13問）77.4％3ミスまで）	〔1〕(F)(H) 〔2〕ⓐ…やや難 〔1〕(D)…難
全学統一（文系）	2/4	1	852	〔1〕内容説明 4 問 〔2〕内容一致○×△ 5 問 〔3〕タイトル選択 1 問	24分	IT・言語	AI による文章作成	★★★☆☆ 2.8（標準）	23/29点（8/10問）79.3％2ミスまで）	〔1〕(D) 〔2〕(1)…やや難

日程	月日	大問	語数	問題形式	時間	テーマ	内容	長文難易度	目標点	設問難易度
全学統一（文系）	2/4	2	829	[1]空所補充 8問 [2]下線部内容説明 5問	26分	幸福論	得点記録は幸せを遠ざける	★★★☆☆ 3.3 (標準～やや難)	23/31点 (10/13問) 74.2% 3ミスまで)	[1](B) [2]ⓐ (え) …やや難
学部個別配点	2/7	1	860	[1]内容説明 4問 [2]内容一致○×△ 5問 [3]タイトル選択 1問	23分	人間関係（職場）	職場で友人を作ることの難しさとその価値	★★☆☆☆ 2.0 (基礎)	23/29 (8/10問) 79.3% 2ミスまで)	[1](B) …やや難
学部個別配点	2/7	2	848	[1]空所補充 8問 [2]下線部内容説明 5問	25分	IT・テクノロジー（ロボット）	ロボットの可能性と危険性	★★★☆☆ 3.0 (標準)	24/31点 (10/13問) 77.4% 3ミスまで)	[1](B) (G) [2]ⓔ …やや難
共通テスト併用（文系・理系）	2/8	1	852	[1]内容説明 4問 [2]内容一致○×△ 5問 [3]タイトル選択 1問	27分	偉人の生涯, 科学	水中の音に関して研究した科学者, マリー・ポーランド・フィッシュ	★★★★☆ 3.5 (やや難)	20/29点 (7/10問) 69.0% 3ミスまで)	[1](D) [2](1) …やや難
共通テスト併用（文系・理系）	2/8	2	848	[1]空所補充 8問 [2]下線部内容説明 5問	25分	本・権利	本の著作権と公有財産化	★★★☆☆ 3.3 (標準～やや難)	23/31点 (10/13問) 74.2% 3ミスまで)	[1](B) [2]ⓛ (え) …やや難
共通テスト併用（文系）	2/9	1	849	[1]内容説明 4問 [2]内容一致○×△ 5問 [3]タイトル選択 1問	24分	言語・教育	音読の効果	★★☆☆☆ 2.2 (基礎)	23/29点 (8/10問) 79.3% 2ミスまで)	[1](A)(B) …やや難
共通テスト併用（文系）	2/9	2	837	[1]空所補充 8問 [2]下線部内容説明 5問	25分	海洋生物	イカの自制心と認知能力	★★★☆☆ 2.7 (標準)	23/31点 (10/13問) 74.2% 3ミスまで)	[1](A) [2]⑦ (え) …やや難
後期分割	3/7	1	842	[1]内容説明 4問 [2]内容一致○×△ 5問 [3]タイトル選択 1問	23分	睡眠	夜中に起きて活動し, 再び寝る「分割睡眠」	★★☆☆☆ 2.3 (基礎)	23/29 (8/10問) 79.3% 2ミスまで)	[2](3) …やや難
後期分割	3/7	2	853	[1]空所補充 8問 [2]下線部内容説明 5問	26分	美術・歴史	最古の洞窟壁画	★★★☆☆ 3.0 (標準)	25/31点 (10/13問) 80.6% 3ミスまで)	[1](A) …やや難 [1](B) (G)…難

Kansai University

Kwansei Gakuin University

Doshisha University

Ritsumeikan University

2021年

日程	月日	大問	語数	問題形式	時間	テーマ	内容	長文難易度	目標点	設問難易度
全学統一（文系）	2/1	1	819	〔1〕内容説明 4問 〔2〕内容一致○×△ 5問 〔3〕タイトル選択 1問	25分	観光地	ベニスの観光業の問題	★★★☆☆ 2.8 （標準）	23/29点 （8/10問 79.3％ 2ミスまで）	〔1〕(B) 〔2〕(1)(4) …やや難
全学統一（文系）	2/1	2	842	〔1〕空所補充 8問 〔2〕下線部内容説明 5問	26分	教育	アメリカの高校教育	★★★☆☆ 3.3 （標準～やや難）	24/31点 （10/13問 77.4％ 3ミスまで）	〔1〕(A)(H) 〔2〕㋔ …やや難
全学統一（文系・理系）	2/2	1	871	〔1〕内容説明 4問 〔2〕内容一致○×△ 5問 〔3〕タイトル選択 1問	25分	ある人の人生,民族文化	アラスカ先住民族の小学校教師,ボードンの活動	★★★☆☆ 2.7 （標準）	23/29点 （8/10問 79.3％ 2ミスまで）	〔1〕(C) 〔2〕(3)(5) …やや難
全学統一（文系・理系）	2/2	2	864	〔1〕空所補充 8問 〔2〕下線部内容説明 5問	26分	社会倫理	消費者と企業の倫理	★★☆☆☆ 2.5 （基礎～標準）	26/31点 （11/13問 83.9％ 2ミスまで）	〔1〕(A)(F) 〔2〕㋔ …やや難
全学統一（文系・理系）	2/3	1	822	〔1〕内容説明 4問 〔2〕内容一致○×△ 5問 〔3〕タイトル選択 1問	23分	科学	地表の温度測定法	★★☆☆☆ 2.0 （基礎）	23/29点 （8/10問 79.3％ 2ミスまで）	〔2〕(3) (5) …やや難
全学統一（文系・理系）	2/3	2	839	〔1〕空所補充 8問 〔2〕下線部内容説明 5問	22分	食文化	家庭で手料理を作ることの重要性	★★☆☆☆ 2.2 （基礎）	27/31点 （11/13問 87.1％ 2ミスまで）	〔1〕(A) (D) (F) …やや難
全学統一（文系）	2/4	1	848	〔1〕内容説明 4問 〔2〕内容一致○×△ 5問 〔3〕タイトル選択 1問	22分	環境	自然に人権を与える風潮	★★☆☆☆ 2.0 （基礎）	23/29点 （8/10問 79.3％ 2ミスまで）	〔1〕(C) …やや難
全学統一（文系）	2/4	2	854	〔1〕空所補充 8問 〔2〕下線部内容説明 5問	23分	社会	家事における男女平等	★★☆☆☆ 2.2 （基礎）	26/31点 （11/13問 83.9％ 2ミスまで）	〔1〕(E) 〔2〕㋔ …やや難
学部個別配点	2/7	1	846	〔1〕内容説明 4問 〔2〕内容一致○×△ 5問 〔3〕タイトル選択 1問	23分	地図	紙の地図の重要性	★★☆☆☆ 2.1 （基礎）	23/29点 （8/10問 79.3％ 2ミスまで）	〔2〕(2) 〔3〕 …やや難
学部個別配点	2/7	2	886	〔1〕空所補充 8問 〔2〕下線部内容説明 5問	24分	歴史・起源	ピザの歴史	★★☆☆☆ 2.2 （基礎）	26/31点 （11/13問 83.9％ 2ミスまで）	〔1〕(B)(F) 〔2〕㋑ …やや難

日程	月日	大問	語数	問題形式	時間	テーマ	内容	長文難易度	目標点	設問難易度
共通テスト併用（文系・理系）	2/8	1	852	〔1〕内容説明 4問 〔2〕内容一致○×△ 5問 〔3〕タイトル選択 1問	23分	偉人の生涯	アメリカの女性発明家,マーガレット・ナイト	★★☆☆☆ 2.3 （基礎）	24/29点 （8/10問 82.8％ 2ミスまで）	〔3〕 …やや難 〔2〕(5) …難
共通テスト併用（文系・理系）	2/8	2	830	〔1〕空所補充 8問 〔2〕下線部内容説明 5問	24分	社会・環境	持続可能な建物の再利用	★★☆☆☆ 2.2 （基礎）	26/31点 （11/13問 83.9％ 2ミスまで）	〔1〕(E) …難 〔2〕⑦ …やや難
共通テスト併用（文系）	2/9	1	782	〔1〕内容説明 4問 〔2〕内容一致○×△ 5問 〔3〕タイトル選択 1問	24分	社会・環境	廃棄物ゼロのレストラン	★★✦☆☆ 2.5 （基礎～標準）	23/29点 （8/10問 79.3％ 2ミスまで）	〔1〕(C) (D) 〔2〕(4) …やや難
共通テスト併用（文系）	2/9	2	845	〔1〕空所補充 8問 〔2〕下線部内容説明 5問	27分	子どもの成長・テクノロジー	子どものスクリーンタイム管理	★★★☆☆ 2.9 （標準）	25/31点 （10/13問 80.6％ 3ミスまで）	〔1〕(G) 〔1〕(C) (H)…難
後期分割	3/7	1	775	〔1〕内容説明 4問 〔2〕内容一致○×△ 5問 〔3〕タイトル選択 1問	25分	社会・経済	「循環型経済」への移行	★★★☆☆ 2.7 （標準）	23/29点 （8/10問 79.3％ 2ミスまで）	〔1〕(A) 〔2〕(3) (5) …やや難
後期分割	3/7	2	846	〔1〕空所補充 8問 〔2〕下線部内容説明 5問	24分	動物・知能	動物の考える能力	★★★☆☆ 2.8 （標準）	25/31点 （10/13問 80.6％ 3ミスまで）	〔1〕(B)(E) (G)…難

Kansai University

Kwansei Gakuin University

Doshisha University

Ritsumeikan University

関関同立英語の長文テーマ一覧

関関同立英語の長文は，さまざまなテーマの文章が出題されます。長文データの付録として，長文テーマ一覧を掲載します。ほかにもさまざまなテーマの文章が出題されますので，一例として参考にしてください。

人文科学 (「人」に関連するテーマ)	・人間（人生（偉人の生涯など），成長，子ども，家族，友人，男女など） ・心理（感情，好奇心，創造性，嘘，ストレス，セラピーなど） ・教育（子どもの教育，読書，海外留学など） ・言語（言語習得，第二言語，多言語，言語の復興など） ・コミュニケーション 　　　　（非言語（ジェスチャー），手話，スマイルなど） ・健康（運動，肥満，睡眠など） ・医学（脳，人体，薬，感染症など） ・思想（幸福論，倫理観など） ・芸術（絵画，音楽，映画など） ・学問（文学，哲学など）
社会科学 (「人々」に関連するテーマ)	・社会（政治，経済，法律，高齢化，人口減少，人種差別，SDGsなど） ・文化（アメリカの文化，都市文化，田舎の生活，習慣，伝統など） ・比較文化（異文化理解，食文化，比較地域研究など） ・歴史・起源（火の発明，貨幣の歴史，コーヒーの歴史など） ・情報化社会（インターネット，SNSなど） ・国際関係（グローバル化，カルチャーショックなど） ・学問（経営学，統計学など）
自然科学 (「人以外」に関連するテーマ)	・IT・テクノロジー 　　　　（科学技術，AI，スマホ，自動運転，ロボット，IoT，オンラインなど） ・自然（自然災害，世界遺産，国立公園など） ・環境（森林伐採，気候変動，大気汚染，プラスチック汚染など） ・科学（遺伝，人体，科学の功罪など） ・生物（生物多様性，海洋生物，動物，植物など） ・物理（重力，力学，相対性理論など） ・宇宙（ロケット，宇宙探査機，月，太陽，火星など） ・エネルギー（太陽光発電，バイオ燃料，代替エネルギーなど）

CHAPTER 2

対策編
（過去問に取り組む前に）

関関同立英語の対策編として，受験戦略を解説します。Section 1 の得点戦略と Section 2 の時間配分は，英語以外の科目も含めた，自分の受ける入試全体についての考え方，受験戦略についてです。Section 3 の 5 つの力，Section 4 の設問形式別対策で，「英語」についての対策の仕方と受験戦略について解説します。

Section 1	得点戦略
Section 2	時間配分
Section 3	関関同立英語に必要な 5 つの力
Section 4	設問形式別対策
Section 5	設問形式別対策チェックリスト

010 解説動画 ▶

■ この CHAPTER の進め方

①まず解説動画を視聴しましょう。

②Section 1 の得点戦略を読み，「点数」に対する考え方が理解できたら，自分なりの戦略を立ててみてください。

③次に Section 2 の時間配分で，「時間」に関しての戦略も立てましょう。

④今度は「英語」についての対策を考えます。Section 3 の 5 つの力で，合格に必要な「英語力」とは何かを確認してください。

⑤Section 4 の設問形式別対策で，各設問の解き方を学びましょう。

⑥Section 5 のチェックリストは，設問形式別対策をまとめたものです。実際に過去問を解いたあとの自己分析で活用するのがおすすめです。

八澤先生の解説動画を
Check!

010

ManaviisM
Section 1〜5

Section 1 得点戦略

志望校が決まったら，いきなり問題を解くのではなく，まず「目標点」を設定しましょう。このセクションでは，目標点の設定の仕方をくわしく解説し，「マナビズム流 得点戦略」を伝授します。

1 目標点の設定

Points

- 最も重要な指標は合格最低点。
- 問題演習の前に目標点の設定をする。
- 直近3年分の合格最低点を調べる。

　まずは**目標点**の設定の仕方を説明します。

　関関同立の一般入試では，面接や実技などはなく，試験の点数のみで合否が決まります。すなわち，関関同立の合格において最も重要な指標は過去問の**合格最低点**になります。

　最初にゴール (何点をとればよいのか) を把握することで，日々の勉強も目的意識をもって取り組むことができます。いきなり問題を解くのではなく，必ず目標点の設定からスタートしましょう。

　それでは実際に目標点の設定を始めます。まずは，自分が志望する大学・学部・学科の，**直近3年の合格最低点**を，大学のホームページや赤本などで調べましょう (まだ志望校が明確に決まっていなくても，とりあえずどこかの大学を志望校と定めてください)。

　昨年度の合格最低点のみを参考にすると，その年の問題が簡単だったのか，難しかったのかがわからないので，必ず3年分を調べるようにしてください。

　全学部日程や学部個別日程などで，入試方式や受験日が複数ある場合は，**合格最低点が最も高いものを採用**しましょう。さらに，余裕をもって合格を目指すために，直近3年の合格最低点の中で，**最も高い数字の1の位の数字を「繰り上げ」**したものを目標点として書きましょう。

■ 目標点記入表 (例)

（志望校）

○○ 大学　　　　　　○○ 学部　　　　　　○○ 学科

年度	合格最低点 / 満点	得点率
2023	365 / 500	73 %
2022	378 / 500	76 %
2021	383 / 500	77 %
目標点	390 / 500	78 %

※この例では2021年度の383/500が合格最低点が最も高い点数となります。383の1の位を「繰り上げ」して390/500を目標点として設定します。

　それでは，自分の志望する大学の直近3年分の合格最低点を調べて以下の表に記入し，自分の目標点も書いてみてください。

■ 目標点記入表

（志望校）

　　　　　　　　大学　　　　　　　　学部　　　　　　　　学科

年度	合格最低点 / 満点	得点率
	/	
	/	
	/	
目標点	/	

　これで目標点の設定ができました……と言いたいところですが，実はこれは**実際の目標点ではありません。**関関同立の入試では，得点調整を考慮して目標点を決める必要があります。次のページで，得点調整について見ていきましょう。

② 得点調整とは？

Points

- 関関同立の一般入試では得点調整が実施される。
- 公表されている合格最低点は得点調整後の点数。
- 得点調整の仕組みまでは知らなくて OK。

関関同立の一般入試では，基本的に**「得点調整」**が実施されています。前ページで書いてもらった点数は，得点調整後の点数になるため，この数字をそのまま目標点と考えて勉強してはいけません。

得点調整とは，選択科目や試験日の間での有利・不利を緩和するために，実際の点数を調整する仕組みです。

例えば，日本史で80点をとったAさんと，文系数学で80点をとったBさんがいるとします。点数だけを見るとどちらも同じ学力のように見えますが，日本史の平均点が70点，文系数学の平均点が60点だった場合どうなるでしょう。Aさんは相対的に簡単な問題で80点をとった一方で，Bさんは相対的に難しい問題で80点をとったことになります。この状況で「AさんもBさんも同じ80点だから，同じ実力だ」と考えるのは不公平ですよね。したがって，全体の平均点などを考慮して，もともとの80点そのままではなく，**得点を調整して合否を判定する**ことになります。

ちなみに，得点調整について，計算式や仕組みを深く理解する必要はありません。**公表されている合格最低点は実際の点数ではない**ということだけ知っておきましょう。

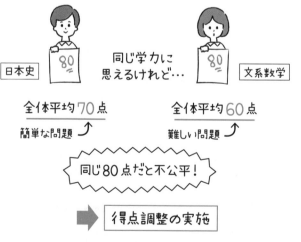

③　素点での目標点の設定

Points

- 公表されている点数よりも高い点数をとる必要あり。
- 得点調整後の点数は素点の85％（ただしこれはあくまで目安の数値）。
- どの科目に得点調整がかかるかは入試要項を必ず確認。

　それでは，得点調整されていない，もともとの点数（素点）での目標点を決定しましょう。目安としては，素点の約85％が得点調整後の点数となります（ただし，これはあくまで目安の数値です。毎回必ず素点の85％に圧縮されるというわけではありません）。つまり，**公表されている点数よりも多くの点数をとる**必要があります。素点の85％が得点調整後の点数（の目安）なので，得点調整がかかる科目は，実際には約1.18倍の点数をとらなければいけません。

　得点調整は，選択科目のみにかけられる場合と，複数科目にかけられる場合があります。現在の主な方式での入試における得点調整情報を下にまとめましたが，**必ず入試要項などを確認**して，どの科目に得点調整がかかるのかを確認しておきましょう。

■関西大学
全学日程1，2ともに，システム理工学部，環境都市工学部，化学生命工学部は選択科目のみ，それ以外の学部は全科目に得点調整がかかります。

■関西学院大学
すべての学部について，全学部日程，学部個別日程ともに，選択科目のみに得点調整がかかります。ただし，同一型を2日間実施している学部については，全科目に得点調整がかかります。

■同志社大学
すべての学部について，全学部日程，学部個別日程ともに，選択科目のみに得点調整がかかります。

■立命館大学
すべての学部について，全学統一方式，学部個別配点方式ともに，選択科目のみに得点調整がかかります。ただし，同一方式の試験を複数日程で実施する学部については，科目別に試験日間での得点調整がかかります。

※上記はすべて2023年度入試の情報です。

■ 素点での目標点記入表 (例)

(志望校) ○○大学	○○学部		○○学科
科目	得点調整後の目標点	素点の目標点	素点での得点率
英語	164 / 200	164 / 200	82 %
国語	120 / 150	120 / 150	80 %
日本史	106 / 150	125 / 150	83 %
合計	390 / 500	409 / 500	82 %

※これは日本史のみに調整がかかる場合の例です。まずは p.041 で決めた目標点390／500を，科目ごとに割り振ります。日本史は得点調整後が106点なので，素点での目標点は106点×約1.18＝125点です。得点調整後の点数ではなく，必ず素点で目標を設定しましょう。

それでは，自分の志望する大学で目標点を決めましょう。

■ 素点での目標点記入表

(志望校) 大学	学部		学科
科目	得点調整後の目標点	素点の目標点	素点での得点率
	/	/	
	/	/	
	/	/	
合計	/	/	

これで目標点の設定がきちんとできました。これをもとにして，大問ごとの目標点も決めましょう。

④ 大問ごとの目標点の設定

Points

- 大問ごとの目標点も決めておく。
- 英語以外の科目も同様に決めておく。
- 配点が明確に決まっていない場合は予想配点で考える。

　p.044で決めた点数を，さらに大問ごとに割り振りましょう。今回は英語のみでおこないますが，その他の科目も必ず各自で決めましょう。ただし，大問ごとの点数は明確に決まっていない場合もあります。あまりこだわりすぎる必要はありません。おおよその得点を予想し，その比率で考えましょう（以下の配点も，あくまで目安となります）。

■関西大学（英語）

大問	素点の目標点	満点（文系）
大問1（会話・パラグラフ整序）		44点
大問2（長文読解）		88点
大問3（長文読解）		68点
合計		200点

※関西大学の英語は毎年1問4点×50問＝200点満点で固定されています。

■関西学院大学（英語）

大問	素点の目標点	満点の目安（文系）
大問1（主に長文読解）		48点
大問2（主に中長文読解）		39点
大問3（主に中長文読解）		28点
大問4（文法）		30点
大問5（語句整序・英作文）		25点
大問6（会話）		30点
合計		200点

※大問1，2，3の点数は日程によって異なります。
※理系の満点は100点または150点です。
※関西学院大学は大学からの公式資料として配点や設問ごとの正答率がまとめられた資料があります。
　ぜひ資料請求をして，実際の数値を参照しながら目標点を決めてください。

■同志社大学（英語）

大問	素点の目標点	満点の目安（文系）
大問1（長文読解）		約70点
大問2（長文読解）		約80点
大問3（会話）		50点
合計		200点

※大問1，2はどちらかが約70点で，どちらかが約80点になります（基本的に，下線部和訳を含む大問が配点が高い）。大問3は50点で固定されています。

■立命館大学（英語）

大問	素点の目標点	満点（文系）
大問1（長文読解）		29点
大問2（長文読解）		31点
大問3（会話）		24点
大問4（文法）		16点
大問5（語彙）		20点
合計		120点

※理系の満点は100点です。
※立命館大学は，長文読解60点＋知識系問題60点＝120点で，読解：知識＝1：1で固定されています。

目標点は，大問ごとに決めましょう。

時間配分

よく試験が終わった後で,「時間が足りなかった」と言う受験生がいますが,これは明らかに準備不足です。どの問題にどれくらいの時間がかけられるかを,事前に理解しておきましょう。

1. 時間配分について

Points

- 制限時間マイナス5分で問題を解く。
- 解答用紙への記入は大問ごとにおこなう。
- 時間配分は記載のものを基準にする(変えるとしても±1〜2分程度)。
- 時間制限を意識するのは受験学年の9月以降でOK。
- 取り組む大問の順番についても検討していく。

自分なりの目標点が決まったら,今度は大問ごとの時間配分を決定しましょう。

ここで注意してほしいのは,**「解答用紙への記入時間」**です。関関同立の入試は基本的にマークシート(一部記述)でおこなわれます。解答用紙への記入は,意外と時間がかかります。合計5分は解答用紙への記入に使うと考えると,実際に問題を解く時間は「制限時間マイナス5分」です。

また,解答用紙に記入するタイミングですが,**大問ごとに記入**することを推奨します。1問1問記入すると効率が悪いですし,すべて解き終わって最後に記入するとなると,時間が足りなかった場合に取り返しのつかないことになります。「大問1を解き終えたら大問1の解答用紙へ記入,大問2を解き終えたら大問2の解答用紙へ記入」という流れで進めましょう。

次ページに,理想的な時間配分を記載しておきます。多少の増減はあっても,この数値から大きく逸脱することのないようにしてください。

また,問題演習の際に**時間制限を気にするのは受験学年の9月頃からでOK**です。初めのうちはあまり時間にこだわりすぎず,ていねいに取り組むようにしましょう。

逆に,受験中盤期以降は,ただ解くだけではなく,「時間内に解く」ことを意識して取り組みましょう。また,**どの大問から取りかかるのが自分に合っているのか**も,演習の中で検証していくようにしましょう。

Kansai University

Kwansei Gakuin University

Doshisha University

Ritsumeikan University

各大学の理想的な時間配分

■関西大学（英語）

大問1（会話・パラグラフ整序）	15分
大問2（長文読解）	35分
大問3（長文読解）	35分
解答用紙への記入	合計5分
合計	90分

■関西学院大学（英語）

大問1（主に長文読解）	25分
大問2（主に中長文読解）	20分
大問3（主に中長文読解）	15分
大問4（文法）	5分
大問5（語句整序・英作文）	10分
大問6（会話）	10分
解答用紙への記入	合計5分
合計	90分

※大問1，2，3（とくに2，3）の配分は順番が変わる場合があります。

■同志社大学（英語）

大問1（長文読解）	30分
大問2（長文読解）	40分
大問3（会話）	25分
解答用紙への記入	合計5分
合計	100分

※大問1・2の時間配分は入れかわる場合があります。（基本は，下線部和訳を含むほうに40分かけます。）

■立命館大学（英語）

大問1（長文読解）	25分
大問2（長文読解）	25分
大問3（会話）	10分
大問4（文法）	5分
大問5（語彙）	10分
解答用紙への記入	合計5分
合計	80分

関関同立英語に必要な 5 つの力

関関同立英語には 5 つの力が求められます。①語彙力，②文法力，③精読力（解釈力），④論理力，⑤解答力です。このうち，土台となるのが①②③，差がつくのが④⑤です。以下で，5 つの力とは何かを理解し，各大学の英語力パラメーターで，必要な 5 つの力の配分を確認しましょう！

1 語 彙 力

第一に必要なのが語彙力です。英語力の土台として，まずはしっかり単語を覚えましょう。関関同立英語は，**2000 語レベルの単語帳を 1 冊完ぺき**に覚えれば読み解けます。それだけの語彙力があれば，長文読解の本文中にわからない単語があっても，ほかの英語力（精読力や論理力）を使って攻略でき，ほとんどの問題に対応できます。まず単語帳の 1 語 1 訳を 1 冊完ぺきに覚え，次に，英熟語や多義語もきちんと身につけましょう。

英熟語は，**1000 語レベルの熟語帳を 1 冊完ぺき**に覚えれば，関関同立英語に対応できます。

多義語は，英単語帳に掲載されているものを完ぺきに覚えておけば十分です。

立命館と同志社では，語彙に関する問題がよく出題されるので，この 2 つの大学を受験する人はとくに，語彙力をしっかりつける必要があります。関大と関学でも，語彙力がないと長文読解の本文内容が把握できなかったり，設問の選択肢が訳せなかったりするので，単語帳 1 冊と熟語帳 1 冊はしっかり覚えて，関関同立英語の土台となる語彙力を身につけましょう。

2 文 法 力

英語力の土台として，文法力も重要です。関学と立命館では大問として文法 4 択問題が出題されます。関大と同志社では，文法の大問は出題されませんが，長文読解で文法知識が解答根拠となる問題が出題されます。

また，文法知識は，文法問題だけでなく，一文一文を正確に把握する精読力にもつながります。文型や動詞の語法の知識は文法問題でよく問われますが，長文読解における一文の構造把握にも役立ちます。**文法問題と精読に対応する文法力**をしっかり身につけましょう。

③ 精読力（解釈力）

　語彙力と文法力に加えて，**精読力（解釈力）も英語力の土台**となります。精読とは，語彙力と文法力を使って，**一文一文の文構造（SVOC）を把握して，きちんと訳す**ことです（「解釈」も文構造を把握して訳すことなので，「精読」とほぼ同じ意味です）。

　単語や文法の知識があっても，それを実際の英文の中で正確に組み合わせることができなければ意味がありません。**まずは品詞に注目して，動詞を中心に文構造を考え，一文一文を正確に理解**できるようにしましょう。また，so that 構文，仮主語真主語構文，強調構文などの構文の知識も，精読力を高めます。

　関関同立の長文読解では，１文が３〜４行にわたる長い英文も含まれます。長くて読みづらい英文は，副詞や形容詞など修飾語のカタマリをカッコでくくり出し**文の骨格となる主節の SV に注目**して，骨格から訳すようにしましょう。設問の選択肢を正しく理解できるかどうかも，精読力の有無にかかっています。

④ 論理力

　関関同立英語は長文読解が中心です。長文の内容を把握し，解答根拠につなげるために必要なのが**論理力**です。

　長文読解には論理的な文章が多く出題されます。著者の主張があり，それを説明するために論理が一本筋として通っているような文章です。however や for example などの**論理の目印（論理マーカー）に注目**し，論理関係を把握することで，**文内容が予測できる，内容理解が深まる，問題が解ける**という大きな利点があります。特に重要なのが，次の３つの論理関係です。

　　① 抽象→具体（同内容）
　　② 対比・逆接（逆内容）
　　③ 因果関係

　例えば，論理マーカーの however は逆接マーカーで，「逆内容」かつ「後ろに著者の主張がくる」ということを表します。however に注目すれば，「前がプラス内容であれば，後ろがマイナス内容」だと予測できます。また，however の直後は著者の主張がくることが多いです。著者の主張を問う設問はよく出題されますが，however に注目してその後の文をよく読めば，すんなりと解答根拠を得ることができます。

　このように，**論理に注目**すれば，**次に来る文の内容を予測し，著者の主張をつかみ，文章全体の展開を把握し，解答根拠につなげる**ことができます。

　英語を論理的に読み解く力である論理力をぜひ身につけましょう。

⑤　解 答 力

　空所補充問題，下線部説明問題，内容一致問題など，それぞれの設問形式によって，解き方や考え方は異なります。それぞれの**設問形式に応じた解き方を身につけ，1問1問の解答根拠を言語化する力が解答力**です。（→ p.054 CHAPTER 2 ❹「設問形式別対策」）

　また，同じ空所補充問題でも，関大と立命館では，解答にたどりつくまでのルートが異なります。

　関大大問2の空所補充は，まず形から解けるかどうか考えるといいでしょう。一方，立命館大問2の空所補充は，すべて文脈を考えて解く必要があります。関関同立4大学の中でも，解き方や考え方に違いがあるのです。**各大学の出題傾向を把握し，各大学の設問の解答根拠を言語化できる**ように，解答力を身につけましょう。（→ p.099 CHAPTER 3「実践編（過去問ビジュアル解説）」）

　解答根拠を言語化することで解答力が上がり，過去問を実際に解いたとき，点数が上がるはずです。特に，過去問で間違えた問題については，復習の際に解答根拠をきちんと言語化しておきましょう。

　以上が関関同立英語に必要な5つの力の説明となります。

　次のページでは，関関同立4大学の**「英語力パラメーター（ビジュアル分析）」**を見ていきます。英語力パラメーターは，この「5つの力」をもとに，各大学でどの力がどの程度求められるのかをパラメーターとしてビジュアル化したものです。自分が受ける大学では，どの力がどの程度求められているのかを確認し，その力をしっかり伸ばしていきましょう。

関関同立の英語力パラメーター

（パラメーターの数値が表すレベル：1 入門，2 基礎，3 標準，4 難関，5 最難関）

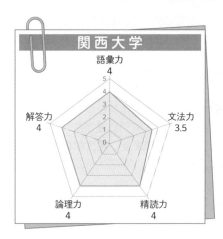

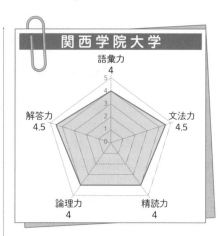

☑ **語彙力：難関レベル**
単語帳 1 冊の 1 語 1 訳を完ぺきに覚え，長文読解の下線部に未知語が含まれているかを判断できる。

☑ **文法力：標準～難関レベル**
長文読解の空所補充問題で形から文法問題だと予測でき，文法知識で解ける。

☑ **精読力：難関レベル**
長文読解の長い下線部や長い選択肢を，文構造を把握して訳せる。

☑ **論理力：難関レベル**
パラグラフ整序を論理で解ける。長文読解を論理で読み解ける。

☑ **解答力：難関レベル**
パラグラフ整序の解き方がわかる。長文読解の解答根拠を言語化できる。

☑ **語彙力：難関レベル**
長文読解の同意語句問題を単語・熟語の知識から解ける。

☑ **文法力：難関～最難関レベル**
大問 4 文法問題を 10 問中 9 問正解できる。大問 5 整序問題を動詞・構文の形に注目して解ける。

☑ **精読力：難関レベル**
長文読解の空所補充，同意語句，同意表現，内容一致問題で，文構造を把握して訳せる。

☑ **論理力：難関レベル**
長文読解を論理で読み解ける。

☑ **解答力：難関～最難関レベル**
大問 6 題をそれぞれに応じた解き方ができる。和訳と英作文という記述問題にも対応できる。

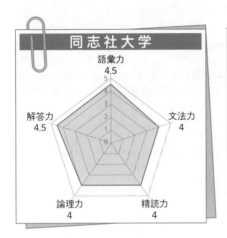

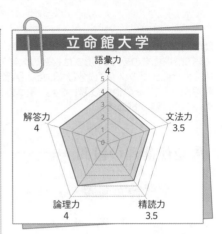

☑語彙力：難関〜最難関レベル

単語帳の多義語も完ぺきに覚え，長文読解の同意語句問題を単語・熟語の知識から解ける。

☑文法力：難関レベル

長文読解の空所補充問題を文法知識で解ける。整序問題を動詞・構文の形に注目して解ける。

☑精読力：難関レベル

長文読解の空所補充，同意語句，同意表現，内容一致問題で文構造を把握して訳せる。

☑論理力：難関レベル

長文読解を論理で読み解ける。

☑解答力：難関〜最難関レベル

長文読解の解答根拠を言語化できる。和訳と英作文という記述問題にも対応できる。

☑語彙力：難関レベル

大問5の語彙問題を10問中8問以上正解できる。

☑文法力：標準〜難関レベル

大問4の文法問題を8問中7問以上正解できる。

☑精読力：標準〜難関レベル

長文読解の長い下線部や長い選択肢を，文構造を把握して訳せる。

☑論理力：難関レベル

長文読解を論理で読み解ける。長文読解の論理マーカー補充問題を解ける。

☑解答力：難関レベル

長文読解の○×△内容一致の解き方がわかる。長文読解の解答根拠を言語化できる。

Section 4 設問形式別対策

関関同立の設問は，全部で13形式あります。そのうち「関大のパラグラフ整序」と「立命館の語彙問題」をのぞく11形式は複数の大学で出題されています。その11形式の設問別対策を大きく5つのタイプに分けました。「A 空所関連」「B 下線部関連」「C 内容関連」「D 記述関連」「E その他の設問」です。5つのタイプ11形式の設問対策によって，関関同立の設問を攻略しましょう!

A 空所関連の設問

① 空所補充問題

ここに出る!! 関関同立 の出題	関　大	➡	大問2A	/	15問
	関　学	➡	大問1，2，3	/	10〜16問
	同志社	➡	大問1，2	/	4〜8問
	立命館	➡	大問2〔1〕	/	8問

 解法プロセス

1. 形から予測し，知識2割，文脈8割で解く！

空所補充の問題は，語彙・文法などの知識を問う**知識問題**と，精読や論理を問う**文脈問題**に分類されます。まずこの2つのうちどちらに該当するのかを，選択肢と空所前後の形から予測しましょう。知識だけで解ける問題は少なく（約2割），**精読や論理による文脈で解く問題が中心**（約8割）です。

2. パターン別に解き方を変える！

（1）語彙・文法問題（知識問題）の解き方

まずは選択肢と空所前後の形に注目して，**知識問題かどうかを予測**します。単語・熟語や文法の知識が問われている知識問題と予測できれば，その**知識を解答根拠として**解きます。

（2）精読・論理の問題（文脈問題）の解き方

文脈問題ですから，純粋に形からだけでは解くことはできません。しかし，ある程度，**選択肢をしぼることができる**場合もあります。選択肢と空所前後の形に注目し，**空所を含む１文を精読**しましょう。

また，選択肢や空所前後に**論理マーカー**がないかを探しましょう。**空所前後の論理関係**（同内容・逆内容・因果関係）がつかめれば，そこから正解にたどり着くことができます。

例題 1

空所（ 3 ）に入れるのに最も適当なものを A〜D から選びなさい。

It is important to note what was happening at this time in Japan, and why MacDonald's arrival was so dangerous. Japan had shut its borders to all foreigners during the Edo period, (3) lasted from 1603 to 1868.

A. and　　　B. but

C. who　　　D. which

（関西大　2021年　大問2）

ここに注目!! ビジュアル解説

It is important to note what was happening at this time in Japan, and why MacDonald's arrival was so dangerous. Japan had shut its borders to all foreigners during the Edo period,

(3) lasted from 1603 to 1868.
　　※ lasted：　動詞 last「続く」の過去形

A. and　　　B. but

C. who　　　D. which

解法のポイント

空所補充
→ 選択肢と空所前後の形に注目
→ 関係詞（文法問題＝知識問題）

ここに注目!!

※選択肢と空所前後の形に注目

※選択肢の品詞は A と B は等位接続詞，C と D は関係代名詞

※空所前後の形が〈コンマ（　）V〉

→選択肢に関係代名詞があり，空所直後は S がなくて不完全な形
→関係詞の文法問題だと予測できる
→空所直前の the Edo period を先行詞と考えて空所に代入する
→the Edo period lasted from 1603 to 1868「江戸時代は1603年から1868年まで続いた」という文が成り立つ
→the Edo period（人以外）を先行詞とする関係代名詞 which が入る

解答 D

和訳 日本でこの時代に何が起こっていたのか，なぜマクドナルドの来航がそれほど危険だったのかを知っておくことは重要である。日本は，江戸時代の間，それは1603年から1868年まで続いたが，すべての外国人に対して国境を閉鎖していた。

例題 2

本文の [(F)] に入れるのにもっとも適当なものを(1)〜(4)から一つ選びなさい。

Another way is for companies to use their profits to fund projects that benefit society. [(F)], the purpose of the business is not to just make money but rather to use profits to help those that need assistance.

(1) For these reasons   (2) In contrast

(3) In other words   (4) Meanwhile

（立命館大　2021年　大問2）

ここに注目!! ビジュアル解説

解法の**ポイント**

空所補充
→選択肢に注目
→論理マーカー補充問題
→精読と論理（not A but B, 空所前後の論理関係）

ここに注目!!

※選択肢が論理マーカー

※対比構文 not A but B
「A ではなく B」（B が重要）

→精読して空所前後の論理関係を把握

→空所の後ろの文の対比構文 not A but B に注意

→空所の前の文「別のやり方は，会社がその利益を使い，社会に貢献するプロジェクトに資金を提供することです」，空所の後ろの文「事業の目的は，単にお金を稼ぐことではなく，むしろ利益を使って支援を必要とする人たちを助けることです」

→空所前後の文は同内容

→同内容を表す論理マーカー In other words「言い換えると」が入る

※不定詞の意味上の主語

Another way is for companies to use their profits to fund
　　　　　　　　for 〜 to V「〜が V する」

projects that benefit society. [(F)], the purpose of the

business is not <u>to just make money</u> but rather <u>to use profits to</u>
　　　　　　　　　　　A　　　　　　　　　　　　　　　　　B

<u>help those that need assistance</u>.

(1) For these reasons   (2) In contrast
　　これらの理由で　　　　　　これに対して

(3) In other words   (4) Meanwhile
　　言い換えると　　　　　　一方

解答 (3)

和訳 別のやり方は，会社がその利益を使い，社会に貢献するプロジェクトに資金を提供することです。言い換えると，事業の目的は，単にお金を稼ぐことではなく，むしろ利益を使って支援を必要とする人たちを助けることです。

2 語句整序問題（並べ替え空所補充問題）

ここに出る!!
関関同立
の出題

関　学 ➡	大問 5	／ 2 問（学部個別日程）, 5 問（全学部日程）
同志社 ➡	大問 1, 2	／ 2 問

ここに注目!! 解法プロセス

1. 動詞・構文の形に注目!!

　動詞または構文の形に注目してカタマリを作ります。その際，選択肢を記号で書くのではなく，**英語で書いて並べ**ましょう。記号で書くと正しく並べているのかどうか，自分でもわかりにくくなるからです。

2. 同志社の出題では前の文とのつながりも考える！

　同志社では，**前の文とのつながりを考える問題**も出題されます。1 の解法で完全に英文を完成できない場合は，前の文との関係を考えて並べ替えましょう。

例題 1

　次の日本文(2)に相当する意味になるように，それぞれ下記（a ～ h）の語句を並べ替えて正しい英文を完成させたとき，並べ替えた語句の最初から 3 番目と 7 番目に来るものの記号をマークしなさい。ただし，文頭に来るものも小文字になっています。

(2) その旅はとても素晴らしかったので，私たちは必要以上にお金を使ってしまった。

　The trip was （　　　　　　　　　　　　　　　　）.

　　a. more money　　b. needed　　　c. so　　　　　d. spent

　　e. than　　　　　　f. that　　　　　g. we　　　　　h. wonderful

（関西学院大　2021 年　大問 5）

解法の**ポイント**

語句整序
→動詞・構文の形を中心にカタマリを作る
→so that 構文

(2) その旅はとても素晴らしかったので，私たちは必要以上に
お金を使ってしまった。

The trip was (　　　　　　　　　　　　　　　).

   a. more money　　b. needed　　c. so　　d. spent

   e. than　　　　　f. that　　g. we　　h. wonderful

[解答] 3番目 f　　7番目 e

ここに**注目!!**
※日本語の「とても素晴
らしかったので」
※選択肢の so と that
→so ～ that ... 「とても
～なので…」という so
that 構文の形を思い
浮かべる

→動詞 was に注目して
The trip was so
wonderful というカタ
マリを作る
→so that 構文の that
以下は動詞 needed と
spent に注目して,
that we spent more
money というカタマリ
を作る

→残りの選択肢
b. needed, e. than
から than needed 「必
要以上に」というカタ
マリを作る
→The trip was so
wonderful <u>that</u> we
spent more money
<u>than</u> needed. になる

例題 2

二重下線部の空所(あ)～(お)に次の 1～7 の中から選んだ語を入れて文を完成
させたとき，(い)と(お)に入る語の番号を解答欄に記入しなさい。同じ語を二
度使ってはいけません。選択肢の中には使われないものが二つ含まれています。

All this, he says, <u>(　あ　)（　い　) easier（　う　) focus（　え　) deeply</u>
<u>(　お　) the work.</u>

   1　it　　　　2　made　　　3　more　　　　4　of

   5　on　　　　6　to　　　　7　which

（同志社大　2021年　大問 2）

ここに注目!! ビジュアル解説

二重下線部の空所（あ）～（お）に次の1～7の中から選んだ語を入れて文を完成させたとき，（い）と（お）に入る語の番号を解答欄に記入しなさい。同じ語を二度使ってはいけません。選択肢の中には使われないものが二つ含まれています。

解法のポイント

語句整序
→動詞・構文の形を中心にカタマリを作る
→make it 形容詞 to V（仮 O 真 O 構文），挿入句

All this, he says, <u>（ あ ）（ い ）</u> easier <u>（ う ）</u> focus <u>（ え ）</u> deeply <u>（ お ）</u> the work.

1 it	2 made	3 more	4 of
5 on	6 to	7 which	

解答 （い）1 （お）5

和訳 彼は，これらすべてがより深く仕事に集中することをより容易にしているのだと言う。

> 動詞・構文の形を中心に
> カタマリを作るのがポイント！

ここに注目!!

※「選択肢の中には使われないものが二つ含まれている」
→2つ使わないことに注意!!

※動詞と構文の形を中心にカタマリを作る！

※動詞は says, focus, made

→says は〈, he says, 〉という形で挿入句として使われているので省いて考える。または, he says を文頭に移動して that 節の that が省略されて All this が that 節内の S,（あ）が V と考える

→次に focus から focus on という形を予測する

→made は it と easier から make it 形容詞, 同時に to と focus に注目して, make it 形容詞 to V という仮 O 真 O 構文の形を思い浮かべる

→made it easier to focus on にすると（お）に入るものがないので, 選択肢 more に注目して more deeply にして focus と on の間に挿入されていると考える

→made it easier to focus more deeply on になる。（選択肢4 of と7 which は使わない）

B 下線部関連の設問

① 下線部同意語句（単語・熟語の言い換え問題）

ここに出る!!
関関同立
の出題

| 関 学 | ➡ | 大問 1, 2, 3 | / | 5 ～ 13 問 |
| 同志社 | ➡ | 大問 1, 2 | / | 16 ～ 20 問 |

ここに注目!! 解法プロセス

1. 語彙力を前提に，〈知識＋文脈〉で解く

　下線部と選択肢から，**単語・熟語の知識（語彙力）**だけで解ける問題もありますが，文脈を無視すると間違えてしまうこともあります。**下線部前後を精読して，**文脈から下線部の意味を把握して解きましょう！

2. 置き換え可能か確認する！

　下線部同意は下線部が正解の選択肢と**言い換え・置き換えが可能**なので，「言い換え問題」「置き換え問題」とも呼ばれます。下線部とその文脈において，選択肢が**置き換え可能であるかを確認**しましょう。

例題 1

A 本文中の下線部(ウ)が文中で表している内容に最も近いものを，それぞれ下記（a ～ d）の中から 1 つ選び，その記号をマークしなさい。

Imagine a woman named Carole who is really (ウ)into music and spent most of her student years going to music concerts.

(ウ) into

　　a. absorbed in　　　　b. neutral about

　　c. confused about　　 d. exhausted by

（関西学院大　2020年　大問1）

ここに注目!! ビジュアル解説

> **解法のポイント**
> 下線部同意語句（熟語）
> →知識＋文脈
> →ほぼ知識（熟語の意味）で解ける（選択肢は下線部と置き換え可）

Imagine a woman named Carole who is really (ウ)into music

| ここに注目!! |

and spent most of her student years going to music concerts.

※ is really into music
→be into 〜「〜に夢中
である」という熟語を
思い浮かべる
→選択肢 a は be
absorbed in という形
で同じ意味
→置き換え可

(ウ) into

ⓐ. absorbed in
熱中する，夢中になる

b. neutral about
中立的である

c. confused about
困惑する，慌てる

d. exhausted by
疲れ切る，へとへとになる

解答 a

和訳 音楽が大好きで，学生時代の多くを音楽コンサートに通う
のに費やしたキャロルという女性を想像してほしい。

例題 2

Ⅰ－B 下線部(c)の意味・内容にもっとも近いものを次の 1 〜 4 の中からそ
れぞれ一つ選び，その番号を解答欄に記入しなさい。

This year, Scarf, Colombo, and their colleagues tested pigeons' ability to
recognize patterns of letters that appear in the English language. Nearly every
day for two years, Scarf trained four pigeons. He would place the birds in a
box with a touch screen, and then present the animals with either a real or fake
four-letter word, along with a star below the letters. If the word was real, the
birds were to touch it with their beaks; if it was fake, they were to touch the
star. If the (c)subjects answered correctly, they would get a bit of wheat. At the
end of the training, the pigeons were able to recognize dozens of words —
including ones they had never seen before — with about 70 percent accuracy.

(c) subjects

　　1　crows　　　2　pigeons　　　3　researchers　　　4　students

（同志社大　2022年　大問 1）

解法の**ポイント**
下線部同意語句（単語）
→知識＋文脈
→精読して文脈から解く（選択肢は下線部と置き換え可）

This year, Scarf, Colombo, and their colleagues tested pigeons' ability to recognize patterns of letters that appear in the English language. Nearly every day for two years, Scarf trained four pigeons. He would place the birds in a box with a touch screen, and then present the animals with either a real or fake four-letter word, along with a star below the letters. If the word was real, the birds were to touch it with their beaks; if it was fake, they were to touch the star. If the (c) subjects answered correctly, they would get a bit of wheat. At the end of the training, the pigeons were able to recognize dozens of words — including ones they had never seen before — with about 70 percent accuracy.

(c) subjects

1 crows   ② pigeons   3 researchers   4 students
   カラス   ハト   研究者   学生

ここに注目!!
※ subjects と選択肢

※ subjects は多義語〈多義語の知識＋1文を精読〉

※ subject「主題，科目，被験者，臣民，主語，支配下にある，受けやすい」
→sub「下に」＋ject「投げる」という語源からイメージ
→実験であることにも注目
→subjects の意味は実験の対象である
→「被験者」（s がつくので複数）

→精読して訳す
「もし被験者が正しく解答すると，少しの小麦がもらえる」
→小麦をもらえるのは選択肢の1か2と予測
→この段落では crows の記述はなく pigeons の記述はあるので pigeons を選ぶ（正確には four pigeons「4羽のハト」を指す）
→選択肢2 pigeons

→実験の被験者が pigeons であることを読み飛ばしていたら，前の文から複数名詞を探して把握する
→subjects
＝前文の they
＝さらに「;」マークの前の the birds
＝さらに前文の the birds と the animals
＝さらに前文の four pigeons

解答 2

和訳 今年，スカーフ，コロンボとその同僚たちは，英語に出てくる文字のパターンを認識するハトの能力をテストした。2年間ほぼ毎日，スカーフは4羽のハトを訓練した。彼は，タッチスクリーンのついた箱の中にハトを入れ，本物か偽物の4文字の単語と，文字の下にある星印をハトに提示した。単語が本物ならハトはそれをクチバシでさわり，偽物なら星印をさわるように仕向けた。被験者は正しく解答すると，少しの小麦がもらえる。訓練終了時には，ハトは見たこともない単語を含む数十個の単語を約70％の精度で認識できるようになっていた。

下線部同意語句問題は，選択肢と置き換え可能かどうかをチェックします。

ここに注目!! 解法プロセス

1. 下線部と選択肢を精読して解く！

　句・節や短い文の同意表現は，**下線部と選択肢の両方をしっかり精読**して解きます。動詞句（動詞を含む 2 語以上のカタマリ）など句の同意表現は，**熟語や文法知識**が問われていることもあります。節（SV を含むカタマリ）の同意表現は，しっかり**文構造を把握**して精読できるかが重要です。また，下線部前後の**論理関係を把握**して解く問題も出題されます。

2. 下線部前後の文内容に注目する！

　下線部前後の文内容に注目すると，同内容の言い換え表現が本文中にあることに気づき，選択肢を選ぶ解答根拠を得られることがあります。また，下線部前後の文の意味が**肯定的なプラス内容か否定的なマイナス内容か**に注目することで，下線部の内容が把握しやすくなることもあります。

例題 1

B　本文中の二重下線部(3)が文中で表している内容に最も近いものを，それぞれ下記（a 〜 d）の中から 1 つ選び，その記号をマークしなさい。

　Indeed, (3)the gains we think we make by multitasking are often illusions. That's because the brain slows down when we try to perform two mental tasks simultaneously.

(3) the gains we think we make by multitasking are often illusions

　　a. we think we can work slower when multitasking, but it is not true

　　b. we think we can benefit from multitasking, but it is often unlikely

　　c. we think we should do multitasking in order to gain more profit

　　d. we think we should often create illusions that make multitasking appear
　　　 easy

（関西学院大　2020 年　大問 3）

ここに注目!! ビジュアル解説

解法の**ポイント**
下線部同意表現（句・節）
→精読（関係詞，選択肢もしっかり精読）
→（選択肢は下線部とこの文脈で置き換え可）

Indeed, (3)the gains 〈we think ［we make（by multitasking）］〉
　　　　　　　S　　　　 S 　 V O S' 　 V'　　　O'なし
are often illusions. That's because the brain slows down when
　V　　 C
we try to perform two mental tasks simultaneously.

(3) the gains we think we make by multitasking are often
私たちがマルチタスクによって得ると思っている利益は，錯覚であることが多い
illusions

　a. we think we can work slower when multitasking, but it
私たちはマルチタスクのほうがゆっくり仕事をできると思っているが，それは正しく
is not true
ない

　ⓑ. we think we can benefit from multitasking, but it is
私たちはマルチタスクから利益を得ることができると思っているが，その可能性は
often unlikely
低いことが多い

　c. we think we should do multitasking in order to gain
私たちはより多くの利益を得るためにマルチタスクをすべきだと思っている
more profit

　d. we think we should often create illusions that make
私たちはマルチタスクが簡単に見える錯覚をよく引き起こすべきだと思っている
multitasking appear easy

解答 b

和訳 実際，私たちがマルチタスクによって得られると思っている利益は，錯覚であることが多い。それは，２つの知的な作業を同時におこなおうとすると，脳の働きが鈍くなるからである。

ここに注目!!
※ the gains we think we make by multitasking
→the gains we think は名詞 SV という形から関係代名詞の省略
→we think we make は think that 節 の that の省略，we make の直後に O がないことに注目
→we think we make by multitasking は make の O がない不完全文で関係代名詞節，先行詞 the gains にかかる

→わかりづらい関係詞節は先行詞を代入して１文をイメージ
→we think we make the gains by multitasking「私たちは私たちがマルチタスクによって利益を得ると思っている」
→下線部を訳す「私たちがマルチタスクによって得ると思っている利益は，錯覚であることが多い」

→選択肢を精読して訳す
→選択肢 b「私たちはマルチタスクから利益を得ることができると思っているが，その可能性は低いことが多い」
→本文と同内容，置き換え可

例題2

B 本文中の下線部(ウ)が文中で表している内容に最も近いものを，それぞれ下記 (a 〜 d) の中から 1 つ選び，その記号をマークしなさい。

It is crucial to realize that (ウ)the AI revolution is not just about computers getting faster and smarter. It is fuelled by advances in the life sciences and the social sciences as well.

(ウ) the AI revolution is not just about computers getting faster and smarter

    a. the AI revolution makes computers not only faster but also smarter

    b. the AI revolution is that people have more, faster, and smarter computers

    c. the AI revolution means that computers get more durable

    d. the AI revolution means more than improved features of computers

（関西学院大　2022年　大問 3）

下線部前後の文内容に注目しましょう！

ここに注目!!〈 ビジュアル解説

解法のポイント
下線部同意表現（句・節）
→精読＋論理（対比構文に注目。選択肢もしっかり精読）
（選択肢は下線部とこの文脈で置き換え可）

It is crucial to realize that (ウ)the AI revolution is not just
AI革命は，コンピューターがより

about computers getting faster and smarter. It is fuelled by
速く，より賢くなることを意味するだけではない。　　　　それは生命科学

advances in the life sciences and the social sciences as well.
や社会科学の進歩によっても促進される。

(ウ) the AI revolution is not just about computers getting faster
AI革命は，コンピューターがより速く，より賢くなることを意味する

and smarter
だけではない

a. the AI revolution makes computers not only faster but
AI革命は，コンピューターをより速くするだけでなく，より賢くもする

also smarter

b. the AI revolution is that people have more, faster, and
AI革命とは，人々がより早く，より賢いコンピューターをより多く

smarter computers
持つことである

c. the AI revolution means that computers get more
AI革命は，コンピューターがより耐久性を増すことを意味する

durable

d. the AI revolution means more than improved features of
AI革命は，コンピューターの向上した機能だけを意味するのではない

computers

解答 d

和訳 AI革命は，コンピューターがより速く，より賢くなること
を意味するだけではないことを認識することが重要である。
それは生命科学や社会科学の進歩によっても促進されるの
だ。

ここに注目!!〈
※下線部の not just
※直後の文の as well
※選択肢 a の not only
　... but also
※選択肢 d の more
　than

→これらすべてが対比構
文 not only A but
also B「Aだけでなく
Bも」（Bが重要）だと
把握

→下線部 not just は対
比構文 not only A but
also B の not only と
同じ表現

→直後の文は as well に
注目。ここに but が省
略されて，as well「同
様に，〜も」は but also
と同じ表現

→下線部と直後の文を合
わせて対比構文 not
only A but also B の
応用形 not just A
(but) B as well「Aだ
けではない，Bもであ
る」（Bが重要）

→選択肢 a は対比構文
not only A but also
B の基本形，選択肢 d
の more than は「〜
以上＝〜だけではな
い」という意味で not
only と同じ表現で使わ
れる

→下線部に対比構文が含
まれるので，対比構文
を含む選択肢 a か d が
同内容の可能性が高い
と予測

→それぞれを精読して訳す
（選択肢 a〜d の和訳
参照）

→下線部は選択肢 d と同
内容，置き換え可

3 下線部内容説明 (指示語・代名詞の内容把握, 文の内容把握)

ここに出る!!
関関同立の出題

関 大 ➡ 大問3A ／ 10問
立命館 ➡ 大問2〔2〕 ／ 5問

ここに注目!! 解法プロセス

1. 下線部の直前の文内容に注目する！

指示語や代名詞が指す内容は，基本的に直前の文にあります。this や that などの指示語は直前にある語句ではなく，文の内容を指すこともあります。具体的に何を指すか**直前の文をしっかり精読**して把握しましょう。

2. 下線部前後の論理関係に注目する！

下線部が未知語や文であれば，精読だけでなく論理関係 (同内容・逆内容・因果関係) に注目して解きましょう。**下線部前後に論理マーカー**があれば，そこから論理関係を把握し，解答根拠を導き出すことができます。

例題 1

For some time now, we have known that humans are less different from animals than we had long assumed. From a comparative perspective, humans are not at all as incredibly smart and unique as we always thought. ⒤This may surprise or even disappoint some people, as the differences between humans and animals have long been emphasized, especially in the Western world.

〔2〕下線部⒤の意味または内容として，もっとも適当なものを(1)～(4)から一つ選び，その番号を解答欄にマークしなさい。

⒤ This

(1) Unique human abilities

(2) The incredible talents of animals

(3) Comparing two ways of looking at things

(4) The similar characteristics of animals and people

(立命館大 2021年 大問2)

ここに注目!! ビジュアル解説

For some time now, we have known that humans are less different from animals than we had long assumed. From a comparative perspective, humans are not at all as incredibly smart and unique as we always thought. ⓥ This may surprise or even disappoint some people, as the differences between humans and animals have long been emphasized, especially in the Western world.

ここに注目!!

※ This
→ 指示語 This は直前の文内容を指す

※ not at all as ... as
→ 直前の文の not at all as ... as「〜ほど ... ではまったくない」という比較に注目して精読
→「比較の観点から見ると、人間は私たちが常に考えていたほど信じられないくらい賢く、特別なのではまったくない」
→「人間は、特別ではまったくない」＝「動物と似ている」という選択肢(4)「動物と人間の似ている特徴」が同内容
→ This が指す内容は選択肢(4)

解法の**ポイント**
下線部内容説明（指示語）
→ 精読（直前の文，比較）

ⓥ This
　このこと

(1) Unique human abilities
　特別な人間の能力

(2) The incredible talents of animals
　動物の驚くべき才能

(3) Comparing two ways of looking at things
　2 つのものの見方を比較すること

(4) The similar characteristics of animals and people
　動物と人間の似ている特徴

解答 (4)

和訳 ここしばらくの間で，私たちは，人間が長い間想定していたよりも動物との違いが少ないことがわかってきている。比較の観点から見ると，人間は，私たちが常に考えていたほど信じられないくらい賢く，特別なのではまったくない。特に西洋では，人間と動物の違いが長い間強調されてきたため，このことに驚き，あるいは失望さえする人もいるかもしれない。

例題 2

A 次の英文の下線部③について，後の設問に対する答えとして最も適当なものをそれぞれ A ～ C から一つずつ選び，その記号をマークしなさい。

Crying is an important safety valve, largely because keeping difficult feelings inside — what psychologists call ③repressive coping — can be bad for our health.

(6) Which of the following has a meaning closest to Underline ③?

  A. avoiding discussions with others about your troubles

  B. being careful not to let others read your facial expressions

  C. suppressing your emotions so that they do not come out

（関西大　2022年　大問 3）

ここに注目!! ビジュアル解説

Crying is an important safety valve, largely because

[keeping difficult feelings inside] = [what psychologists call
※名詞句　　　　　　　　　　　　同内容　　　　※名詞節（関係代名詞 what が作るカタマリ）
（動名詞が作るカタマリ）

③repressive coping] — can be bad for our health.

> **解法のポイント**
> 下線部内容説明（未知語）
> →精読＋論理（ダッシュの挿入部分が名詞節, 直前の名詞句と同内容）

(6) Which of the following has a meaning closest to Underline ③?
以下のどれが下線部③に最も近い意味をもつか？

Ⓐ avoiding discussions with others about your troubles
悩みについて他人に相談するのを避けること

 B. being careful not to let others read your facial expressions
他人に表情を読まれないように気を付けること

 C. suppressing your emotions so that they do not come out
感情が表に出ないように抑えること

解答　A

和訳　泣くことは重要な安全弁であり，その主な理由は，困難な感情を内に秘めておくこと（心理学者は抑圧的対処と呼んでいる）は私たちの健康に悪いことがあるからだ。

ここに注目!!

※ repressive coping
※ — —（ダッシュとダッシュ）

→ 下線部の repressive coping は未知語であり，ダッシュによる挿入部分

→ 関係代名詞 what が作る名詞節を訳すと「心理学者が repressive coping と呼ぶもの」

→ ダッシュの挿入部分は what 節による名詞の言い換え表現で，直前の名詞と同内容

→ keeping difficult feelings inside の意味は「困難な感情を内に秘めておくこと」

→ これを「心理学者が repressive coping と呼ぶ」

→ 選択肢から repressive coping＝「困難な感情を内に秘めておくこと」と同内容を探す

→ 選択肢 A「悩みについて他人に相談するのを避けること」が同内容，選択肢 B と C は difficult feelings が表す内容がないので不適

C 内容関連の設問

① 内容説明

ここに出る!!
関関同立
の出題

| 関　大 | ➡ | 大問 2B, 3B | ／ | 14問 |
| 立命館 | ➡ | 大問 1〔1〕 | ／ | 4問 |

ここに注目!!　解法プロセス

1. リード文を精読して，キーワードに注目！

リード文（選択肢を除く，設問の最初の英文）を精読し，本文の該当範囲を特定するための手がかりとなるキーワードを探しましょう。また，リード文から**「何が問われているか」**もしっかり把握しましょう。

> **内容説明・内容一致の解法①【リード文，選択肢のキーワード】**
>
> ①名詞（人，物，事の名称）
> ②固有名詞（人名，地名，国名，商品名，会社名などの固有の名前）
> ③" "（ダブルクォテーションマーク）（強調か特別な意味を持つ語句）
> ④イタリック体（本，雑誌，新聞，論文のタイトルなど）
> ⑤why, because, since（リード文の原因・理由を探す，因果関係に注目）
> ⑥時
> ⑦場所
> ⑧短い文

2. 本文該当箇所と選択肢を照合する！

リード文のキーワードを手がかりに，解答根拠となる本文該当箇所を探します。**選択肢と本文内容をきちんと照合**して解答根拠にしましょう。その際，**選択肢のワナに注意**しましょう。

> **内容説明・内容一致の解法②【選択肢のワナ】**
>
> ①否定語（本文肯定→選択肢否定によるすり替え）
> ② all, every, always, must など（過剰な表現を入れての本文のすり替え）
> ③ only, just, merely, alone など（限定表現を入れての本文のすり替え）
> ④主体のすり替え（主語に注意）
> ⑤因果のすり替え（because など因果関係に注意）
> ⑥比較対象，比較基準のすり替え（比較に注意）
> ⑦現実と妄想のすり替え（仮定法に注意）
> ⑧数値表現のすり替え（数字に注意）
> ⑨リード文と対応しない本文箇所で作られた選択肢

When Americans say sorry, they mostly mean it. But, at least to British ears, they do not necessarily mean anything else they say. Americans repeat seemingly empty phrases like "Have a nice day!" They also give and receive compliments easily, even among strangers. The British consider this behavior highly suspect. Hence, the American reputation for insincerity.

The English novelist Patricia Finney has said that she loves Americans because "it doesn't matter whether people actually respect me or not, so long as they treat me with courtesy and respect.... I really don't mind if nice American check-out guys at the supermarket tell me to have a nice day while really thinking, 'hope you have a terrible day, you annoying person,' so long as I don't know about it. I think sincerity is over-valued in any case." Americans do not. Americans prize sincerity above most qualities. An American friend of Finney's accordingly defended the practice, saying Americans "do respect people. They're not faking it."

B 本文の内容に照らして最も適当なものをそれぞれ A ～ C から一つずつ選び, その記号をマークしなさい。

(4) The English novelist Patricia Finney has said that she loves Americans because

A. they actually respect her.

B. they treat her well.

C. they are easy to understand.

（関西大　2021年　大問3）

ここに注目!! ビジュアル解説

解法の**ポイント**

内容説明
→リード文のキーワード（固有名詞）と because に注目
→リード文の該当箇所とリード文の理由を本文中から探す
→選択肢と本文内容を照合

When Americans say sorry, they mostly mean it. But, at least to British ears, they do not necessarily mean anything else they say. Americans repeat seemingly empty phrases like "Have a nice day!" They also give and receive compliments easily, even among strangers. The British consider this behavior highly suspect. Hence, the American reputation for insincerity.

The English novelist Patricia Finney has said that she loves
イングランドの　　　小説家パトリシア・フィニーは、自分はアメリカ人が大好きだと言う。
Americans because "it doesn't matter whether people actually
なぜなら　　　　重要でない　　人々が実際に私を尊敬しているかどうかは
respect me or not, so long as they treat me with courtesy and
礼儀と尊敬をもって接してくれる限り
respect.... I really don't mind if nice American check-out guys at the supermarket tell me to have a nice day while really thinking, 'hope you have a terrible day, you annoying person,' so long as I don't know about it. I think sincerity is over-valued in any case." Americans do not. Americans prize sincerity above most qualities. An American friend of Finney's accordingly defended the practice, saying Americans "do respect people. They're not faking it."

ここに注目!!

※ Patricia Finney
→問 B ⑷のキーワード

※ because
→因果マーカー（原因・理由）

(4) The English novelist Patricia Finney has said that she loves
イングランドの小説家パトリシア・フィニーは，自分はアメリカ人が好き

Americans because
だと言っている。なぜなら

A. they actually respect her.
　　彼らは実際に自分を尊敬しているからだ。

B. they treat her well.
　　彼らは親切に自分に接してくれるからだ。

C. they are easy to understand.
　　彼らは理解しやすいからだ。

解答 B

和訳　アメリカ人が sorry と言うとき，ほとんどの場合，本気でそう思っている。しかし，少なくともイギリス人の耳には，アメリカ人が言うそれ以外のことはなんでも，必ずしも本気で言っているようには聞こえない。アメリカ人は「よい一日を！」のような一見空虚な表現を繰り返す。彼らはまた，たとえ見知らぬ人どうしであっても，簡単に褒め言葉を与えたり受け取ったりする。イギリス人は，このような振る舞いを非常に疑わしいと考える。したがって，アメリカ人は不誠実であるという評判がある。

　イングランドの小説家パトリシア・フィニーは，自分はアメリカ人が大好きだと言う。その理由として「礼儀と尊敬をもって接してくれる限り，人々が実際に私を尊敬しているかどうかは重要でない……。スーパーのレジで，親切なアメリカ人が『良い一日を』と言いながら，本当は『ひどい一日になるといいね，この迷惑な人め』と思っていても，私がそれを知らないのなら，本当に気にしません。とにかく，正直さが過大に評価されていると思う」。アメリカ人はそうではない。アメリカ人は正直さを何よりも高く評価する。フィニーのアメリカ人の友人は，それに関して，アメリカ人は「本当に人を尊敬している。彼らは尊敬しているふりをしているわけではない」と言って，その習慣を支持した。

ここに注目!!

※リード文のキーワード Patricia Finney (固有名詞) と because に注目してリード文の原因・理由を本文中から探す

→A. The English で始まる段落の1文目と不一致 (「実際に自分を尊敬しているか」は doesn't matter「重要ではない」)

→B. この段落の1文目と一致 (they treat her well「親切に接してくれる」＝they treat me with courtesy and respect「礼儀と尊敬をもって接してくれる」)

→C. この段落の1文目と不一致 (「理解しやすいから」ではなく「礼儀と尊敬をもって接してくれる限り」)

例題 2

Addressing the issue of waste is just one easily noticeable effort to create a more sustainable tourism in Venice, but there are others. This June will see the launch of 'Fairbnb,' a not-for-profit home-sharing website that tightly controls the number of people who can rent their properties to tourists. Importantly, it will contribute half of its 15% booking fees to social projects in the area. When they book, Fairbnb renters decide which project to support and are invited to visit or participate: In Venice this could mean joining volunteers cleaning graffiti or helping turn a centuries-old *squero* (boat yard) into an educational centre. Many locals want to bring back the connection between tourists and locals that has been lost. Programmes such as these allow tourists to join locals in their real pursuits, or even just share a drink with them.

〔1〕本文の意味，内容にかかわる問い(D)の答えとして，本文にしたがっても っとも適当なものを(1)〜(4)から一つ選び，その番号を解答欄にマークしなさ い。

(D) What benefit does the writer mention as coming from the use of 'Fairbnb'?

　(1) It provides employment to local people.

　(2) It guarantees tourists the cheapest rates.

　(3) Some of the money tourists spend is donated to the local community.

　(4) The company has a reputation for being environmentally responsible.

（立命館大　2021 年　大問 1）

Addressing the issue of waste is just one easily noticeable effort to create a more sustainable tourism in Venice, but there are others. This June will see the launch of 'Fairbnb,' a not-for-profit home-sharing website that tightly controls the number of people who can rent their properties to tourists. Importantly, it will contribute half of its 15% booking fees to social projects in the area. When they book, Fairbnb renters decide which project to support and are invited to visit or participate: In Venice this could mean joining volunteers cleaning graffiti or helping turn a centuries-old *squero* (boat yard) into an educational centre. Many locals want to bring back the connection between tourists and locals that has been lost. Programmes such as these allow tourists to join locals in their real pursuits, or even just share a drink with them.

キーワードを手がかりに，解答根拠となる本文該当箇所を探しましょう！

(D) What benefit does the writer mention as coming from the
⊕ 著者は「Fairbnb」の利用から得られるものとしてどんな利点を述べているか。

use of 'Fairbnb'?

(1) It provides employment to local people.
それは地元の人々に雇用を提供する。

(2) It guarantees tourists the cheapest rates.
それは観光客に最も安い料金を保証する。

(3) Some of the money tourists spend is donated to the local
観光客が使ったお金の一部は，地元の地域社会に寄付される。

community.

(4) The company has a reputation for being environmentally
その会社は，環境への責任感に定評がある。

responsible.

解法の**ポイント**
内容説明
→リード文のキーワード（固有名詞）と
　What benefit（⊕内容）に注目
→本文該当箇所を探す
→選択肢と本文内容を照合

[解答] (3)

[和訳] ゴミの問題への取り組みは，ベニスの持続可能な観光を実現するための目に見えやすい取り組みのひとつにすぎないが，ほかの取り組みもある。この6月には，非営利のホームシェアリングサイト「Fairbnb」が立ち上がる。このサイトは，観光客に物件を貸せる人数を厳しく管理する。重要なのは，15％の予約手数料の半分を，その地域の社会的プロジェクトに寄付することだ。Fairbnbの利用者は，予約時に支援するプロジェクトを決め，訪れたり参加したりするよう勧められる。ベニスでは，落書きを消すボランティアに参加したり，何世紀もの歴史を持つスクエロ（船着場）を教育センターに変える手伝いをしたりすることができる。多くの地元の人々は，観光客と地元の人々との失われたつながりを取り戻したいと考えている。このようなプログラムによって，観光客は地元の人たちの真険な活動に参加したり，ただ一緒にお酒を飲んだりすることができる。

ここに注目!!
※リード文の What
benefit と 'Fairbnb'

※リード文に注目したあと，
本文中の 'Fairbnb' と
Importantly に注目
→リード文のキーワード
'Fairbnb'（固有名詞）
に注目して本文該当箇
所を探す
また What benefit
「どんな利益」に注目し
て⊕内容の疑問の答え
を本文中から探す
→2文目（'Fairbnb'に注
目）と3文目
（Importantly ⊕内容
に注目）と照合

→⑴2文目3文目に言
及なし
→⑵2文目3文目に言
及なし
→⑶3文目と一致
→⑷2文目3文目に言
及なし

② 内容一致

ここに出る!! 関関同立 の出題	関 学 ➡ 大問 1, 2, 3 ／ 5問

ここに出る!!
関関同立
の出題

関 学 ➡ 大問 1, 2, 3 ／ 5問
（「8つから3つ選ぶ」形式で3問,
「6つから2つ選ぶ」形式で2問
というパターンが多い）

同志社 ➡ 大問 1, 2 ／ 6問
（「8つから3つ選ぶ」形式×2で6問）

立命館 ➡ 大問 1〔2〕 ／ 5問（○×△型）

ここに注目!! 解法プロセス

1. 選択肢を精読して, キーワードに注目!

選択肢を精読します。本文の該当範囲を特定するための手がかりとなる**キーワードに注目**しましょう。（→ p.071 **内容説明・内容一致の解法①**［リード文, 選択肢のキーワード］）

2. 本文該当箇所と選択肢を照合する!

選択肢のキーワードを手がかりに, 選択肢と本文該当箇所をきちんと照合して解答根拠にします。そして, 選択肢と本文内容が一致するか, 不一致か, 本文に記述なしかを判断しましょう。その際, **選択肢のワナ**に注意しましょう。（→ p.071 **内容説明・内容一致の解法②**［選択肢のワナ］）

立命館の内容一致問題には,「どちらとも判断しかねる」があるので, これにも特に注意してください。（立命館では, 実際には,「○×△」ではなく,(1),(2),(3)の番号で解答します。）

【内容一致○×△の解法】

一致（○）, 不一致（×）, どちらとも判断しかねる（△）の判断基準を明確にする!
・本文と一致→○(1)
・本文と不一致→×(2)
・本文に記述なし（どちらとも判断しかねる）→△(3)

例題

In the second experiment, held in the lab, the researchers split 252 participants into pairs of strangers and instructed them to talk about whatever they liked for anywhere from one to 45 minutes. Afterward the team asked the subjects when they would have liked the conversation to have ended and to guess about their partner's answer to the same question.

Mastroianni and his colleagues found that only 2 percent of conversations ended at the time both parties desired, and only 30 percent of them finished when one of the pair wanted them to. In about half of the conversations, both people wanted to talk less, but their cutoff point was usually different. Participants in both studies reported, on average, that the desired length of their conversation was about half of its actual length. To the researchers' surprise, they also found that it is not always the case that people are held hostage by talks: In 10 percent of conversations, both study participants wished their exchange had lasted longer. And in about 31 percent of the interactions between strangers, at least one of the two wanted to continue.

Ⅱ－Ｅ　本文の意味・内容に合致するものを次の 1 ～ 8 の中から三つ選び、その番号を解答欄に記入しなさい。

（1 ～ 3 省略）

4　The second experiment showed that at most one third of conversations ended when one of the participants wanted them to.

5　In the second experiment, researchers found that about one third of conversations lasted longer when participants knew each other well.

（6 ～ 8 省略）

（同志社大　2022年　大問 2）

In the second experiment, held in the lab, the researchers split 252 participants into pairs of strangers and instructed them to talk about whatever they liked for anywhere from one to 45 minutes. Afterward the team asked the subjects when they would have liked the conversation to have ended and to guess about their partner's answer to the same question.

Mastroianni and his colleagues found that only 2 percent of conversations ended at the time both parties desired, and only 30 percent of them finished when one of the pair wanted them to. In about half of the conversations, both people wanted to talk less, but their cutoff point was usually different. Participants in both studies reported, on average, that the desired length of their conversation was about half of its actual length. To the researchers' surprise, they also found that it is not always the case that people are held hostage by talks: In 10 percent of conversations, both study participants wished their exchange had lasted longer. And in about 31 percent of the interactions between strangers, at least one of the two wanted to continue.

Ⅱ－E 本文の意味・内容に合致するものを次の1～8の中から三つ選び，その番号を解答欄に記入しなさい。

解法のポイント

内容一致
→各選択肢のキーワードに注目
→本文該当箇所を探す
→選択肢と本文内容を照合

④ The second experiment showed that at most one third of
2つ目の実験では，参加者のどちらかが　望んだときに会話が終わるのは，

conversations ended when one of the participants
せいぜい3分の1程度であることが　わかった。

wanted them to.

5 In the second experiment, researchers found that about
2つ目の実験では，研究者たちは参加者がお互いをよく知っているとき，約3分の1

one third of conversations lasted longer when
の会話が長続きすることを発見した。

participants knew each other well.

解 答 4

和 訳　研究所で行われた2つ目の実験では，研究者たちは252人の被験者を見知らぬ人どうしのペアに分け，1分から45分までの長さで好きなことを何でも話すように指示した。その後，そのチームは被験者にその会話をいつ終わらせたかったのか尋ね，また，同じ質問に対する相手の答えを推測するよう求めた。

マストロイアニ氏とその同僚は，双方の希望する時間に会話が終了したのはわずか2％で，どちらか一方が希望する時間に終了したのはわずか30％であることを発見した。約半数の会話で，どちらも話す量を減らしたいと思っていたが，打ち切りたいと思った時点はたいてい違っていた。両研究の参加者は，平均して，希望した会話の長さは実際の長さの約半分であったと報告している。また，研究者たちが驚いたことに，人は必ずしも会話の人質になっているわけではないことがわかった。10％の会話では，参加者双方がもっと長く話していたかったと思っていた。また，見知らぬ人同士の会話の約31％で，少なくとも一方がもっと話したいと思っていた。

ここに注目!!
※選択肢4の The second experiment と at most one third
※選択肢5の In the second experiment と about one third
※選択肢に注目したあと，本文中の In the second experiment に注目
※数字表現
only 2 percent, only 30 percent, about half, 10 percent, about 31 percent, at least one of the two に注目
→選択肢4のキーワード The second experiment（名詞）に注目して本文該当箇所を探す
→また at most one third「せいぜい3分の1」という数字表現に注意
→Mastroianni and ... の文と照合（「マストロイアニ氏とその同僚は，双方の希望する時間に会話が終了したのはわずか2％，どちらか一方が希望する時間に終了したのはわずか30％であることを発見した」）
→同内容
→選択肢5のキーワード In the second experiment（In+名詞）に注目して本文該当箇所を探す
また about one third「約3分の1」という数字表現に注意
→In the second experiment から始まる段落と Mastroianni and から始まる段落に when participants knew each other well「参加者がお互いをよく知っているとき」という記述がない
→本文に記述なし
→×

D 記述関連の設問

 英文和訳

ここに出る!! **関関同立 の出題**

関　学 ➡ 大問 1, 2, 3 ／ 2 問 (全学部日程は出題されない)

同志社 ➡ 大問 1, 2 ／ 1 問

ここに注目!! 解法プロセス

1. 文構造を把握して採点基準ポイントを考える!

　和訳問題には採点基準ポイントがあります。文構造 (文型) が把握できているか，関係詞など文法を把握できているか，重要構文や熟語などを把握できているか，それらの採点基準となりうるポイントを考えましょう!　その後，ポイントを押さえて訳します。訳し忘れた単語がないか，日本語として不自然ではないかも確認しましょう。

2. 指示語・抽象名詞は直前の文内容に注目する!

　指示語や抽象名詞の内容を具体的に日本語に直したうえで解答する和訳問題も出題されます。基本的には直前の文に指示内容があります。具体的に何を指すのか直前の文をしっかり精読して把握しましょう。

採点基準ポイントを
考えて，それを押さえて
訳しましょう!

例題 1

D　本文中の二重下線部 it is not what children do but why they do it that is essential for understanding them を日本語に訳しなさい。

（関西学院大　2021年　大問1）

ここに注目!! ビジュアル解説

解法の**ポイント**

和訳
→ 文構造とポイントを考える
→ 対比強調構文と本文内容を照合

強調構文 It is ～ that … （…するのは～だ）
＋
対比構文 not A but B （A ではなく B）
＝「…なのは A ではなく B だ」

ここに注目!!

※ it is ... that と not ... but

→ it is not A but B that ...「…なのは A ではなく B だ」（対比強調構文）（強調構文の強調部分に対比構文 not A but B がくる形）
→ 強調部分 not A but B を文末で訳す，that 以下の is essential for understanding them を先に訳すが，them が指す内容を把握する
→ them は複数形の名詞を指すので前にある複数形の名詞 children と予測する
→「子どもたちを理解するために重要なのは」

→ not A but B を訳す「子どもたちが何をするかではなく，なぜそれをするか」
→ 全体で「子どもたちを理解するために重要なのは，子どもたちが何をするかではなく，なぜそれをするかだ」
（what は why に合わせて疑問詞「何を～か」で訳したが，関係代名詞「～こと」で訳しても減点されない。「…子どもたちがすることではなく，なぜそれをするかだ」）

D　本文中の二重下線部 it is not │what children do│ but │why
　　　　　　　　　　　　　　　　　　　　　　　A　　　　　　　 B
they do it│ that is essential for understanding them を日本語に訳しなさい。

解答例　子どもたちを理解するために重要なのは，子どもたちが何をするかではなく，なぜそれをするかだ

例題2

Ozone is a gas that forms a kind of atmospheric blanket around the Earth to keep out much of the Sun's UV radiation. Without it, life as we know it would never have evolved on this planet.

G 文中の一つ目の it が何を指すのかを明らかにして，本文中の太い下線部を日本語に訳しなさい。

Without it, life as we know it would never have evolved on this planet.

（同志社大　2021年　大問1）

ここに注目!! ビジュアル解説

解法のポイント

和訳
→文構造とポイントを考える，指示語を把握
→仮定法の条件
　　Without it,
　　仮定法 would
　　慣用表現 as we know it

Ozone is a gas that forms a kind of atmospheric blanket around the Earth to keep out much of the Sun's UV radiation.

Without it, life as we know it would never have evolved on this planet.

G 文中の一つ目の it が何を指すのかを明らかにして，本文中の太い下線部を日本語に訳しなさい。

Without it, life as we know it would never have evolved on this planet.

解答例 もしオゾンがなければ，私たちが知っているような生命は，この惑星で決して進化しなかっただろう。

ここに注目!!

※ Without it
※ as we know it
※ would

→Without it の it が何を指すのか明らかにする
→前文の単数名詞と予測
→同時に would に注目して Without it が仮定法の条件だと把握する（過去形の助動詞は仮定法の目印）

→it を明らかにする前に would に注目して訳しやすい仮定法を先に訳す

→as we know it「私たちが知っているような」（従属接続詞 as の慣用表現 as S know it「S が知っているような」を思い出す）

→全体で「もしそれがなければ，私たちが知っているような生命は，この惑星で決して進化しなかっただろう」
→it が指すものは前文の単数名詞から Ozone と予測
→Without it の意味は「もしオゾンがなければ」となる

和文英訳

Kansai University

Kwansei Gakuin University

Doshisha University

Ritsumeikan University

関　学	➡	大問 5B ／ 1 問（全学部日程は出題されない）
同志社	➡	大問 3B ／ 1 問

ここに注目!!〈 解法プロセス

1. 日本語から文法ポイントと表現ポイントを考える！

　日本語を見てすぐに英語にするのではなく，最初に**英作文のポイント**を考えましょう！　主に文法が問われる**文法ポイント**と英語表現が問われる**表現ポイント**があります。**時制，仮定法，準動詞，関係詞**などの文法ポイントを最初にしっかり考えましょう！

2. 最後に減点ポイントを見直す！

　和文英訳では，次のような点で減点されてしまうことがよくあります。

　①主語と動詞の一致
　　（主語が 3 人称単数なら，現在形の動詞に s をつけているか，など）
　②可算名詞・不可算名詞
　　（可算名詞には単数の a/an か複数の s をつけているか，など）
　③時制
　　（時・条件の副詞節は未来のことでも現在形にしているか，など）

これらの**減点ポイント**を最後に**見直し**ましょう。

例題 1

Driver: My wife and I just had a baby. I wanted to do something where I could set my own hours so I can be around to take care of my daughter.

Yukio: That's great. My father was always too busy. [子供のときに，お父さんが，僕ともっと一緒に時間を過ごしてくれたらよかったのになあ。] (*Pointing to a photo.*) Is that her picture there?

Ⅲ－B 本文中の [   ] 内の日本語を英語で表現しなさい。

子供のときに，お父さんが，僕ともっと一緒に時間を過ごしてくれたらよかったのになあ。

(同志社大　2020年　大問3)

ここに注目!! ビジュアル解説

Driver: My wife and I just had a baby. I wanted to do something where I could set my own hours so I can be around to take care of my daughter.

Yukio: That's great. My father was always too busy. [子供のときに，お父さんが，僕ともっと一緒に時間を過ごしてくれたらよかったのになあ。] (*Pointing to a photo.*) Is that her picture there?

Ⅲ－B 本文中の [   ] 内の日本語を英語で表現しなさい。

子供のときに，お父さんが，僕ともっと一緒に時間を過ごしてくれたらよかったのになあ。

ここに注目!!
※「過ごしてくれたらよかったのになあ」
→仮定法の願望 I wish S 過去形 / had Vpp を考える（文法ポイント）
→「子供のときに，過ごしてくれたら」は過去の願望なので I wish S had Vpp

→「時間を過ごす」は spend time
→「僕ともっと一緒に時間を過ごす」は spend more time with me

→全体で I wish my father had spent more time with me when I was a child.

解法のポイント
文法ポイントと表現ポイントを考える
→仮定法の願望 (I wish S had Vpp)

解答例 I wish my father had spent more time with me when I was a child.

例題 2

B 次の日本文に相当する意味になるように英文の空所を埋めなさい。答えは，空所に入れる部分のみを記述式解答用紙の所定欄に記入しなさい。

スマートフォンの発明により，人々がつながりを保つことが容易になった。

The invention of smartphones has（　　　　　　　　　　　　　　）.

（関西学院大　2021年　大問5）

ここに注目!!〉 **ビジュアル解説**

B 次の日本文に相当する意味になるように英文の空所を埋めなさい。答えは，空所に入れる部分のみを記述式解答用紙の所定欄に記入しなさい。

> **解法のポイント**
> 文法ポイントと表現ポイントを考える
> →make it 形容詞 for ～ to V（仮O真O構文），stay connected / keep in touch

スマートフォンの発明により，人々がつながりを保つことが容易になった。

The invention of smartphones has（　　　　　　　　　　　　　　）.

解答例 made it easier for people to stay connected

ここに注目!!〉
※日本文全体と The invention of smartphones
→「無生物主語により，OがCになった」という第5文型make O C を考える

→「容易になった」は「より簡単になった」という形容詞 easy の比較級を使う
→make O C＋形容詞は make it 形容詞 for ～ to V（仮O真O構文）（文法ポイント）

→「つながりを保つ」は stay connected, keep in touch（表現ポイント）

→全体でmade it easier for people to stay connected / keep in touch

Kansai University

Kwansei Gakuin University

Doshisha University

Ritsumeikan University

E その他の設問

1 文法・語法4択問題

ここに出る!!
関関同立
の出題

関　学	➡	大問4	／	10問
立命館	➡	大問4	／	8問

ここに注目!! **解法プロセス**

1. 空所前後と選択肢に注目！　文法単元を予測する！

　訳して解こうとするのではなく，**空所前後と選択肢に注目**して，**文法単元を予測**して形から解きます。形から文法・語法のポイントを考えましょう。

2. わからないときは品詞を考える！　文構造を把握する！

　空所前後と選択肢に注目しても文法単元を予測できない場合は，品詞を考えます。**品詞を考えて，文構造を把握**しましょう。文の骨格となる主語・動詞を把握することで，文構造がわかり，文法・語法のポイントがわかることもあります。

わからないときは、
品詞を考えるといい
ですよ！

例題 1

(C) I had my daughter ＿＿＿＿＿ up her room.

　(1) clean　　　(2) cleaned　　　(3) to clean　　　(4) to cleaning

（立命館大　2021年　大問4）

ここに注目!! ビジュアル解説

解法の**ポイント**

文法・語法4択
→空所前後と選択肢に注目
→文法単元を予測し，形から解く
→第5文型 have ＯＣのＣの形

(C) I had my daughter ＿＿＿＿＿ up her room.

　(1) clean　　　(2) cleaned

　(3) to clean　　(4) to cleaning

ここに注目!!
※ had と選択肢
→第5文型 have ＯＣの
　Ｃの形だと予測
→ＯとＣのSV関係を考える
→「my daughter が掃除する」という能動関係
→Ｃの形は原形
→選択肢(1) clean

[解答] (1)
[和訳] 私は娘に彼女の部屋を掃除させた。

例題 2

(4) What do you (   ) is the matter with this plan?

    a. give   b. have to

    c. keep   d. think

（関西学院大　2022年　大問4）

ここに注目!! ビジュアル解説

解法のポイント

文法・語法4択
→空所前後と選択肢に注目
→文法単元を予測し，形から解く
→品詞を考えて，文構造を把握する
→疑問詞 what の倒置

(4) What do you (   ) is the matter with this plan?

    a. give   b. have to

    c. keep   ⓓ. think

解答 d

和訳 何がこの計画の問題だと思いますか。

ここに注目!!

※ What と do you (   ) と is

→ 空所前後と選択肢に注目して文法単元が予測できない場合，品詞を考えて文構造を把握する
→ 文頭の What は疑問詞。do you＋選択肢の動詞の直後に動詞 is
→ 疑問詞は疑問文を作るために文頭に移動しているので，わかりづらいときは元の形に戻す
→ you (   ) what is the matter with this plan となり，what 節を目的語にとる動詞を選ぶ
→ think what 節となり，疑問詞 what を文頭に移動すると What do you think is the matter ... という形になる
→ 選択肢 d. think が正解

② 会話問題

**ここに出る!!
関関同立
の出題**

関 大	➡	大問1A	／	5問
関 学	➡	大問6	／	10問
同志社	➡	大問3	／	8問
立命館	➡	大問3	／	8問

ここに注目!! 解法プロセス

1. 直前直後のつながりに注目！

空所の**直前と直後のつながり**に注目して解きます。直前直後で**発言内容がつながるか**を考えましょう。

2. 会話問題も形に注目！

指示語・代名詞は形から何を指すのか考えましょう。it や she なら形から単数の名詞を指します。they なら形から複数の名詞を指します。

また，疑問詞で始まる疑問文と答えの形と，Yes / No で答える疑問文の形は異なるので，**形に注目**して直前直後のつながりを考えましょう。

会話では省略もあります。直前直後の発言内容の省略は，**省略された語を補う**ことでつながりが把握しやすくなります。

解法のポイント

【会話問題の解法ポイント】
直前直後のつながりに注目＋7つのポイントに注目

①指示語・代名詞（it などが何を指すか明確にする）
②省略（代動詞など省略を補う）
③疑問文と答えの形（疑問詞で始まる疑問文と答えの形，Yes 肯定文/No 否定文）
④論理マーカー（会話の流れの目印）
⑤文法・語法・熟語・会話表現（知識問題）
⑥同一人物の発言は一貫している（⊕内容・⊖内容など）
⑦登場人物の関係，状況設定（客と店員，レストランなど）

例題 1

A 次の会話文の空所(1)〜(5)に入れるのに最も適当なものをそれぞれ A 〜 D から一つずつ選び，その記号をマークしなさい。

Ken, a Japanese exchange student, brings an item to Ann, a store clerk.

Ann: Hello sir, how may I help you today?

Ken: Well, I bought this voice recorder here last week, but unfortunately it suddenly stopped working.

Ann: I'm sorry to hear that.

Ken: (1)_____

Ann: Either that or exchange it for another product of equal or lesser value.

(1) A. There's no need to apologize.

B. Would you like me to repeat it?

C. It's okay, there are other jobs out there.

D. Could I possibly get a refund?

（関西大　2022年　大問 1）

空所の直前と直後のつながりに注目しましょう！

ここに注目!! ビジュアル解説

A 次の会話文の空所(1)〜(5)に入れるのに最も適当なものをそれぞれＡ〜Ｄから一つずつ選び，その記号をマークしなさい。

Ken, a Japanese exchange student, brings an item to Ann, a store clerk.

Ann: Hello sir, how may I help you today?

Ken: Well, I bought this voice recorder here last week, but unfortunately it suddenly stopped working.

Ann: I'm sorry to hear that.

Ken: (1)_____

Ann: Either that or exchange it for another product of equal or lesser value.

(1) A. There's no need to apologize.
     謝る必要はありません。

   B. Would you like me to repeat it?
     もう一度言いましょうか。

   C. It's okay, there are other jobs out there.
     大丈夫です，世の中にはほかにも仕事はあります。

   D. Could I possibly get a refund?
     返金してもらうことは可能ですか。

解法の**ポイント** 会話文空所補充
直前直後のつながりに注目
→直前の文の指示語，直後の文の指示語

ここに注目!!

※最初のイタリック体（斜体）の文
→会話の状況設定
→登場人物２人の関係を把握する（大学の友達どうし，学生と教授，客と店員など）
→客と店員と把握

※ that
→直前直後のつながりに注目し，指示語に注目
→空所直前の I'm sorry to hear that. の that は相手の発言内容を指す
→空所直前の Ken の発言「先週ここでボイスレコーダーを買ったが，残念ながら突然動かなくなった」を指す

※ that と it
→空所直前の発言は「それ（先週買ったボイスレコーダーが動かなくなったこと）は申し訳ございません」
→空所直後の that も Ann の発言なので直前の Ken の発言内容(1)を指す
→it は形から単数名詞なのでボイスレコーダーを指す
→空所直後の発言は「そうする（(1)の発言内容）か，もしくはそれ（ボイスレコーダー）を他の同等かそれ以下の値段の製品と交換できます」

→空所の直前直後とつながる選択肢は D「返金してもらうことは可能ですか」

関西大学・関西学院大学・同志社大学・立命館大学（各大学名が右余白に縦書きで記載）

解答 D
和訳 日本人留学生のケンが，店員のアンに商品を持っていく。

アン：こんにちは，お客様，本日はどのようなご用件でしょうか？

ケン：実は，先週こちらでこのボイスレコーダーを購入したのですが，残念ながら突然動かなくなりました。

アン：それは申し訳ございません。

ケン：返金してもらうことは可能ですか。

アン：そうするか，もしくは，同等かそれ以下の値段のほかの製品と交換できます。

例題2

〔2〕次の会話の㋑の空所に入れるのにもっとも適当な表現を(1)～(10)から一つ選び，その番号を解答欄にマークしなさい。

At a national park

B: I see. Will we have to wait very long for the next shuttle?

A: No, madam. (㋑)

B: That's great! Now I understand. I'm very excited about staying in this beautiful park. Thank you very much for your help.

(1) They depart every ten minutes.

(2) I would really love to walk there.

(3) Can you tell me how to get there?

(4) Shuttle busses only run once a day.

(5) Do you mean I can't drive there myself?

(6) I'm sure my luggage will fit in the bus.

(7) You can buy your ticket when you get on.

(8) The electric bus is very comfortable and quiet.

(9) I'm sure you will love walking and won't get lost.

(10) Since the weather is so bad, they have been cancelled.

（立命館大　2022年　大問3）

ここに注目!! ビジュアル解説

〔2〕次の会話の⑰の空所に入れるのにもっとも適当な表現を
(1)〜(10)から一つ選び，その番号を解答欄にマークしなさい。

At a national park ◀

B: I see. Will we have to wait very long for the next shuttle?

A: No, madam.（　⑰(1)　）

B: That's great! Now I understand. I'm very excited about

staying in this beautiful park. Thank you very much for

your help.

> 解法の**ポイント** 会話文空所補充
> 直前直後のつながりに注目
> →直前の文の省略，直後の文の指示語，⊕内容，選択肢の指示語

(1) They depart every ten minutes.
それらは10分ごとに出発します。

(2) I would really love to walk there.
ぜひそこを歩いてみたいものです。

(3) Can you tell me how to get there?
そこへの行き方を教えてくれますか。

(4) Shuttle busses only run once a day.
シャトルバスは1日に1便しか運行しません。

(5) Do you mean I can't drive there myself?
自分で運転してそこへ行くことはできないということですか。

(6) I'm sure my luggage will fit in the bus.
私の荷物はきっとバスに収まります。

(7) You can buy your ticket when you get on.
乗車時にチケットを購入することができます。

(8) The electric bus is very comfortable and quiet.
電気バスはとても快適で静かです。

(9) I'm sure you will love walking and won't get lost.
きっとあなたは歩くことをとても楽しんで，
迷子にならないと思います。

(10) Since the weather is so bad, they have been cancelled.
天気がとても悪いので，それらは運休となりました。

ここに注目!!

※最初のイタリック体（斜体）
→会話の状況設定
→場面と登場人物をイメージする（大学で友達どうし，学生と教授，お店で客と店員など）
→国立公園での会話をイメージ

※ No, madam.
※ That's great!
※選択肢の They と they
→直前直後のつながりに注目
→空所直前の No, madam. の No は直後に否定文が省略されていることを意味する
→省略を補うと No, we don't have to.「いいえ，私たちは待つ必要はありません」
→直後の That's great! は指示語 that と great の⊕内容に注目
→that は相手の発言内容を指すので直前の発言（　⑰　）を指す
→great は⊕内容なので直前の（　⑰　）も⊕内容
→直前直後とつながる⊕内容の選択肢は(1)「それらは10分ごとに出発する」と予測
→指示語 they は複数名詞を指すので shuttle busses を指す
→(1)が入る

解答 (1)

和訳 国立公園で

B：なるほど。次のシャトルバスまでとても長い時間待た
ないといけないのでしょうか。

A：いいえ，奥様。シャトルバスは10分ごとに出発しますよ。

B：それはすばらしい！　わかりました。この美しい公園
に滞在することがとても楽しみです。お手伝いくださ
ってどうもありがとうございました。

次のページからの「設問形式別対策
チェックリスト」で，対策がどれくらい
身についているかチェックしてください。

Section 5 設問形式別対策 チェックリスト

前ページまでに述べてきた設問形式別対策の「**ここに注目!! 解法プロセス**」を一覧にしました。過去問を解いた後の分析 (→ p.293) でもこのチェックリストを活用してください。

A 空所関連の設問

空所補充問題

☐	形から予測し, 知識 2 割, 文脈 8 割で解く
☐	パターン別に解き方を変える

語句整序問題

☐	動詞・構文の形に注目
☐	同志社の出題では前の文とのつながりも考える

B 下線部関連の設問

下線部同意語句

☐	語彙力を前提に, 〈知識 + 文脈〉で解く
☐	置き換え可能か確認する

下線部同意表現

☐	下線部と選択肢を精読して解く
☐	下線部前後の文内容に注目する

下線部内容説明

☐	下線部の直前の文内容に注目する
☐	下線部前後の論理関係に注目する

Kansai University

Kwansei Gakuin University

Doshisha University

Ritsumeikan University

C 内容関連の設問

■ 内容説明

☐	リード文を精読して，キーワードに注目
☐	本文該当箇所と選択肢を照合する

■ 内容一致

☐	選択肢を精読して，キーワードに注目
☐	本文該当箇所と選択肢を照合する

D 記述関連の設問

■ 英文和訳

☐	文構造を把握して採点基準ポイントを考える
☐	指示語・抽象名詞は直前の文内容に注目する

■ 和文英訳

☐	日本語から文法ポイントと表現ポイントを考える
☐	最後に減点ポイントを見直す

E その他の設問

■ 文法・語法4択問題

☐	空所前後と選択肢に注目，文法単元を予測する
☐	わからないときは品詞を考える，文構造を把握する

■ 会話問題

☐	直前直後のつながりに注目
☐	会話問題も形に注目

CHAPTER
3

実践編
(過去問ビジュアル解説)

関関同立英語の実践編として，各大学の過去問1回分を通して分析し，わかりやすくビジュアル化して解説します。ここで，ビジュアル解説を読み進めながら，自分の志望大学の長文の英文量，設問形式，難易度を確かめつつ，各設問の「解答根拠の言語化」の仕方（ここに注目!! と 解法のポイント をチェック）をじっくり学んでください。

Section 1　関大英語の過去問ビジュアル解説	＊解答と配点／全訳
Section 2　関学英語の過去問ビジュアル解説	＊解答と配点／全訳
Section 3　同志社英語の過去問ビジュアル解説	＊解答と配点／全訳
Section 4　立命館英語の過去問ビジュアル解説	＊解答と配点／全訳

■ この CHAPTER の進め方

①この CHAPTER を読む前に，別冊を使って，自分の志望大学の問題を実際に解きましょう。初めて過去問に取り組むときは，制限時間などあまり気にしなくて大丈夫です。

②次に，この CHAPTER のビジュアル解説を熟読してください。

③自分が書いた解答とビジュアル解説を照らし合わせ，英文や問題について，きちんと理解したうえで解答できていたかどうかを一問一問確かめましょう。確かめるのは答えの正否ではなく，解答根拠を言語化できるくらい，理解できていたかどうかです。たとえ答えが合っていたとしても，どうしてその解答に至ったのか説明できないのでは「理解できている」とは言えません。

自分の解答を厳しい目で精査し，何が理解できていて，何ができていなかったのかを自己分析してください。この段階では，まだ点数などは気にせず，ただ分析することに集中することが大事です。この過去問分析作業こそが，自分の目指すゴール，すなわち志望校合格への道筋を示してくれるのです。

関大英語の 過去問ビジュアル解説

まず関大英語の出題傾向を大問ごとに把握してから，次の「過去問ビジュアル解説」で解答根拠と思考プロセスを分析しましょう！　リーズニング（解答根拠を言語化すること）が英語力を伸ばし，志望校合格へのカギとなります！

大問1 会話問題／パラグラフ整序問題
会話とパラグラフ整序は満点がねらえる!!

A 会話問題

　出題形式は空所補充です。いわゆる会話特有の表現を問われることはほとんどなく，空所の直前直後とつながる発言を選ぶ会話問題。毎年200〜250語程度の標準的な長さの会話文が出題されます。登場人物2人は，日本人交換留学生か外国人交換留学生とその友達がほとんど。**1人は日本人，もう1人は外国人**です。場面設定は，大学のレストランやカフェ，教室などの**大学キャンパス内**が多く，他に**友達の家や公園，レストラン，お店**など。会話内容は，**「学生生活」「異文化コミュニケーション」**を中心に，**「旅行」「スポーツ」「衣食住」**などです。

　解法ポイントは，CHAPTER 2 ④ E②「会話問題」（p.091）にあるように，**空所の直前直後に注目**し，**「指示語・代名詞」「省略」「疑問文と答えの形」**などのポイントに注意して，直前直後のつながりを考えること。会話問題は満点をねらいましょう。

B パラグラフ整序問題

　出題形式は**関大に特有の問題形式**です。A〜Fの英文が提示されますが，このうちB〜Fは並べかえる必要があります。正しく並べかえて1つの文章（1つのパラグラフ）を完成させる問題です。

　解法ポイントは，次ページの【パラグラフ整序問題の解法ポイント】と【基本的な文章展開】を意識して，**文と文のつながり（整合性）を考える**こと。とくに，英文A〜Fの最後の文やその一部分とB〜Fの最初の文やその一部分とのつながりに注目します。

　解答欄の記入方法に注意しましょう。パラグラフ整序は，最もマークミスが多い問題。6つの英文を並べた順番ではなく，問題文にあるように「(1)Aの次にくるもの…　(2)Bの次にくるもの…」という相対的な順番で解答欄に記入します。たくさん解いて慣れましょう。

Kansai University
Kwansei Gakuin University
Doshisha University
Ritsumeikan University

::: **パラグラフ整序問題の解法ポイント**
①指示語・代名詞 (this などが前とつながる)
②論理マーカー (論理展開の目印)
③抽象→具体 (抽象のあと具体がくる)
④対比・逆接 (二項対立，一般論→主張)
⑤否定→肯定 (否定文のあと肯定文で主張)
⑥列挙・追加 (具体例が複数)
⑦疑問→答え (疑問を提示する文→答えとなる具体がくる)
⑧時の流れ・順序 (時を表す表現に注目)
⑨⊕内容・⊖内容 (逆接がなければ同内容がつづく)

::: **基本的な文章展開**
導入・主張
↓
具体説明
↓
主張
(最初の選択肢 A はテーマの導入と主張，その次から具体例が複数続く，最後にまた主張)

大問2 長文読解問題
空所補充は15問中11問以上正解する!!

A 空所補充問題

　最も問題数が多く配点が高いのが，この問題です。出題形式は，900語程度の長文中にある15か所の空所を埋める方式。文法4択問題のような**知識問題**が数問含まれます。関大で最も難しい問題なので，**6割後半から7割**を目指しましょう。
　解法ポイントは，**選択肢と空所前後の形に注目**して，**精読と論理**で解くこと。知識問題は，**文法知識と語彙知識**で解きます。(→ p.054 CHAPTER 2 ❹ A①「空所補充問題」)

B 内容説明

　リード文が問う本文中の内容を説明する問題。大問3B も同形式が出ます。
　解法ポイントは，**リード文のキーワードに注目**して，本文中から該当箇所を探し，**選択肢と本文内容を照合**すること。解答根拠は，段落の一部だけでなく，ひとつの段落全体となる場合もあります。(→ p.071 CHAPTER 2 ❹ C①「内容説明」)

大問3 長文読解問題
言い換え (同内容) と対比 (逆内容) に注目して読み解く!!

A 下線部内容説明

　解法ポイントは，**どのような下線部かを把握** (未知語を含む，短い文，長い文など) し，**精読と論理**によって本文内容と照合すること。とくに，**下線部の言い換え (同内容) と対比 (逆内容) に注目**して，本文内容と選択肢を照合します。**選択肢のワナに気づく解答力**も必要です。(→ p.068 CHAPTER 2 ❹ B③「下線部内容説明」)

B 内容説明

　出題形式も，解法ポイントも，大問2B と同様です。

〔Ⅰ〕A 次の会話文の空所(1)〜(5)に入れるのに最も適当なものをそれぞれ A 〜 D から一つずつ選び，その記号をマークしなさい。

会話文空所補充問題 5 問

※ここに注目!!〈
※まず初めに問題形式をざっと確認する
※最初のイタリック体（斜体）の文
→会話の状況設定
→登場人物 2 人の関係をつかむ（大学の友達どうし，学生と教授，客と店員など）

Kaho, a Japanese exchange student, asks her friend Nora about a textbook.

※ have→代動詞（代助動詞）→省略（直前の動詞句の代わり）→have heard about that introductory course on American literature「アメリカ文学のあの入門コースについて聞いた」

Kaho: Tell me, Nora, have you heard about that introductory course on American literature?

Nora: Not only have I, but I enrolled for it.
A   B

※ここに注目!!〈
※ Not only A but (also) B「A だけでなく B も」→B が重要

※指示語 it
→直前の文の O（目的語）の位置にある名詞を確認
→that introductory course on American literature

※ We
→代名詞「ノラとカホ」

Kaho: (1)＿＿＿＿＿ We'll be classmates, then! Have you bought the textbook yet?

Nora: No, I haven't. What about you?

Kaho: Well, I went to the university bookstore this morning to buy it but didn't have enough cash. It's 75 dollars!

Nora: That's unbelievable! Have you looked for a secondhand copy? More often than not, they have some in the used-book section.

※ここに注目!!〈
※ they
→代名詞「書店（の店員）」

※ I had no idea.「まったく知らなかった」
→この直後の発言とつながる

Kaho: (2)＿＿＿＿＿ I had no idea.

Nora: Yes, and since it's a popular course, the store should have a bunch of secondhand copies left. But you should hurry, because bargain textbooks sell fast.

※ Yes→Yes とつながる疑問文の形
逆接マーカー
因果マーカー（理由）

※ここに注目!!〈
※ But
→逆接マーカー
→後ろが重要

Kaho: (3)＿＿＿＿＿ I'm going back to the bookstore right

※ I'm going ...「すぐ本屋に戻ります」
→この直後の発言とつながる

away. Would you like to come with me?

Nora: Yes, I would. I need to save money as well. I've always wondered how poor college students manage to buy all these textbooks.

Kaho: (4)_____ I may have to drop a couple of classes if I can't get some of these textbooks at a cheaper price.

Nora: Don't worry just yet! If the bookstore's run out of secondhand copies, we can also search online. There's always a solution.

Kaho: I suppose you're right. (5)_____ I feel better now.

(1) A. I agree! 同感です！
B. So did I! 私もした！
C. I'm envious! うらやましい！
D. Not a chance! ありえない！

(2) A. Is that so? そうなの？
B. I forgot that. それを忘れてた。
C. Why not? なぜダメなの？ / もちろん！
D. I doubt it. それはどうかな。

(3) A. I'll buy a new copy.
　　　新しいのを買います。

　　(B) Thanks for the tip.
　　　アドバイスをありがとう。

　　C. I'm in no rush.
　　　急いでいません。

　　D. It's too late.
　　　遅すぎます。

解法のポイント 会話文空所補充→直前直後のつながりに注目
→〈直前の文の論理マーカー＋直後の文〉とのつながりに注目

ここに注目!!
※直前直後のつながり
→直前直後を訳すと，ノラ「だけど，急いだほうがいい。お得な教科書
　は早く売れてしまうから」
　カホ「(3)すぐ本屋に戻ります」
→直前直後のつながりから，選択肢B「教えてくれてありがとう」が入る

ここに注目!!
※直前直後のつながり
→直前直後を訳すと，
　ノラ「貧しい大学生がどうやってこれらの教科書すべてを
　買えるのかいつも不思議に思っていた」
　カホ「(4)もしこれらの高価なテキストが数冊安く手に入
　らないなら，いくつか授業をあきらめなければならないか
　もしれない」
※選択肢AのIt
→指示語
→直前の発言内容を指す
→ノラの発言「貧しい大学生がどうやってこれらの教科書す
　べてを買えるのかいつも不思議に思っていた」を指す
→直前直後とつながらない
※選択肢Cのthat issue
→指示語＋名詞
→前にある「問題」を指す
→ノラの発言「貧しい大学生がどうやってこれらの教科書す
　べてを買えるのか」を指す

(4) A. It wouldn't change a thing.
　　　それは何一つ変えることはない。

　　B. I'm poor at reading.
　　　読書が苦手です。

　　C. I don't have that issue.
　　　その問題はない。

　　(D) You're telling me.
　　　その通りです。/ 同感です。

※選択肢DのYou're telling me.
→会話表現「その通りです，同感です」
→直前直後とつながることから，Dが入る

または，選択肢Dの会話表現を知らなく
ても，選択肢B. I'm poor at reading.
「読書が苦手です」が直前直後とつなが
らないので，消去法でA，B，Cを切り，
Dを選ぶ

解法のポイント 会話文空所補充→直前直後のつながりに注目
→直前直後の文の指示語＋選択肢Aの指示語，
　選択肢Cの指示語＋名詞，選択肢Dの会話表現に注目，
　または消去法

(5) A. Forget about the bookstore.
　　　本屋のことは忘れよう。

　　B. Dropping a course is okay.
　　　授業を落としても大丈夫です。

　　(C) I shouldn't lose hope so easily.
　　　そう簡単に希望を捨てるべきではない。

　　D. I may have to reconsider my options.
　　　自分の選択肢を考え直す必要があるかもしれない。

解法のポイント 会話文空所補充→直前直後
のつながりに注目→直前の⊕内容の発言
＋直前の文とのつながり＋直後の⊕内容と
のつながりに注目

ここに注目!!
※直前直後のつながり
→直前直後を訳すと，
　ノラ「必ず解決策はある」
　カホ「あなたの言う通りだと思う。(5)気分が
　よくなってきた」
→直前直後の⊕内容の発言とのつながりから，
　⊕内容の選択肢C「そう簡単に希望を捨てる
　べきではない」が入る

B 下の英文Ａ〜Ｆは，一つのまとまった文章を，6つの部分に分け，順番をばらばらに入れ替えたものです。ただし，文章の最初にはＡがきます。Ａに続けてＢ〜Ｆを正しく並べ替えなさい。その上で，次の(1)〜(6)に当てはまるものの記号をマークしなさい。ただし，当てはまるものがないもの（それが文章の最後であるもの）については，Ｚをマークしなさい。

パラグラフ整序問題 6問

(1) Ａの次にくるもの

(2) Ｂの次にくるもの

(3) Ｃの次にくるもの

(4) Ｄの次にくるもの

(5) Ｅの次にくるもの

(6) Ｆの次にくるもの

解法のポイント パラグラフ整序問題
①指示語・代名詞（thisなどが前とつながる）
②論理マーカー（論理展開の目印）
③抽象➡具体（抽象のあと具体がくる）
④対比・逆接（二項対立，一般論➡主張）
⑤否定➡肯定（否定文のあと肯定文で主張）
⑥列挙・追加（具体が複数）
⑦疑問➡答え（疑問を抱く文➡答えとなる具体がくる）
⑧時の流れ・順序（時を表す表現に注目）
⑧⊕内容・⊖内容（逆接がなければ同内容が続く）
【基本的な文章展開】
導入・主張➡具体説明➡主張
（最初の選択肢Ａはテーマの導入と主張，その次から具体が複数続く，最後にまた主張）

A. Staple foods such as rice and bread are well known around the world, but one lesser-known staple food that is gaining attention is quinoa, which is a kind of seed harvested from a plant of the same name.

B. One of these has to do with nutrition. To begin with, as a seed, quinoa contains a large amount of fiber, which we now know is an essential nutrient for digestion, weight management, and the regulation of blood sugar. In addition, it is a great source of lean protein, meaning it can be used to build and maintain muscle at the cost of little fat.

C. Long before quinoa started spreading to other areas, it was cultivated in the Andean region of northwestern South America, primarily in the region that is present-day Peru and Bolivia. While it was initially used to feed livestock, people began consuming it some 4,000 years ago, and for some good reasons.

ここに注目!!
※ C の最初の文は A とつながらない

※ was と some 4,000 years ago
→過去の内容

※最後の文の some good reasons
→複数形で B の these につながる

D. Given these benefits, it should come as little surprise that the consumption of quinoa has increased worldwide in recent years, and it is probably safe to say that this trend will continue into the foreseeable future. So why not give it a try yourself sometime?

因果マーカー（結果）
〜してはどうですか？（提案）

ここに注目!!
※ these benefits
→前にある複数の「利点」を探す
→A とはつながらないので次の選択肢へ

※他の選択肢を確認したあと、B と E の複数の利点とつながると判断（B→E→D）、また最終文の So（結論）と why not（提案）は文章全体の最後に合う

E. Aside from this, quinoa conveniently pairs quite well with many kinds of food. As a result, more and more people are including quinoa as part of their diet.

因果マーカー（結果）

ここに注目!!
※ this
→前の⊕内容とつなぐ、A とはつながらないので次の選択肢へ
→F を確認したあと、this は B の⊕内容とつながると判断（B→E）

F. Quinoa's growing popularity in many regions can be attributed to various factors. But what are quinoa's origins?

逆接マーカー

ここに注目!!
※ F の最初 Quinoa's growing popularity は A の最後の文の that is gaining attention と同内容で、quinoa の具体説明の始まりとして、A とつながると判断（A→F）

※最後の文の But と疑問文
→あとの疑問文が重要
→疑問文の答えを探す。「quinoa の起源は何か？」
→「起源」の内容の C とつながると判断（A→F→C）

→C が B とつながり、B が E とつながり、E が D とつながるので、順番は、A→F→C→B→E→D となる

※最後、解答欄に注意!!
(1) A の次にくるもの F
(2) B の次にくるもの E
(3) C の次にくるもの B
(4) D の次にくるもの Z
(5) E の次にくるもの D
(6) F の次にくるもの C
→解答は
F, E, B, Z, D, C

〔Ⅱ〕A 次の英文の空所（　1　）〜（　15　）に入れるのに最も適当なものをそれぞれ A 〜 D から一つずつ選び, その記号をマークしなさい。

空所補充問題 15問

ここに注目!!
※まず初めに段落番号を
ふり, 問題形式をざっ
と確認する
※関大の大問 2 は, ほぼ
人物史か歴史・起源か
エッセイ（今回は過去
の事件についてのノン
フィクション）
※具体的な時系列の出来
事・事実・体験が中心
（本論部分）
※文章展開は「導入→本
論→結末」という流れ。
導入は全体の要約的内
容や疑問を持てる抽象
的内容。結末は現在へ
の影響が多い
※時を表す表現に注目し,
全体の流れをつかむ

1 When gallery director Patrick McCaughey arrived at the National Gallery of Victoria (NGV) on August 4, 1986, his
1986年8月4日
staff was in crisis mode. The head of security approached him: "I think the Picasso is gone," he said, looking upset.

ここに注目!!
※「ピカソが消えたと思
う」
→疑問を持てる表現
→具体説明か理由説明が
くると予測（具体化）

※第 1 パラグラフは導入
→事件の始まり

※2 パラから本論
→1985 年にピカソの絵
を購入, すごく高い

2 The NGV — a major gallery in Australia — had purchased Picasso's *Weeping Woman* less than a year
1 年未満より前→1985年のこと
earlier. At the time, it was the most （　1　） painting 〈an
その時点で
Australian gallery had ever acquired〉. Its price was AU$1.6 million (over AU$4.3 million in today's dollars)
言い換えマーカー
— an eye-watering amount 〈for the public to （　2　） at
すなわち　　AU$1.6 million と同格　　意味上の S　　　　（V）
the time〉. After a plunge in the Australian dollar, it was valued at AU$2 million shortly after.

3 One of a （　3　） of works Picasso painted in the 1930s,
1930年代に
Weeping Woman is considered a companion to his masterpiece, *Guernica*, and depicts his lover Dora Maar in bright greens and purples, holding a tissue up to her suffering, angled face. At the time of the purchase,

McCaughey boasted, "This face is going to haunt Melbourne for the next 100 years." But now, it had vanished from its wall.

逆接マーカー
今
（had vanished＝過去完了なので、過去の時点での「今」）

4 The director and staff were baffled. In the painting's place was a note that said it had been taken to "The ACT." They assumed it had been relocated to a sister gallery in the ACT — the Australian Capital Territory — and started making calls to confirm. When the gallery said they didn't have *Weeping Woman*, things started to (4).

⊖（未知語だが⊖とわかれば OK）
その美術館が『泣く女』を持っていないと言ったとき

5 It wasn't long until exactly what the ACT was became clear. (5) that morning, *The Age*, a newspaper in Melbourne, received a letter signed by "The Australian Cultural Terrorists," which said the group had stolen the work and now had it in their (6). Addressing arts minister Race Mathews, they wrote [that they were protesting "the clumsy, unimaginative stupidity of the administration."] They made a list of demands, including more funding for the arts and a prize for young Australian artists. If Mathews didn't (7) the group's requests within a week, they said, the Picasso would be burned.

まもなく～した
その朝

ここに注目!!
※ But now
→〈逆接マーカー＋now〉
→過去と現在の対比、現在が重要
→「購入時これから100年間つきまとうと自慢」
⊕←→「今や消えた」⊖

ここに注目!!
※ It wasn't long until
～「まもなく～した」
→重要構文は設問の解答根拠になりやすい
→（ 5 ）の解答根拠となる

※問 B (3)に対応する盗難の理由
「彼らは『行政の不器用で想像力に欠ける愚かさ』に抗議していた」

（名詞節の that 節は内容上重要であることが多い）

6 Police swept the NGV building. (　8　), they soon found
<small>逆接マーカー　　　　　　　　　　未知語</small>
the painting's frame, but the canvas eluded them. At one
<small>追加マーカー　　　　　　　　　　　逆内容を予測する</small>
point they even drained the famous moat, a deep, wide
<small>〜さえ</small>
defensive pit filled with water around the building, but still
<small>逆接マーカー</small>
came up empty-handed.

ここに注目!!
※ but
→逆接マーカー
→後ろが重要，逆内容を予測
→eluded は未知語だが，逆内容から「額縁は見つかった」←→「キャンバスは見つからなかった」と予測
※ even
→追加マーカー
→同内容の追加
→「〜さえしたけど見つからなかった」

7 Adding to the gallery's embarrassment about its lax
<small>追加マーカー　　　　　　　　　　　　　　　　　　　　⊖</small>
<small>〜に加えて　　　　　　　　ゆるい警備のきまり悪さ</small>
security, the painting was not insured. If it were destroyed,
<small>⊖　保険がかけられていなかった</small>
there would be no financial recompense.

8 As the police struggled to make progress, newspapers
around the world splashed the story across their pages. The
city was full of theories. (　9　) suspected an "inside
<small>言い換え　マーカー</small>
job": Not only was there no sign of forced entry to the
<small>　　　　　　　　　　　　　　A</small>
gallery, but the painting had specialized screws attaching it
<small>　　　　　　　　　　　　　　　　　B</small>
to the wall, which would require certain tools — and
expertise — to detach. Some said it was an act of high-
<small>言い換えマーカー</small>
stakes performance art: perhaps an homage to another
infamous art robbery, the theft of the *Mona Lisa* in 1911, in
<small>　　　　　　　　　　　　　　　　　　　　　　1911年</small>
(　10　) Picasso himself was briefly involved.

ここに注目!!
※ theories が複数形
→具体化を予測

※ "inside job"
→普通の単語に " "
→特別な意味
→言い換え内容から類推

※ : (コロン)
→言い換えマーカー
→同内容（抽象→具体）

※ Not only A but B
「A だけでなく B も」
→対比構文
→B が重要

Kansai University

Kwansei Gakuin University

Doshisha University

Ritsumeikan University

9 Days flew by, and still there were no clues. A second
ransom note harassed Minister Mathews, calling him a
"tiresome old bag of swamp gas" and "pompous idiot." The
Cultural Terrorists wrote: "(11) our demands are not
met, you will begin the long process of carrying about you
the smell of kerosene and burning canvas." In a third letter,
Mathews received a burnt match.

10 The gallery's head at the time, Thomas Dixon, wrote in
the *Sydney Morning Herald* in 2019 that, as the deadline
passed, "staff morale was collapsing. More theories
(12), then nothing."

11 But then, a tip. McCaughey was contacted by a local art
dealer, who said a young artist she knew seemed to know
something. McCaughey visited the artist's studio, where
he found newspaper articles about the theft pinned to the
wall. The gallery director mentioned that the painting
could be returned (13) to a luggage locker at a train
station or the city's airport. As Dixon wrote, "The artist
remained stony faced throughout."

12 More than two weeks had passed since the theft when
その盗難から2週間以上たった
the press received an unidentified phone call. Go to
Spencer Street Railway Station, the caller said, and look
in locker 227.

13 The police, press, and gallery staff rushed to the
location. When police pried open the locker, they found a
警察がロッカーをこじ開けたとき
⊕
neat, brown-paper parcel, which they quickly brought
back to the station to unwrap. "And there it was," Dixon
wrote. "No burns, no cuts, none of the things we feared."
        ⊕   ⊕   ⊕
The painting had clearly been well cared for, by people
                                     ⊕
who knew how to handle artwork.

> **ここに注目!!**
> ※「燃やされず，切られず，恐れていたことは何もなかった」
> →絵が完全に無傷で戻ってきたと把握

14 To this day, the crime has not been （　14　）. The case
今日まで
remains in the Australian popular imagination, inspiring
movies and novels.

> **ここに注目!!**
> ※「今日まで」
> →現在の内容
> →14パラから結末だと予測（現在への影響など）

15 After the painting was returned, the National Gallery of
絵が戻ったあと
Victoria tightened its security considerably. When a
subsequent （　15　） director started in the role, one of
その次の〜ディレクターがその役割で仕事を始めたとき
the first things he asked Dixon was who was behind the
theft. "Everyone knows," Dixon replied, "but nobody can
                逆接マーカー
agree."

> **ここに注目!!**
> ※ but
> →逆接マーカー
> →後ろが重要
> →「だれもが知っているが，だれの意見も一致しない」
> →「最後までだれが犯人かわからない」という結末

111

(1) A. expanded
拡大された

B. exported
輸出された

Ⓒ expensive
高価な

D. experienced
経験豊かな

解法の**ポイント**

空所補充→選択肢と空所前後の形に注目
→精読（指示語 it の把握，the most
→最上級，名詞 S V（O なし），関係詞の省略

ここに**注目!!**

※選択肢が同じ品詞（分詞（＝形容詞）か形容詞）で直後の名詞 painting を修飾
→空所を含む一文を精読
→解釈ポイントは 3 点
①指示語 it の把握→前文の Picasso's *Weeping Woman*「ピカソの『泣く女』」
② the most→最上級「最も～」
③名詞 S V（O なし）→関係詞の省略「オーストラリアの美術館がかつて購入したものの
　中で最も～な絵」
→精読して訳すと「その時点で，ピカソの『泣く女』はオーストラリアの美術館がかつて購
　入したものの中で最も～な絵だった」
→代入法で選択肢を入れる

(2) A. recall
思い出す

B. acquire
獲得する

Ⓒ digest
消化・理解する

D. expose
さらす

解法の**ポイント**

空所補充→選択肢と空所前後の形に注目
→精読（不定詞の意味上の主語）と論理（言い換えマーカー）

ここに**注目!!**

※選択肢が同じ品詞（動詞の原形）で for ～ to V という形，空所の前のダッシュに注目
→精読と論理
※— an eye-watering amount は〈ダッシュ＋名詞〉で，このダッシュは言い換えマーカー
→an eye-watering amount は前の名詞 AU$1.6 million と同格
→同内容として訳す
→「160万オーストラリアドル，すなわち，目から涙が出る量」＝「莫大な金額」
※ for the public to（ 2 ）は不定詞の意味上の主語＋to V。「が」を入れて訳す。the
　public は「公の人々，一般大衆」
→論理と精読から，訳すと「その値段は160万オーストラリアドル（今日のドルで430万オース
　トラリアドル以上），すなわち，一般大衆が当時～する莫大な金額だった」
→代入法で選択肢を入れる
→C. digest「消化・理解する」

(3) Ⓐ series
連続

B. picture
絵，写真

C. means
手段

D. symbol
象徴

解法の**ポイント**

空所補充→選択肢と空所前後の形に注目→語彙（works）

ここに**注目!!**

※選択肢が同じ品詞（名詞）で a ～ of という形，直後の works に注目
※可算名詞 works
→One of a（ 3 ）of works の works は複数形の s がついていて可算名詞。「作品」
　と訳す
→A. series を入れて，a series of で「一連の～」，全体で「一連の作品の 1 つ」

112

(4) A. catch up
追いつく

B. get heated
熱する，白熱する

C. cool off
冷める

D. become alarmed
驚いているようになる（＝驚く）

解法の**ポイント**

空所補充
→選択肢と空所前後の形に注目
→精読（感情動詞の分詞形容詞に注意）

ここに**注目!!**

※選択肢がほぼ同じ品詞（動詞の原形＋α）
で to V という形
→空所を含む一文を精読。「その美術館が
『泣く女』を持っていないと言ったとき，事
態は〜し始めた」
→姉妹美術館にないとわかり，事態は「〜
し始めた」という選択肢を選ぶ
→AとCは切る，Dに注意

→感情動詞 alarm「驚か
せる，不安にさせる」
の分詞形容詞 alarmed
は「驚かせられて，（人
が）驚いている，不安
である」という意味
→alarming なら「（人以
外が）驚かせる，不安
にさせる」という意味
→主語が things「事態」
なので，D. become
alarmed は不適
→B. get heated「熱す
る，白熱する」を入れ
て，「事態が白熱し始
めた」となる

(5) A. Over
〜の間

B. Through
〜を通して

C. Since
〜以来

D. Later
遅く

解法の**ポイント**

空所補充
→選択肢と空所前後の形に注目
→精読（空所の前文も精読）

ここに**注目!!**

※選択肢がほぼ同じ品詞（前置詞か副詞）で that
morning と一緒に使う形
→空所を含む一文を精読「その朝〜，メルボルンの
新聞『The Age』が『オーストラリア文化テロリス
ト』と署名された手紙を受け取った。手紙にはその
グループがその作品を盗み，今や彼らの（　6　）
にそれがあった」

→空所の前文を精読。It
wasn't long until 〜
「まもなく〜した」
→「まもなく『the ACT』
が何であるかが明らか
になった」
→「まもなく明らかになっ
た」ということから，時
間はあまりたっていな
い。選択肢と that
morning の組み合わ
せから，代入法で選択
肢を入れる
→D. Later を入れて，
Later that morning
「その朝遅く」が合う

(6) A. possession
所有

B. investment
投資

C. account
口座

D. power
力

解法の**ポイント**

空所補充→選択肢と空所前後の形に注目
→精読＋語彙（possession）

ここに**注目!!**

※選択肢が同じ品詞（名詞）で in their 〜 という形
→空所を含む一文を精読（上の設問で精読済）「... 今や彼らの〜にそれがあった」
→「今やそのグループが絵を所有していた」
→A. possession を入れて，have 〜 in one's possession「〜を所有している」

(7) (A) give in to
〜に屈する

B. look down on
〜を見下す

C. come up with
〜を思いつく

D. get away with
〜を持ち逃げする

解法の**ポイント**

空所補充
→選択肢と空所前後の形に注目→精読＋語彙（熟語）

ここに**注目!!**

※選択肢が熟語，空所直後の requests に注目
→空所を含む一文を精読「もしマシューズが一週間以内にそのグループの要求に〜しなかったら」
→「要求に屈する」
→A. give in to「〜に屈する」

(8) A. For example
たとえば

(B) As a result
その結果

C. In effect
実際

D. For that matter
そのことについては

解法の**ポイント**

空所補充
→選択肢の形に注目
→論理マーカー補充問題
→論理（空所前後の論理関係を把握）

ここに**注目!!**

※選択肢が論理マーカー
→空所前後の論理関係を把握する
→「警察は，NGV の建物を捜索した。（ 8 ）すぐに絵の額縁を見つけたが，キャンバスは見つからなかった」
→「捜索した結果，額縁が見つかり，キャンバスは見つからなかった」という「結果」を表す論理関係
→B. As a result「その結果」（but the canvas eluded them は but に注目して逆内容を予測する）

(9) A. Few
ほとんどの人は〜しない

(B) Many
多くの人は

C. Everyone
だれもが

D. Nobody
誰も〜しない

解法の**ポイント**

空所補充
→選択肢と空所前後の形に注目
→精読と論理（言い換えマーカーと対比構文）

ここに**注目!!**

※選択肢が同じ品詞（名詞），コロンと Not only ... but に注目
→精読と論理
※コロンは言い換えマーカー（→同内容（抽象→具体）），"inside job" が抽象で同内容が具体化される
※ Not only A but B「A だけでなく B も」
→対比構文
→B が重要
※論理ポイントを把握して空所を含む一文を精読
「〜は「内部の犯行」を疑った。すなわち，美術館に無理やり入った形跡がまったくなかっただけでなく，絵は壁に特別なネジで取り付けてあった。そのため取り外すにはある特定の道具や専門知識を必要としただろう」
→コロン以下から「内部の犯行」を疑う人が多かったと判断
→B. Many「多くの人は」
（空所の 4 行あとに Some said 〜「〜と言う人もいた」という文があることから，C. Everyone（だれもが，みんなが）は不適）

(10) A. whose

B. whom

C. what

D. which

解法の**ポイント**
空所補充
→選択肢と空所前後の形に注目→文法（関係詞）

ここに**注目!!**
※選択肢が関係代名詞で , in ～ という形
→前置詞＋関係代名詞の非制限用法（文法問題）
→直前が in 1911 なので，1911を先行詞として代入して一文をイメージ
→in 1911, Picasso himself was briefly involved
　「1911年にピカソ自身も短い間関わった」
→1911は人以外なので関係代名詞は D. which

(11) A. If
　　　もし～なら

B. Unless
　　～しない限り

C. Although
　　～だけれども

D. Whenever
　　いつ～しようとも

解法の**ポイント**
空所補充
→選択肢と空所前後の形に注目
→精読（わからない箇所は⊕⊖を把握）

ここに**注目!!**
※選択肢がほぼ同じ品詞（従属接続詞か複合関係副詞）で ～ S V, S V という形
※空所を含む 1 文は文化的テロリストの発言
→空所を含む 1 文を精読。「我々の要求が満たされない～，おまえたちはケロシンと
　燃えるキャンバスの匂いを身にまとうという長い道のりが始まるだろう」（主節のわ
　からない箇所は⊖内容だと把握できれば OK）
→「もし要求が満たされないなら，⊖が始まるだろう」という条件が合う
→A. If「もし～なら」

(12) A. practiced
　　　練習した，実践した

B. proved
　　わかった

C. circulated
　　出回った，流布した

D. accepted
　　受け入れた

解法の**ポイント**
空所補充
→選択肢と空所前後の形に注目
→精読（空所の前文も精読）

ここに**注目!!**
※選択肢が同じ品詞（動詞の過去形）
※空所を含む 1 文は当時の美術館責任
　者トーマス・ディクソンの発言
→空所を含む 1 文＋前文の発言を精読
　「スタッフの士気は崩壊していった。よ
　り多くの仮説が～した，それから何も
　なかった」
→代入法で選択肢を入れる
→C. circulated「出回った，流布した」

(13) A. unanimously
   満場一致で

   B) anonymously
   匿名で

   C. according
   〜によれば (+to)

   D. alone
   ひとりで

ここに注目!!

※選択肢がほぼ同じ品詞 (副詞) で could be returned 〜 to a luggage locker
という形
→C. according を入れて「荷物ロッカーによれば」は意味を成さないので切る
→空所を含む一文を精読。「美術館の館長は，絵は〜駅か市の空港の荷物ロッカー
に戻してもらうことができると言っていた」
→代入法で選択肢を入れる
→B. anonymously「匿名で」

A. unanimously「満場一致で」は知らなくて OK
B. anonymously「匿名で」の関連語として，形容詞 anonymous「匿名の」も覚
えておかなければならない

(14) A. revealed
   明らかにされる

   B. allowed
   許される

   C. caught
   捕まえられる

   D) solved
   解決される

ここに注目!!

※選択肢が同じ品詞 (動詞の過去分詞
形) で has not been 〜 という形
→空所を含む一文を精読「今日まで，そ
の犯罪は〜されていない」
→代入法で選択肢を入れる
→D. solved「解決される」を入れて「今
日まで，その犯罪は解決されていない」
が合うが，直後の文も精読して確認
「その事件はオーストラリアの大衆の想
像の中に留まり，映画や小説を生み出
している」
→「解決されていない」のだから「想像の
中にとどまる」とつながるので，
D. solved が正解

(15) A. film
   映画

   B. painting
   絵

   C. safety
   安全

   D) gallery
   美術館

ここに注目!!

※選択肢が同じ品詞 (名詞) で a subsequent 〜 director という形
→subsequent「その次の，その後の」に注目して空所を含む 1 文を精読
「その次の〜ディレクターがその役割で仕事を始めたとき，彼がディクソンに尋ねた最初の
ことのひとつは，誰が盗難の背後にいたかだった」
→次に director の役割につく人だから，
＝「その次の美術館館長」
→D. gallery「美術館」

内容説明問題 7問

B 本文の内容に照らして最も適当なものをそれぞれ A 〜 C から一つずつ選び，その記号をマークしなさい。

(1) The passage tells the story of an important artwork named
この文章は，〜という名の重要な芸術作品の物語である。

A. *Weeping Woman.*
　『泣く女』

B. *The Picasso.*
　『ピカソ』

C. *Guernica.*
　『ゲルニカ』

解法の**ポイント**
内容説明
→リード文のキーワードと選択肢に注目
→本文該当箇所を探す
→選択肢と本文内容を照合（段落全体で判断）

ここに**注目!!**
※「〜という名の重要な芸術作品」
※選択肢が作品名
→作品名を探す
→第2パラグラフ1文目と照合＋段落全体

A. 2パラ1文目と一致
B. 2パラ1文目と不一致
C. 2パラ1文目と不一致

(2) The burglary of the painting
絵の盗難は，〜ときに確認された。

was confirmed when

解法の**ポイント**
内容説明
→リード文の when に注目
→主節の内容を本文中から探す
→選択肢と本文内容を照合

A. a related gallery in the
The ACT の関連美術館がそれを
ACT said they had not
移設していないと言った
relocated it.

B. a note found in the gallery declared that "The ACT" had
美術館で見つかったメモが「The ACT」がそれを持っていったと示した
taken it.

C. a local newspaper received a letter from a group called
地元の新聞が「The ACT」と呼ばれるグループから手紙を受け取った
"The ACT."

ここに**注目!!**
※「絵の盗難が確認された」
※「〜とき」
→「絵の盗難が確認された」のはいつか本文中から探す
→5パラ2文目と照合

A. 5パラ2文目と不一致
B. 5パラ2文目と不一致
C. 5パラ2文目と一致

Kansai University

Kwansei Gakuin University

Doshisha University

Ritsumeikan University

(3) One reason the painting
絵が盗まれた理由のひとつは〜

was stolen was that
ことだった。

解法の**ポイント**

内容説明
→リード文の One reason に注目
→リード文の理由を本文中から探す
→選択肢と本文内容を照合

ここに注目!!
※「絵が盗まれた理由の
　ひとつ」
→盗難の理由を探す
→5パラ3，4文目と
　照合

A. 5パラ3，4文目と
　不一致
B. 5パラ3，4文目と
　一致
C. 5パラ3，4文目と
　不一致

A. the robbers wanted
窃盗団はレース・マシューズが

Race Mathews to step down as arts minister.
芸術大臣を辞任することを望んでいた

(B) the robbers were displeased with how the government
窃盗団は政府が芸術をどのように扱っているかに不満を抱いていた

treated the arts.

C. the robbers protested the lack of support for
窃盗団は芸術行政への支援不足に抗議していた

administrators of the arts.

(4) The passage mentions that
本文には，絵が盗まれる前，

before the painting was
ビクトリア国立美術館のスタッフは〜と

stolen, the staff at the
述べられている。

National Gallery of Victoria

解法の**ポイント**

内容説明
→リード文のキーワードに注目
→本文該当箇所を探す
→選択肢と本文内容を照合
　（段落全体で判断）

ここに注目!!
※「絵が盗まれる前」
※「ビクトリア国立美術
　館のスタッフ」
→6，7パラあたりから
　探す
→盗まれる前の美術館に
　関する7パラと照合

A. 7パラと不一致。また
　本文に記述なし
B. 7パラと不一致。また
　本文に記述なし
C. 7パラ1文目と一致

A. had requested funding from the gallery administration.
美術館の経営陣に資金提供を要求していた

B. had experienced a crisis at the time the new director
新しい館長が着任した時点で危機を迎えた

arrived.

(C) had insufficient measures for safeguarding the painting.
絵の警備に対して不十分な手段しかなかった

the gallery's embarrassment about its lax security
美術館のゆるい警備に関するきまり悪さ

118

(5) We can assume newspapers
世界中の新聞が盗まれた芸術作品の

across the globe carried the
記事を伝えたのは、主に～からと

story of the missing artwork
思われる。

mainly because
因果マーカー（理由）

A. the purchased painting was the most high-priced in the
購入された絵が世界で最も高額であった ×

world.

Ⓑ the puzzling nature of the case fascinated people.
事件の謎めいた性質が人々を魅了した

C. the Australian arts minister received many harassing
オーストラリアの芸術大臣が多くの嫌がらせの身代金要求の手紙を受け取った

ransom notes.

解法のポイント
内容説明
→リード文の because に注目
→リード文の理由を
　本文中から探す
→選択肢と本文内容を
　照合（段落全体で判断）

ここに注目!!
※ because
→因果マーカー（理由）
→「世界中の新聞が盗ま
　れた芸術作品の記事を
　伝えた」理由を探す
　（因果関係に注意）
→8パラ1，2文目+段
　落全体と照合

A. 8パラと不一致
B. 8パラと一致
C. 8パラと不一致

(6) Some people believe that those who stole the painting knew
絵を盗んだ人たちは芸術作品に関する知識を持っていたと信じる人もいる。

about artwork because
なぜなら～　　因果マーカー（理由）

A. they called themselves cultural
彼らは自分たち自身を文化的テロリストと

terrorists.
呼んだから。

B. the group had an art studio
そのグループが駅の近くにアトリエを

near the station.
もっていたから。

Ⓒ the painting was found in excellent condition.
絵が素晴らしい状態で見つけられたから。

ここに注目!!
※ because
→因果マーカー（理由）
→「絵を盗んだ人たちは
　芸術作品に関する知識
　を持っていたと信じる
　人もいる」理由を探す
　（因果関係に注意）
→13パラ最終文と照合

A. 13パラ最終文と不一致
B. 13パラ最終文と不一致
C. 13パラ最終文と一致

解法のポイント
内容説明
→リード文の because
　に注目
→リード文の理由を本文
　中から探す
→選択肢と本文内容を照
　合

(7) Dixon suggests that
ディクソンは〜ということを示唆している。

解法の**ポイント**

内容説明
→リード文のキーワードに注目
→本文該当箇所を探す
→選択肢と本文内容を照合

ここに**注目!!**
※「ディクソン」
→固有名詞 Dixon を探す
→15パラ最終文と照合

A. 15パラ最終文と一致
B. 15パラ最終文と不一致
C. 15パラ最終文と不一致

(A) everyone has a different
誰もが誰がその犯罪を犯したかに

opinion about who
ついて異なる意見を持っている

committed the crime.

B. everyone knows the individuals who committed the
誰もがその犯罪を犯した人物を知っている

crime.

C. everyone has the same idea about who committed the
　　　　　　　　　　×
誰もが誰がその犯罪を犯したかについて同じ意見を持っている
crime.

〔**Ⅲ**〕**A** 次の英文の下線部①～⑩について，後の設問に対する答えとして最も適当なものをそれぞれ A ～ C から一つずつ選び，その記号をマークしなさい。

下線部内容説明問題 10問

1 Whenever the topic of cultural difference is discussed,

未知語!?

①the allegation of stereotyping usually is not far behind.

具体例マーカー

For instance, if cultural patterns of men and women are

たとえば　　　この従属節が下線部①の従属節に対応（同内容）

being compared, a certain woman may well offer that she

この主節が下線部①の主節に対応（同内容）

doesn't act "that way" at all.

2 Stereotypes arise when we act as if all members of a

具体例マーカー

まるで～かのように＝比喩表現＝具体説明

culture or group share the same characteristics. Stereotypes

can be attached to any assumed indicator of group

具体例マーカー

membership, such as race, religion, ethnicity, age, or

追加マーカー

gender, as well as national culture. The characteristics that

～だけではなく

are considered shared by members of the group may be

譲歩マーカー

may ～ but … の but を予測

respected by the observer, in which case it is a positive

⊕　　　　　　　　　　　　　　　　　　　　　　⊕

stereotype. In the more likely case that the characteristics

but を補える

⊖　　　　　　　　　　　　　　　　　⊖

are disrespected, it is a negative stereotype. Stereotypes of

複数の理由がくると予測

both kinds are problematic in intercultural communication

⊖

理由①

for several obvious reasons. One is that they may give us a

false sense of understanding our communication partners.

Whether the stereotype is positive or negative, it is usually

⊖　　　　追加マーカー（理由②）

only partially correct. Additionally, ②stereotypes may

さらに

※まず初めに段落番号をふり，問題形式をざっと確認する

ここに注目!!

※下線部①の allegation
→未知語
→あとにくる具体例から予測

※ For instance
→具体例マーカー
→同内容（抽象→具体）
→何を説明しているか？
→対応箇所を把握

※1 パラは〈抽象→具体〉から，1 文目が主張

ここに注目!!

※ problematic「問題がある」⊖
→著者の価値表現
→主張
→具体説明か理由説明がくると予測（具体化）

※ for several obvious reasons「いくつかの明らかな理由で」
→疑問を持つ「どんないくつかの明らかな理由？」
→あとに複数の理由説明がくると予測（具体化）

※2 パラは著者の価値表現と〈抽象→具体〉から Stereotypes of both … の文が主張

Kansai University

Kwansei Gakuin University

Doshisha University

Ritsumeikan University

121

become self-fulfilling prophecies, where we observe others

自己実現的な予言

in biased ways that confirm our prejudice.

3 Despite the problems with stereotypes, it is necessary in

「~にもかかわらず」　逆接マーカー　仮S

intercultural communication [to make cultural

真S

generalizations.] ③(Without any kind of supposition or

hypothesis about the cultural differences 〈we may

encounter in an intercultural situation〉), we may fall prey

〈to naive individualism,〉〈where we assume [that every

「私たちは犠牲になるかもしれない」　S　V　C

person is acting (in some completely unique way)].〉 Or

we may rely ordinarily on "common sense" to direct our

communication behavior. Common sense is, of course,

common only to a particular culture. Its application outside

名詞構文

of one's own culture is usually ethnocentric. Ethnocentric

「自分自身の文化の外で常識　　　　　　A

をあてはめること」　　　B　　　　　「Ethnocentric=

is defined as [using one's own set of standards and

自分自身の基準や習慣を使ってすべての人を判断すること

customs to judge all people, often unconsciously.]

よく無意識に

4 Cultural generalization can be made (while avoiding

stereotypes by maintaining the idea of ④dominance of

?

belief.) Nearly all possible beliefs are represented in all

逆接マーカー

cultures at all times, but each different culture has a

preference for some beliefs over others. The description of

ここに注目!!

※ Despite
→逆接マーカー
→the problems ⊖ から
　⊕を予測

※ necessary「必要な」
→著者の価値表現
→主張
→具体説明か理由説明が
　くると予測（具体化）

※3パラは逆接マーカー
　と著者の価値表現から,
　1文目が主張

※ Or
→並列の等位接続詞, 前
　文と同内容（1文目主
　張, 2文目理由説明,
　Or 3文目以降も理由
　説明）

※ "common sense"
→" "（ダブルクォーテー
　ションマーク）
→強調か特別な意味
→具体化を予測

※ Its application ...
→名詞構文
→名詞
→Vにして解釈
→apply it (＝common
　sense) ...

※ is defined asはイコー
　ル動詞
→define A as B＝A be
　defined as B
　「A＝B（と定義する）」

ここに注目!!

※ dominance of
　belief「信念の優位
　性」?
→抽象的で疑問を抱かせ
　る表現かつ下線部
→具体説明か理由説明が
　くると予測（具体化）

※ but
→逆接マーカー
→後ろが重要

※4パラは〈抽象→具体〉
　から1文目が主張

---

this preference, derived from large-group research, is a cultural generalization. Of course, individuals can be found in any culture who hold beliefs similar to people in a different culture. There just aren't so many of them — they don't represent the majority of people who hold beliefs closer to the norm or "central tendency" of the group. As a

具体例マーカー

specific example, we may note [that (despite the accurate

逆接マーカー

cultural generalization that [Americans are more individualistic and Japanese are more group-oriented,])

⑤ there are Americans 〈who are every bit as group-oriented as any Japanese〉, and there are Japanese 〈who are as individualistic as any American.〉]

逆接マーカー

However, these

未知語

relatively few people are closer to the ⑥ fringe of their respective cultures. They are, in the neutral sociological sense of the term, "deviant," which means unusual.

> **ここに注目!!**
> ※ as ... as any ～
> →「どの～と比べても同じくらい…」
> ※ However
> →逆接マーカー
> →後ろが重要，逆内容
> ※ fringe
> →未知語
> →However の逆内容から類推

5 *Deductive* stereotypes occur when we assume that abstract cultural generalizations apply to every single individual in the culture.

対比マーカー

(While it is appropriate [to

一方　仮S'　　　　　真S'

⊕

generalize that Americans as a group are more individualistic than Japanese,]) it is stereotyping [to

仮S

⊖

assume that every American is strongly individualistic;]

真S

> **ここに注目!!**
> ※ *Deductive*
> stereotypes「「演繹的」ステレオタイプ」?
> →イタリック体で抽象的
> →具体化を予測
>
> ※5 パラは〈抽象→具体〉から，1 文目が主張

the person with whom you are communicating may be a deviant. Cultural generalizations should be used tentatively as working hypotheses that need to be tested in each case; sometimes they work very well, sometimes they need to be modified, and sometimes they don't apply to the particular case at all. The idea is to derive the benefit of ⑦recognizing cultural patterns without experiencing too much "hardening" of the categories.

ここに注目!!
※ "hardening"
→未知語
→語源から類推

ここに注目!!
※下線部の inductive
  stereotype「「帰納的」
  ステレオタイプ」?
→inductive がイタリック
  体で抽象的
→具体を予測

※ For example
→具体例マーカー
→同内容（抽象→具体）

※6 パラは〈抽象→具体〉
  から，1 文目が主張

※ since
→因果マーカー（原因）

※ So
→因果マーカー（結果）
→since, so はともによく
  設問で問われる

6 Generalizing from too small a sample may generate an ⑧*inductive* stereotype. For example, we may inappropriately assume some general knowledge about Mexican culture based on having met one or a few Mexicans. This assumption is particularly troublesome, since initial cross-cultural contacts may often be conducted by people who are deviant in their own cultures. ("Typical" members of the culture would more likely associate only with people in the same culture — that's how they stay typical.) So generalizing cultural patterns from any one person's behavior (including your own) in cross-cultural contact is likely to be both stereotypical and inaccurate.

具体例マーカー

因果マーカー（原因）

因果マーカー（結果）

7 追加マーカー

Another form of inductive stereotype is derived from what Carlos E. Cortes calls the "social curriculum." He notes that schoolchildren report knowing a lot about Gypsies, even though few of the children have ever met even one member of that culture. According to Cortes's research, the knowledge was gained from old horror movies! ⑨Through media of all kinds we are flooded with images of "cultural"

言い換えマーカー

behavior: African Americans performing hip-hop or bringing warmth to medical practice; Hispanic Americans picking crops or exhibiting shrewdness in the courtroom; European Americans burning crosses or helping homeless people. When we generalize from any of these images, we are probably creating stereotypes. ⑩Media images are chosen not | for their typicality |, but | for their unusualness |.

因果マーカー（結果）

So, as with initial cross-cultural contacts, we need to look beyond the immediate image to the cultural patterns that can only be ascertained through research.

ここに注目!!

※ Another
→追加マーカー
→同内容を予測

※ "social curriculum"
「社会的カリキュラム」
→" "
→強調か特別な意味
→具体化を予測

※7 パラは〈抽象→具体〉
から、1 文目が主張

※ "cultural"
→普通の単語に" "
→特別な意味
→具体化を予測
→具体から特別な意味を
類推

※ :（コロン）
→言い換えマーカー
→同内容（抽象→具体）

※ not A but B「A では
なく B」
→対比構文
→B が重要

125

(1) Which does Underline ①
　　└─ 下線部① は実際にはどれを

actually mean?
意味しているか？

└─▶「文化の違いに関する話題が議論されるときはいつでも，ステレオタ
　　イプ化することの allegation は，たいてい後ろに遠くない（近い）」

A. A claim of stereotyping has serious consequences.
　　ステレオタイプ化するという主張は深刻な結果をもたらす。

B. Stereotyping commonly follows discussion of culture.
　　ステレオタイプ化することはよく，文化に関する議論に続いて起こる。

Ⓒ There is likely to be an accusation of stereotyping.
　　ステレオタイプ化することの批判が
　　ありそうだ。
　　　　　she doesn't act "that way" at all ＝ the allegation

(2) What does Underline ② actually mean?
　　└─ 下線部② は実際には何を意味しているか？

└─▶「ステレオタイプは自己実現的な予言になるかもしれない」

A. Fixed concepts can sometimes lead to significant
　　固定観念はときどき重要な成果につながりうる。

achievements.

B. Thoughts about our own culture can be applied to
　　私たち自身の文化に関する考え方を別の文化に適用することができる。

another culture.

Ⓒ Our existing ideas can determine what we will think in
　　　　　　　　　　　私たちの既存の考え方は，将来考える
　　　　　　　　　　　ことを決定しうる。
下線部の stereotypes ステレオタイプ　self-fulfilling prophecies 自己実現的な予言

the future.

imply は「読み取れるもの」を問う

(3) What does Underline ③ imply?

下線部③ は何を示唆しているか？
（下線部③から読み取れるものは？）

「異文化の状況において出会うかもしれない文化的差異に関する何らかの仮定や仮説がなければ，私たちは素朴な個人主義の犠牲になるかもしれない。そこでは，すべての人が何か完全に独自のやり方で行動していると思い込むことになる」

解法の**ポイント**
下線部内容説明（長い文）
→精読＋論理
（下線部が前文と同内容）

ここに注目!!
※下線部③のような長い下線部はまず解釈，次に論理，前の文と同内容であること（抽象→具体）を把握

→下線部は3パラ1文目と同内容。これと最も近いのが A
→B は3パラ4文目と不一致。3パラ4文目では，common sense（常識）はある特定の文化圏にのみ通用する」と言っている
→C は本文に記述なし

Ⓐ The context of cultural groups is important in
文化的集団という文脈は人々を理解するのに重要である。
understanding people.

B. Common sense is essential in understanding a certain
常識はある集団の文化を理解するのに不可欠である。
group's culture.

C. Self-identity has an influence on how we respond to
自己同一性は私たちがそれぞれの新しい状況にどのように反応するかに影響する。
each new situation.

(4) What does Underline ④ actually mean?

下線部④ は実際には何を意味しているか？

「信念の優位性」

解法の**ポイント**
下線部内容説明
（短い語句）
→論理（but に注目）

ここに注目!!
※下線部直後の文の逆接マーカー
→後ろが重要「それぞれの異なる文化はある信念を他の信念より好む」
→A と一致

Ⓐ the favoring of certain beliefs
ある信念を好むこと

B. the control of certain beliefs
ある信念の支配

C. the perpetuation of certain beliefs
ある信念の永続化

(5) What does Underline ⑤ imply?

下線部⑤ は何を示唆しているか？
（下線部⑤から読み取れるものは？）

▶「どの日本人にも劣らずまったく同じように集団志向のアメリカ人もいる」

下線部内容説明
（比較を含む文）
→精読（as … as any に注目）

※下線部を精読 as … as any ～ に注目
→最上級相当表現
→「どの日本人にも劣らずまったく同じように集団志向のアメリカ人もいる」と同内容の選択肢は C

A. Japanese groups emphasize the importance of collectivism.
日本人の集団は，集産主義の重要性を強調している。

B. Japanese are more concerned with other people than Americans.
日本人はアメリカ人より他人を気にかける。

Ⓒ Some Americans do not demonstrate the values of individualism.
アメリカ人の中には個人主義の価値観を示さない人もいる。

最上級相当表現4パターン

①否定語 as … as ～
「～ほど…なものはない」→「～が１番…」
（前に否定語がきて後ろが１番）

②否定語 -er than ～
「～より…なものはない」→「～が１番…」
（前に否定語がきて後ろが１番）

③～ as … as any
「どんなものにも劣らず～が…」→「～が１番…」
（後ろに any がきて前が１番）

④～ -er than any
「どんなものより～が…」→「～が１番…」
（後ろに any がきて前が１番）

(6) **Which of the following has a meaning closest to**
以下のどれが 下線部⑥ に最も近い意味をもつか？

Underline ⑥ ?
▶「fringe（周辺）」

A. outside
　外側

Ⓑ edge
　端

C. trim
　整っている状態

解法の**ポイント**
下線部内容説明（未知語）→
論理（However に注目）＋解答力（代入法）

ここに注目!!

※下線部が未知語
→However に注目して逆内容から類推し、選択肢を代入して判断

there are Americans who are every bit as group-oriented as any Japanese, and there are Japanese who are as individualistic as any American. 「日本人に劣らず集団志向のアメリカ人もいれば、アメリカ人に劣らず個人主義的な日本人もいる」
↓ However,「しかし」
these relatively few people are closer to the fringe of their respective cultures.

「これらの比較的少数の人々はそれぞれの文化の fringe により近い」
→逆内容。「〜もいる」の逆は「いない、ほとんどいない」
→代入法（下線部に選択肢を代入）
A. outside「外側に近い」、
B. edge「端に近い」、
C. trim「正常に近い」
→B が最も自然な意味で「ほとんどいない」と同内容
（A も意味が近いが、fringe（周辺）と outside（外側）は同じではない。A は非常にまぎらわしい。fringe「端っこ」の知識問題としての意味を知らない場合は、判断しづらい捨て問となる）

(7) **What does Underline ⑦ refer to?**
下線部⑦ は何を示しているか？
▶「カテゴリーをあまりにも「固定化」することを経験せずに、文化様式を認識すること」

解法の**ポイント**
下線部内容説明
（未知語を含む文の一部）
→精読＋解答力
（未知語を語源から類推）

ここに注目!!

※下線部の"hardening"
→未知語
→語源から類推
→hard「固い」
＋en「〜にする」
→harden「固くする、固定化する」
→ing がついて名詞化「固定化すること」
→下線部は「固定化なしで文化様式を認識すること」
＝選択肢 B
「文化的一般化に関して思考の柔軟性を保つこと」が同内容

A. creating strict ways to organize cultural information
文化情報を有効的に体系化する厳格な方法を生み出すこと
usefully

Ⓑ retaining flexibility of thinking regarding cultural
文化的一般化に関して思考の柔軟性を保つこと
generalizations

C. making it easier to understand the advantages of
文化形式の利点を理解することをより簡単にすること
cultural forms

(8) Which of the following has
以下のどれが 下線部⑧ に

a meaning closest to Underline ⑧ ?
最も近い意味をもつか?

▶「*inductive* stereotype
（帰納的ステレオタイプ）」

解法の**ポイント**
下線部内容説明
（未知語を含む文）
→論理（For example
に注目）

ここに注目!!
※下線部の *inductive*
「帰納的」の意味がわ
かれば，A.「特定の例
からの過剰な一般化」
を選べる
※ inductive が未知語で
あれば，For example
に注目
→同内容（抽象→具体）
→「1 人または数人のメ
キシコ人に会ったことか
らの一般化」＝A.「特
定の例からの過剰な一
般化」を選ぶ

(A) overgeneralization from specific examples
特定の例からの過剰な一般化

B. overgeneralization from broad experiences
幅広い経験からの過剰な一般化

C. overgeneralization from unreliable sources
信頼できない出どころからの過剰な一般化

(9) What does Underline ⑨ imply?
下線部⑨ は何を示唆しているか?
（下線部⑨から読み取れるものは?）

▶「あらゆる種類のメディアを通して，私たちの
周りには「文化的」行動のイメージがあふれて
いる」

解法の**ポイント**
下線部内容説明
（" "を含む文）
→論理
（：（コロン）に注目）

ここに注目!!
※下線部の "cultural"
→特別な意味を持つ
→：（コロン）に注目
→具体から特別な意味を
類推
→「文化的」行動のイメー
ジ＝ヒップホップを演
奏するアフリカ系アメリ
カ人のイメージなど
→「文化的」＝ステレオタ
イプ的
→その行動イメージであ
ふれている
→そこから読み取れるも
の
→B.「そのようなイメー
ジがとてもたくさんあ
るので避けるのが難し
い」ことが読み取れる

A.「行動を決定」は記述
なし。「イメージを決
定」するのみ
C.「肯定的」に限った話
ではない

A. The images represented in the media determine people's
メディアで表現されるイメージが，人々の行動を決定している。
actions.

(B) There are so many such images that they are difficult to
そのようなイメージがとてもたくさんあるので，避けるのが難しい。
avoid.

C. Such images often display overwhelmingly positive
そのようなイメージは，圧倒的な肯定的ステレオタイプをよく表す。
stereotypes.

(10) What does Underline ⑩ imply?
　下線部⑩ は何を示唆しているか？
　（下線部⑩から読み取れるものは？）

解法の**ポイント**
下線部内容説明（対比構文）
→論理（not A but B に注目）

「メディアのイメージは，典型的だからで
はなく，普通ではないから選ばれる」

ここに注目!!
※下線部の not A but B
→B のメディアのイメージ
は「普通ではないもの
だから（典型的なもの
とは逆のものだから）」
選ばれる
→そこから読み取れるも
の
→C.「メディアのイメージ
から文化様式を一般化
すべきではない」が読
み取れる

A.「権威があるから」は
「普通ではないから」
と不一致
B.「信頼できそうなメディ
アのイメージ」は本文
に記述なし

A. You should not believe media images because of their
権威があるからといってメディアのイメージを信じてはいけない。
　authority.

B. You should not deny media images that are likely to be
信頼できそうなメディアのイメージを否定すべきではない。
　reliable.

Ⓒ You should not generalize cultural patterns from media
メディアのイメージから文化様式を一般化すべきではない。
　images.

内容説明問題 7問
B 本文の内容に照らして最も適当なものをそれぞれA～Cか
ら一つずつ選び，その記号をマークしなさい。

ここに注目!!
※「1パラ」
※「この段落で言及され
ている女性」
→ 1パラから探す
→ 1パラ2文目と照合＋
段落全体

A. 1パラ全体と不一致
B. 1パラ全体と一致
C. 1パラに記述なし

(1) In the first paragraph, the woman mentioned likely believes
第1段落で言及されている女性は～と思っているようだ
　that

A. it is important to maintain distinctions between men and
男女の区別を維持することは重要である。
　women.

Ⓑ people cannot easily be characterized in terms of their
人々は性別の観点から容易に特徴づけることはできない。
　gender.

C. we should break the stereotype that cultural diversity
私たちは文化的多様性が存在するというステレオタイプを打ち壊すべきだ。
　exists.

解法の**ポイント**
内容説明
→リード文のキーワードに注目
→本文該当箇所を探す
→選択肢と本文内容を照合
　（段落全体で判断）

(2) In the second paragraph, the author's main point is that
第2段落で，著者の要点は，〜ということである。

                    ⊕

A. holding stereotypes is helpful when another culture is
異文化に慣れないとき，ステレオタイプをもつことは役に立つ。

   unfamiliar.

                    ⊕

B. positive stereotypes are more useful for understanding
肯定的なステレオタイプは，他人を理解するのにより役に立つ。

   other people.

                 ⊖

Ⓒ there are dangers in holding stereotypes if we fully
もし私たちがステレオタイプを完全に信じると，ステレオタイプをもつことには

   believe them.
   危険がある。

> **解法のポイント**
> 内容説明
> →リード文のキーワードに注目
> →本文該当箇所を探す
> →選択肢と本文内容を照合（⊕⊖に注意）

(3) Using our own "common sense" in intercultural
異文化コミュニケーションにおいて自身の「常識」を使うことは〜である。

   communication is

Ⓐ an overgeneralization in its own way and should be
それなりに過度な一般化であり，避けられるべきである。   ○

   avoided.

B. an example of how we should think in general terms
                          ×
私たちが人について一般論で考えるべきということの一例である。
   about people.

C. a tool to apply in some settings when we interact with
さまざまな文化に関わるとき，何らかの場面で適用できる道具である。

   various cultures.

> **解法のポイント**
> 内容説明
> →リード文のキーワードに注目
> →本文該当箇所を探す
> →選択肢と本文内容を照合（段落全体で判断）

ここに注目!!
※「2パラ」
※「著者の要点」
→2パラの主張を探す
→2パラの主張「ステレオタイプは問題がある（problematic）」。
⊖と照合

A. ⊕内容で2パラの主張と不一致
B. ⊕内容で2パラの主張と不一致
C. ⊖内容で2パラの主張と一致

ここに注目!!
※""（ダブルクォーテーションマーク）で囲まれた名詞＝キーワード
→"common sense"を3パラ以降から探す
→3パラ後半と照合＋段落全体

A. 3パラ後半+3パラ全体と一致
B. 3パラ後半+3パラ全体と不一致
C. 3パラ後半+3パラ全体と不一致

※3パラ3文目のOr
→段落全体の論理
→1文目主張「異文化コミュニケーションにおいて，文化的一般化をすることは必要」，2文目説明「それなしでは個人主義の犠牲になりうる」⊖
Or 3文目以降も説明「常識に頼ってしまう」⊖
→「常識」もここではマイナスなので，選択肢A「避けられるべき」

対比マーカー

(4) Compared to cultural stereotypes,
文化的ステレオタイプと比べて，

cultural generalizations
文化的一般化は

解法の**ポイント**

内容説明
→リード文のキーワードに注目
→本文該当箇所を探す
→選択肢と本文内容を照合（段落全体で判断）

Ⓐ are true if we regard the
例外を考慮しながら，文化を全体として

culture as a whole, allowing for exceptions.
みなせば正しい。

B. are better applied to individuals in a culture rather than
全体的な集団ではなく，ある文化の個人によりうまく適用される。

entire groups.

C. are seen as being applied to cultures that are not
個人主義的ではない文化に適用されているとみなされる。

individualistic.

ここに注目!!
※ Compared to
※「文化的ステレオタイプ」
※「文化的一般化」
→「文化的ステレオタイプ」と「文化的一般化」の対比を探す
→4パラ1文目と照合＋段落全体

A. 4パラ1文目＋4パラ全体と一致
B. 4パラ後半と不一致
C. 4パラ後半と不一致

(5) One point the author makes in the fifth paragraph, starting
「*Deductive* stereotypes」から始まる第5段落で著者が

with "*Deductive* stereotypes," is that we shouldn't
指摘するひとつのことは，～べきではないということである。

A. believe that categorizing certain cultural groups is
ある特定の文化集団を分類することが適切であると信じる

appropriate.

B. consider that individualistic people can sometimes be
個人主義的な人々がときどき異常であることを考慮する

abnormal.

Ⓒ presume that a group defines the characteristics of any
ある集団があらゆる人の特徴を定義すると思い込む

one person.

ここに注目!!
※「5パラ」
※「すべきでない」
→5パラの主張を探す
→1文目主張「『演繹的』ステレオタイプは，抽象的な文化的一般化が，文化内のすべての個人個人に適用されると思い込むときに起こる」
→照合

A. 5パラ全体と不一致
B. 5パラ全体と不一致
C. 5パラ全体と一致

解法の**ポイント**

内容説明
→リード文のキーワードに注目
→本文該当箇所を探す
→選択肢と本文内容を照合（⊕⊖に注意）

deductive と inductive の区別

deductive「演繹的な」（抽象→具体）
語源：de「離れる」＋duct「導く」＋ive「形容詞」
イメージ：中心から離れて個々へ導く，一般→個々の具体
（三角ピラミッドの形を思い浮かべる，頂点から離れて下へ広がるイメージ）

deductive

inductive「帰納的な」（具体→抽象）
語源：in「枠の中」＋duct「導く」＋ive「形容詞」
イメージ：個々から枠の中へ導く，個々の具体→一般
（逆三角ピラミッドの形を思い浮かべる，
広がりから下の１点へ集約するイメージ）

inductive

---

(6) **The overall meaning of the**
「Generalizing from」から始まる

sixth paragraph, starting
第６段落の全体の意味は，

with "Generalizing from,"
〜ということである。

is that

> 解法の**ポイント**
>
> 内容説明
> →リード文のキーワードに注目
> →本文該当箇所を探す
> →選択肢と本文内容を照合
> （段落全体で判断）

> ここに**注目!!**
> ※「全体の意味」
> ※「６パラ」
> →６パラ全体と照合
> →特に重要なのが１文目
> 主張＋最終文結論「あ
> まりにも少ないサンプ
> ルから一般化すること
> は「帰納的」ステレオタイ
> プを生じるかもしれな
> い」＋「異文化接触に
> おいて１人の行動から
> 文化様式を一般化する
> ことは⊖」
> →照合
>
> A. ６パラに記述なし
> B. person-to-person
>   （１対１）は，「（第三
>   者を入れず）個人対個
>   人で」の意味。６パラ
>   に出てくる「１人だけ
>   との交流」とは違う
> C. ６パラ１文目＋最終文
>   と一致

A. **positive stereotypes are easily learned from personal**
肯定的なステレオタイプは個人的な経験から簡単に学習される

experiences.

B. **experiencing person-to-person communication may not**
１対１のコミュニケーションを経験することは有益ではないかもしれない

be informative.

Ⓒ **avoiding talking with only one person from another**
別の文化の１人だけと話をするのを避けることは必要不可欠である

culture is essential.

実践編（過去問ビジュアル解説）CHAPTER**3**

(7) The most appropriate title for this passage is

この文章に最も適切なタイトルは、〜である。

   Ⓐ "Understanding Stereotypes in Intercultural
      ○
    「異文化コミュニケーションにおけるステレオタイプの理解」
    Communication."

   B. "Avoiding Common Stereotypes in Intercultural
              ×
    「異文化コミュニティーで一般的なステレオタイプを避けること」
    Communities."

   C. "Considering Research into Intercultural Stereotypes."
             ×
    「異文化間のステレオタイプに関する研究を考慮すること」

解法の**ポイント**

タイトル選択
→文章全体のキーワードを含み，文章全体の主張と照合
（文章全体の一部にすぎない選択肢に注意）

ここに注目!!

※「タイトル」
→タイトル選択問題
→文章全体の主張「異文化コニュニケーションにおいてさまざまなステレオタイプを避けながら文化的一般化を行うべきである」と照合

A.「ステレオタイプの理解」は文章全体の主張と一致
B. 文章全体の主張と不一致。「一般的なステレオタイプ」は文章全体の一部にすぎないし，「コミュニティー」の話はしていない
C. 文章全体の主張と不一致。「研究」は文章全体の一部にすぎない

Kansai University

Kwansei Gakuin University

Doshisha University

Ritsumeikan University

■ 関大 2022-2/1 全学部英語（解答と配点）

問題番号	設問		正解	配点	問題番号	設問		正解	配点
I	A	(1)	B	4	III	A	(1)	C	4
		(2)	A	4			(2)	C	4
		(3)	B	4			(3)	A	4
		(4)	D	4			(4)	A	4
		(5)	C	4			(5)	C	4
	B	(1)	F	4			(6)	B	4
		(2)	E	4			(7)	B	4
		(3)	B	4			(8)	A	4
		(4)	Z	4			(9)	B	4
		(5)	D	4			(10)	C	4
		(6)	C	4		B	(1)	B	4
II	A	(1)	C	4			(2)	C	4
		(2)	C	4			(3)	A	4
		(3)	A	4			(4)	A	4
		(4)	B	4			(5)	C	4
		(5)	D	4			(6)	C	4
		(6)	A	4			(7)	A	4
		(7)	A	4
		(8)	B	4
		(9)	B	4
		(10)	D	4
		(11)	A	4
		(12)	C	4
		(13)	B	4
		(14)	D	4
		(15)	D	4
	B	(1)	A	4
		(2)	C	4
		(3)	B	4
		(4)	C	4
		(5)	B	4
		(6)	C	4
		(7)	A	4

全訳

〔I〕

A

　日本人留学生であるカホが，友人であるノラに，教科書について尋ねています。

カホ：ねえ，ノラ，アメリカ文学の入門コースについて聞いた？

ノラ：聞いただけじゃなくて申し込んだわ。

カホ：私も申し込んだわ！　じゃあ私たちクラスメートね！　もう教科書は買ったの？

ノラ：まだ買ってないわ。あなたはどうなの？

カホ：えっと，教科書を買うために今朝，大学の本屋に行ったわ。
　　　でも十分な現金を持ってなかったの。教科書って75ドルもするのよ！

ノラ：それって信じられない！　古本は探したの？　たいてい教科書って古本コーナーにおいてあるわ。

カホ：そうなの？　知らなかったわ。

ノラ：ええ。しかもそれって人気のあるコースだから，たくさんの古本がお店に残っているはずよ。でも急ぐべきね，掘り出し物の教科書ってすぐに売れちゃうから。

カホ：アドバイスありがとう。すぐに本屋さんに戻ってみるわ。一緒に来てくれない？

ノラ：ええ，行くわ。私もお金を節約しないといけないの。貧乏な大学生がどうやってこれらのすべての教科書を買っているのかいつも疑問だわ。

カホ：ほんとにその通りよね。もしそれらの教科書が安く手に入らなかったら，いくつかの授業をやめないといけないかもしれないわ。

ノラ：まだ心配いらないわ！　もし，本屋で古本が売り切れていたとしても，ネットでも探せるわ。いつも解決策はあるものよ。

カホ：その通りね。簡単に希望を捨てるべきじゃないわ。今は気が楽になった。

B

A．米やパンなどの主食は世界中でよく知られているが，今注目を集めているあまり知られていない主食にキヌアがあり，それはキヌアという植物から収穫される種の一種である。

F．キヌアがたくさんの地域で人気を集めているのには，さまざまな要因が考えられる。しかし，キヌアの起源は何なのだろうか。

C．キヌアがほかの地域に広まるはるか昔，キヌアは南アメリカ北西部のアンデス地方，主に現在のペルーとボリビアで栽培されていた。当初は家畜を養うために使われていたが，約4000年前に人々はキヌアを食べ始め，それにはいくつかのもっともな理由があった。

B．理由の一つが栄養面である。第一に，キヌアは種としてたくさんの食物繊維を含

んでおり，それは今日では，消化や体重維持や血糖値の抑制において必要不可欠な栄養であることが知られている。さらに，それは優れた低脂肪のタンパク源であり，脂肪をほとんど使わず筋力を増強し維持するために使用できる。

E． このほかにも，都合がいいことにはキヌアはさまざまな食品とよく合う。その結果，より多くの人々がキヌアを食の一部として取り入れている。

D． これらの利点を考慮すると，近年キヌアの消費量が世界的に増加していることは驚くことではないし，この傾向は当分のあいだ続くと言ってもおそらく差し支えないだろう。だから，あなたも，そのうち自分で試してみてはいかがだろうか。

全訳

〔Ⅱ〕

1 1986年8月4日，美術館館長のパトリック・マッカーイがビクトリア国立美術館に到着したとき，スタッフに危機的な雰囲気があった。警備長が彼に近づき，動揺しながら「あのピカソの絵がなくなったと思う」と言った。

2 ビクトリア国立美術館—オーストラリアの主要美術館—はピカソの「泣く女」を購入してから1年も経っていなかった。当時，その絵はこれまでオーストラリアの美術館が手にした中で最も高価なものだった。価格は160万オーストラリアドルだった。(現在のドルでは430万オーストラリアドル以上) 当時国民には目から涙が出るほどの価格だった。オーストラリアドルの急落後まもなく，その絵は200万オーストラリアドルと評価された。

3 1930年代にピカソが描いたシリーズの一つ，「泣く女」は名作「ゲルニカ」の姉妹作と考えられており，「泣く女」はピカソの愛人ドラ・マールを鮮やかな緑と紫で描いたもので，彼女は苦しみ歪んだ顔にハンカチを当てている。購入した当時，マッコイは誇らしげに「この顔はメルボルンに今後100年間取りつくだろう」と言った。しかし現在，その絵は壁から消えたのである。

4 館長とスタッフは困惑した。絵画があったところにはメモがあり，その絵は The ACT に持っていかれたと書いてあった。その絵は The ACT — the Australian Capital Territory (オーストラリア首都特別地域) —にある姉妹美術館へ移されたと彼らは推測した。そして，確認するために電話をかけ始めた。その美術館が「泣く女」を持っていないと述べたとき，騒動は激しさを増した。

5 すぐに The ACT の正体が明らかになった。その午前遅くに，「The Age」というメルボルンの新聞紙が The Australian Cultural Terrorists (オーストラリア文化テロリスト) により署名された手紙を受け取った。そこには，その集団が絵を盗み，現在彼らが所有していると書かれていた。彼らは芸術大臣のレース・マシューズに向けて，「要領が悪く想像力に欠ける愚かな行政」に抗議すると書いていた。美術に対するさらなる支援とオーストラリアの若い美術家に対するより多くの資金助成を含む要求のリストを彼らは作成した。1週間以内にマシューズが彼らの要求に応じなければ，ピカソの絵は燃やされるだろうと述べた。

6 警察はビクトリア国立美術館の建物を捜査した。その結果，警察はすぐに額縁を

発見したが，キャンバスは見つからなかった。一時，警察は有名な堀，建物を囲む水で満たされた深く広い防御用の溝を排水したが，それも空振りに終わった。

7　警備のゆるさに対して美術館は大恥をかいたが，それに加えて，その絵には保険がかけられていなかった。もしその絵が破損されても，金銭的補償は得られないのである。

8　警察が事態の進展に苦労していたとき，世界中の新聞がその話題で紙面を盛り立てた。街ではさまざまな説がうわさにのぼった。多くは「内部の犯行」を疑った。というのも，そこには美術館に無理やり入った痕跡がまったくなかっただけではなく，絵は壁に特殊なネジで取り付けられており，取り外すのには特定の道具と専門性が必要だからである。いちかばちかのパフォーマンスアートだろうとする声もあったし，あるいはピカソ自身も少し関与していたもう一つの悪名高い美術強盗事件，1911年の「モナリザ」窃盗事件のオマージュだという声もあった。

9　日は流れたが，いまだに手がかりはなかった。2度目の身代金要求の手紙には，マシューズ大臣のことを「うんざりするようなガスの詰まった老害」「偉そうなだけの大バカ」と呼び，侮辱した。文化テロリストは「もし私たちの要求が満たされなければ，今後ずっとケロシンとキャンバスが燃える匂いを身にまとうだろう」と手紙に書いた。3度目の手紙では，マシューズは焼けこげたマッチを受け取った。

10　当時の美術館責任者トーマス・ディクソンは，2019年にシドニー・モーニング・ヘラルド紙に，期限が過ぎると「スタッフの士気が落ち込んだ。さらなる憶測が出たが，結局何も起こらなかった」と寄稿した。

11　しかし，その後密告があった。マッカーイは地元の美術商から連絡を受けた。彼女は知人の若い芸術家が何か知っているようだと言ってきた。マッカーイはその芸術家のアトリエを訪ねた。そこで彼は窃盗に関する新聞記事が壁にピンで留められているのを見つけた。美術館館長は，その絵が匿名で駅か市の空港の荷物ロッカーに返却されてもいいのではないかと話した。ディクソンが書いたところによると「その芸術家はそのあいだずっと，かたい顔をしたままだった」。

12　窃盗から2週間以上が経ったとき，マスコミが匿名の電話を受けた。「スペンサー・ストリート駅に行って，227番のロッカーを見ろ」と電話の主は言った。

13　警察，報道陣，美術館のスタッフはそこへ駆けつけた。警察官がドアをこじ開けると，彼らは茶色い紙にきちんと包まれた包みを見つけた。そして，すぐにそれを警察署に持って帰って開封した。「そこに絵はあった。燃やされず，切られず，私たちの恐れていたことは何も起きていなかった」とディクソンは書いている。芸術作品をどのように取り扱うのか理解している人間によりその絵がていねいに管理されていたことは明らかだった。

14　現在まで，この犯罪は解明されていない。事件はオーストラリアの人々の想像の中にとどまっており，映画や小説のもとになっている。

15　その絵が返ってきてから，ビクトリア国立美術館はかなり警備を強化した。次の美術館ディレクターが就任したとき，彼が初めにディクソンに聞いたことの一つは，窃盗の裏にはだれがいたのかということである。「みんな知っている」とディクソンは答えた。「しかし，だれの意見も一致しない」。

〔**Ⅲ**〕

1 文化の違いについて議論されるときはいつでも，たいていの場合，ステレオタイプ化することへの批判がすぐに付随してくる。例えば，男女の文化様式が比較されると，私は「そんなふうには」振る舞わないと言い出す女性もいるかもしれない。

2 ステレオタイプは，ある文化や集団の全員が同じ特徴を持っているかのように扱うときに生じる。ステレオタイプは，国民的文化だけでなく，人種，宗教，民族性，年齢，性別など，集団の一員であることを示すと考えられるあらゆる指標につけられる可能性がある。集団のメンバーに共有されると考えられている特徴は，外部から観察する他者によってよいものだと受け止められる場合があり，その場合は肯定的なステレオタイプとなる。一方，その特徴が悪いものだと受け止められることのほうが多いのだが，その場合は，否定的なステレオタイプとなる。どちらの種類のステレオタイプも，いくつかの明白な理由により，異文化コミュニケーションにおいて問題となる。一つは，ステレオタイプが，コミュニケーション相手を理解するうえで私たちに誤った認識を与えてしまうことだ。ステレオタイプが肯定的であろうと否定的であろうと，たいていの場合，それは部分的にしか正しくない。さらに，ステレオタイプは自己実現を予言するものとなるかもしれない。つまり，この場合，私たちは偏見に満ちた目で他人を観察し，その見方がまた偏見を確定的なものにしてしまうということだ。

3 ステレオタイプには問題があるのにもかかわらず，異文化コミュニケーションでは，文化的一般化をおこなうことが必要である。異文化交流の中で私たちが出会うかもしれない文化的な違いに関する仮定や仮説がなければ，浅はかな個人主義に陥るかもしれない。そこでは，すべての人々は完全にその人固有の方法で振る舞っていると決め込んでしまうのだ。あるいは，普通に「常識」を頼りにし，コミュニケーションの方向性を決めてしまうかもしれない。もちろん，常識とはある特定の文化圏にのみ通用するものである。自国文化以外に適用することは，通常，自民族中心主義となる。自民族中心主義とは，人を判断するのに自分自身の基準や習慣を使うことだと定義されている。これは多くの場合，無意識的に起こることだ。

4 信念の優位性という考え方を維持すれば，ステレオタイプを回避しながら文化的一般化をおこなうことができる。どの時代のどの文化にも人が考えつくようなほとんどすべての信念が存在するが，文化によって，どの信念が優先すべきものとされるかは異なる。大規模なグループ研究から導き出されたこの優先性に関する説明を文化的一般化と呼ぶ。もちろん，どの文化圏にも，異なる文化圏の人々と似たような信念を持つ個人が存在するはずだ。ただ，それほど多くはいない。つまり，彼らはその集団の規範や「中心的傾向」に近い信念を持つ人々の大多数を代表しているわけではない。具体的な例として，アメリカ人はより個人主義的で，日本人は集団主義的であるという正確な文化的一般化にもかかわらず，まったくもって日本人と同じように集団主義的なアメリカ人もいれば，アメリカ人と同じくらい個人主義的な日本人もいることに注目してもよいだろう。しかし，このような比較的少数の人々は，それぞれの文化の

端っこにより近いところにいる。彼らは，中立的な社会学的な意味において「逸脱者」，つまり普通ではないということだ。

5　「演繹的」ステレオタイプは，抽象的な文化的一般化が，その文化にいるすべての個人に適用されると仮定したときに起こる。アメリカ人は集団として日本人より個人主義的であると一般化することは適切であるが，その一方で，すべてのアメリカ人が強い個人主義者であると仮定することはステレオタイプだ。なぜなら，コミュニケーションをとっている相手は逸脱者かもしれないからである。文化的一般化は，それぞれのケースで検証される必要のある作業仮説として暫定的に使用されるべきものだ。なぜなら，あるときは非常にうまくいき，あるときは修正される必要があり，ある特定のケースにはまったくあてはまらないこともあるからだ。この考え方は，カテゴリーを過度に「固定化」することなく，文化様式を認識することの利益を得ようというものである。

6　あまりにも数少ないサンプルから一般化することは，「帰納的」ステレオタイプを生み出す可能性がある。例えば，1人または数人のメキシコ人に会ったことをもとにしてメキシコ文化に関して間違った一般的な知識を持ってしまうかもしれない。この思い込みは，とくに厄介だ。というのも，最初の異文化接触は，しばしば自国の文化では逸脱者とされる人々によっておこなわれる可能性があるからだ。（その文化の「典型的な」メンバーは自国の文化圏の人としか付き合っていない可能性のほうが高い。そうすることで典型的な状態を保つことができるのだ。）だから，異文化交流において，（あなた自身を含む）一人の人間の行動から文化様式を一般化することは，ステレオタイプであると同時に不正確な可能性が高い。

7　もう一つの帰納的ステレオタイプの形態は，カルロス・E・コルテスが「社会的カリキュラム」と呼ぶものから派生したものだ。コルテスは，多くの児童がジプシー文化圏の人々に一度も会ったことがないのにもかかわらず，児童はジプシーについてよく知っていると報告していることに注目する。コルテスの調査によれば，その知識は古いホラー映画から得たものだった！　あらゆる種類のメディアを通じて，私たちの周りには「文化的」行動のイメージがあふれている。例えば，ヒップホップを演奏し，医療行為に温かみをもたらすアフリカ系アメリカ人，農作物を収穫し，法廷で抜け目なく振る舞うヒスパニック系アメリカ人，十字架を焼いたりホームレスの人を助けたりするヨーロッパ系アメリカ人である。これらのイメージから一般化するとき，私たちはおそらくステレオタイプを作り出してしまう。メディアのイメージは，典型的だからではなく，普通ではないからこそ選ばれている。したがって，初めての異文化交流と同じように，私たちは目先のイメージにとらわれず，調査によってのみ確認できる文化様式に目を向ける必要がある。

関学英語の過去問ビジュアル解説

Section 2

関学英語の出題傾向を大問ごとに把握して，ビジュアル解説で解答根拠と思考プロセスを分析しましょう！ リーズニング（解答根拠の言語化）が英語力を伸ばし，志望校合格へのカギとなります！

大問1 長文読解問題

空所補充・下線部同意・内容一致・英文和訳を対策！

　700語程度の長文読解問題が出題されます。問題形式は主に以下Ａ～Ｄの４つですが，ＡとＢの順番は，本文中の最初に空所があるか，下線部があるかによって決まります。最初に空所があればＡは空所補充，最初に下線部があればＡは同意語句か同意表現です（単語・熟語に下線部なら同意語句，句・節に下線部なら同意表現）。たまに，その他の問題形式（内容説明問題など）が出題されることもありますが，関学長文の中心となる以下の４つをしっかり対策しましょう。

A 空所補充問題

　長文中にある空所を埋める形式。文法４択問題のような**知識問題**も含まれます。
　解法ポイントは，**選択肢と空所前後の形に注目**し，**精読や論理による文脈**で解くこと。（→ p.054 CHAPTER 2 ❹ A①「空所補充問題」）

B 下線部同意語句，下線部同意表現

　長文中の単語・熟語と同じ意味の選択肢を選ぶのが**同意語句問題**。長文中の句・節と同内容の選択肢を選ぶのが**同意表現問題**です。「ほぼ知識で解ける問題」と「精読して文脈から解く問題」があります。
　解法ポイントは，「ほぼ知識で解ける問題」は下線部と選択肢の単語・熟語の意味を思い浮かべて，**選択肢が下線部とこの文脈で置き換え可能か**を考えること。「精読して文脈から解く問題」は，**下線部を含む文を精読**し，そこから選択肢を選びます。**選択肢が下線部とこの文脈で置き換え可能か**も考えてください。
（→ p.060 CHAPTER 2 ❹ B①「下線部同意語句」と p.064「下線部同意表現」）

C 内容一致

　選択肢の中から本文の内容と一致するものを複数選ぶ形式。「選択肢の数が 8 つの中から一致するものを 3 つ選ぶ」，または，「選択肢の数が 6 つの中から一致するものを 2 つ選ぶ」形式です。

　解法ポイントは，**各選択肢のキーワードに注目**し，そこから**本文該当箇所を探す**こと。その後，**選択肢と本文内容を照合**し解答します。（→ p.078 CHAPTER 2 ❹ C②「内容一致」）

D 英文和訳 (主に学部個別日程)

　長文中の下線部を日本語にする英文和訳問題。下線部に含まれる**指示語や代名詞が何を指すのか明確にして解答する**問題が多いです。学部個別日程などの大問 1 で 1 問，大問 2 と大問 3 のどちらかで 1 問，合計 2 問出題されます（全学部日程では出題されません）。

　解法ポイントは，**文構造 (文型)** が把握できているか，**関係詞などの文法ポイントや熟語など**を把握したうえで日本語に訳せているかです。指示語や代名詞に関しては，基本的に直前の文にそれが表す内容があります。そのため，直前の文をしっかり精読する必要があります。（→ p.082 CHAPTER 2 ❹ D①「英文和訳」）

大問2 大問3 中文読解問題
450 語程度のやや短い長文 (中文) が 2 題出題される!

　400〜500 語程度の中文読解問題が 2 題。問題形式は大問 1 の 4 つの形式のうち，2 つか 3 つの形式で出題されます。各形式と対策は大問 1 と同じです。

大問4 文法・語法 4 択問題
10 問中 9 問正解する!!

　英文法・語法 4 択問題が 10 問。基本的な問題が多いので，**やや難しい慣用表現以外は全問正解**できるように対策しましょう。

　解法ポイントは，空所前後と選択肢に注目し，使用する文法単元を予測し，**形から解く**こと。問題文を最初から訳して解くのではなく，文法ポイントを解答根拠にしましょう。（→ p.088 CHAPTER 2 ❹ E①「文法・語法 4 択問題」）

大問5 語句整序問題，和文英訳
最も差がつくのは語句整序!!

A 語句整序問題

　選択肢を並べ替えて，英文の一部を完成させる問題。全学部日程では**5問**，学部個別日程では**2問**出ます。**最も差がつく問題形式**なので，しっかり対策しましょう。

　解法ポイントは，**動詞に注目，または構文の形に注目してカタマリを作る**こと。選択肢は，**記号で書くのではなく，英語で書いて**並べましょう。もし並べ替えた英文がどこか不自然だと思ったら，選択肢が別の品詞として使われている可能性がないかを疑って，考え直すことも重要です。（→ p.057 CHAPTER 2 ❹ A②「語句整序問題」）

B 和文英訳（部分英作文，主に学部個別日程）

　日本語の問題文をもとに，英文の空所を完成させる問題。学部個別日程のみで出題されます。

　解法ポイントは，日本語から英作文のポイントを考えること。具体的には，文法が問われる**文法ポイント**と英語表現が問われる**表現ポイント**があるので，その2つを押さえながら英語にします。また，減点を減らすことも重要です。減点されがちな，**主語と動詞の一致や可算・不可算名詞，時制**などに注意してください。
（→ p.085 CHAPTER 2 ❹ D②「和文英訳」）

大問6 会話問題
語彙・文法の知識問題が含まれる!!

　出題形式は，空所補充問題が10問。英文法・語法4択問題のような短い選択肢が多く，英文法・語法の知識問題や，熟語などの語彙に関する知識問題が含まれます。会話の場面設定は，登場人物が2人とも外国人で，**大学生や会社員**であることが多いです。場所は大学キャンパスやオフィス，コーヒーショップなど。

　解法ポイントは，**空所の直前直後に注目**し，**「指示語・代名詞」「省略」「疑問文と答えの形」**などに注意して，直前直後のつながりを考えることです。
（→ p.091 CHAPTER 2 ❹ E②「会話問題」）

関学英語の過去問ビジュアル解説　（解答と配点は p.186）

〔**Ⅰ**〕　次の英文を読み，下記の設問（A ～ D）に答えなさい。

1 A common way in which observation is understood by a

range of philosophers is to see it as a passive, private affair.

see A as B「A＝Bとみなす」
→観察＝受動的で私的なこと（一般論）

It is passive in that it is presumed that when seeing, for

具体例マーカー

example, we simply open and direct our eyes, let the

information flow in, and record what is there to be seen. It

is the perception itself in the mind or brain of the observer

that is taken to directly confirm the fact, which may be

"there is a red tomato in front of me," for example. If it is

具体例マーカー

understood in this way, then the establishment of

observable facts is a very private affair. It is accomplished

by the individual (ア)closely attending to what is presented to

因果マーカー（原因・理由）

him or her in the act of perception. Since two observers do

not have （　1　） to each other's perceptions, there is no

way they can enter into a dialogue about the validity* of

〜を始める

the facts they are supposed to establish.

2 This view of perception or observation, as passive and

private, is not adequate, and does not give an accurate

account of perception in everyday life, (イ)let alone science.

※まず初めに段落番号を
ふり，問題形式をざっ
と確認する

ここに注目!!

※ A common way「一
般的な方法」
→特に common に注目
→〈一般論→主張〉を予
測

※ it×5箇所
→observation を指す
（2文目の it is
presumed that の it
は仮 S, that 以下が
真 S）

※文頭の If
→具体説明
→何を説明しているか？
→対応箇所を把握（1文
目「観察＝私的なこと」
を説明）

※ Since
→因果マーカー（原因・
理由）
→因果関係を把握
→Since 節が原因，主節
が結果
→空所（　1　）の解答
根拠になると予測

※第1パラグラフは〈抽
象→具体〉から，1文
目が主張（1パラの主張
「観察＝受動的で私的な
こと」は一般論なの
で，文章全体の主張が
2パラ以降にくると予
測）

ここに注目!!

※ not と does not
→後ろが主張
→次の文も否定表現 far
from ～「決して～でな
い」を（　2　）に含み，
前文と同内容
→3文目 There is ... が
主張

Everyday observation is (2) passive. There is a range of things that are *done*, many of them automatically and perhaps unconsciously, to establish the validity of a perception. In the act of seeing, we scan objects, move our heads to test for expected changes in the observed scene, and so on. If we are not sure whether a scene viewed through a window is something outside the window or a reflection in the window, we can move our heads to check for the (3) this has on the view. It is a general point that if for any reason we doubt the validity of what seems to be true on the basis of our perceptions, (i)there are various actions we can take to remove the problem. If, in the tomato example above, we have reason to suspect that the tomato is some cleverly constructed image rather than a real tomato, we can touch it as well as look at it, and, if necessary, we can taste it.

3 With these few, somewhat elementary, observations I have only touched the surface of the detailed process psychologists can explain about the range of things that are done by individuals in the act of perception. More important for our task is to consider the significance and

ここに注目!!

※ a range of things
「さまざまなこと」
→抽象部分
→あとに複数の具体説明がくると予測（具体化）

※文頭の If
→具体説明
→何を説明しているか？
→対応箇所を把握（3文目「知覚の妥当性を確立するためになされるさまざまなことがある」を説明）

※2パラは〈抽象→具体〉から，3文目が主張

ここに注目!!

※ More important
→著者の価値表現
→主張
→具体説明か理由説明がくると予測（具体化）
→文構造は形容詞から始まっていて CVS（第2文型 SVC の倒置）

a range of ～「さまざまな～」

role of observation in science. An example that illustrates

my point well is (4) from early uses of the

microscope** in science. When scientists such as Robert

Hooke and Henry Power used the microscope to look at

small insects such as flies and ants, they often disagreed

about the observable facts, at least (ウ)initially. Hooke traced

the cause of some of the disagreements to different kinds of

light. He pointed out that the eye of a fly appears like a

surface covered with holes in one kind of light (which

seems to have led Power to believe that (ii)this was indeed

the case), like a surface covered with cones in another, and

in yet another light, like a surface covered with pyramids.

Hooke proceeded to clear up the problem. He endeavoured

to (5) false information arising from complicated

reflections by illuminating samples uniformly. He did this

by using the light of a candle diffused*** through salt

water. He also illuminated his samples from various

directions to determine which features remained (6)

under such changes.

4 Hooke's book, *Micrographia* (1665), contains many

detailed descriptions and drawings that resulted from his

具体例マーカー

具体例マーカー

具体例マーカー

S lead O to V「S によって O は〜する」

さらに別の

追加マーカー

ここに注目!!

※ An example
→具体例マーカー
→同内容（抽象→具体）
→何を説明しているか？
→対応箇所を把握（前文の主張を説明）

※3 パラは著者の価値表現と〈抽象→具体〉から、2 文目が主張

actions and observations. These productions were, and are, public, not private. They can be checked, criticised, and added to by others. If a fly's eye, in some kinds of light, appears to be covered with holes, then that state of affairs cannot be usefully evaluated by the observer closely attending to his or her perceptions. Hooke showed what could be done to check the accuracy of the appearances in such cases, and the measures he recommended could be (7) by anyone with the required skill.

*validity：妥当性，正当性
**microscope：顕微鏡
***diffuse：放散する，発散する

ここに注目!!

※ public, not private
→B, not A
　=not A but B
　「A ではなく B」
→対比構文
→B が重要（主張）

※文頭の If
→具体説明
→何を説明しているか？
→対応箇所を把握（前文
　の「それらは他人に調
　べられ，批評され，追
　加されることができる」
　を説明）

※4パラは対比構文と
　〈抽象→具体〉から，2
　文目が主張

148

下線部同意語句（言い換え問題，置き換え問題）3 問

A 本文中の下線部（ア〜ウ）の文中での意味に最も近いものを，それぞれ下記（a 〜 d）の中から 1 つ選び，その記号をマークしなさい。

(ア) closely
綿密に

a. officially   ⓑ carefully   c. similarly   d. evenly
公式に   注意深く   同様に   公平に

> **解法のポイント**
> 下線部同意語句（単語）
> →知識＋文脈
> →精読して文脈から解く
> （選択肢は下線部とこの文脈で置き換え可）

ここに注目!!
※下線部を含む文を精読
※ attending to「〜に注意を払う，〜の世話をする」
→これに closely がつくので closely attending to「しっかり〜に注意を払う」
→選択肢 b. carefully「注意深く」と同意，置き換え可

(イ) let alone
〜は言うまでもなく，まして〜ない

ⓐ much less   b. no longer than
まして〜ない   〜ほどの長さしかない

c. on account of   d. speaking of
〜のために   〜について言えば

> **解法のポイント**
> 下線部同意語句（熟語，または，比較の慣用表現）
> →ほぼ知識（熟語，比較の慣用表現）で解ける
> （選択肢は下線部とこの文脈で置き換え可）

ここに注目!!
※ let alone
→下線部を見て思い浮かべる
→let alone ＝ much less, still less「〜は言うまでもなく，まして〜ない」（熟語，または，比較の慣用表現）
→選択肢 a. much less と同意，置き換え可

(ウ) initially
最初は

a. in formal terms   ⓑ at the beginning
正式な用語で   最初は

c. in character   d. with due respect
性格に合った   謹んで

> **解法のポイント**
> 下線部同意語句（単語，熟語）
> →ほぼ知識（単語・熟語の意味）で解ける
> （選択肢は下線部とこの文脈で置き換え可）

ここに注目!!
※下線部の意味
→at least initially「少なくとも最初は」
→選択肢 b. at the beginning「最初は」と同意，置き換え可

B 本文中の空所（1 ～ 7）に入れるのに最も適当なものを，それぞれ下記（a ～ d）の中から1つ選び，その記号をマークしなさい。

(1) a. threat　　　b. contract　　　c. debt　　　d. access
　　　脅威　　　　　契約　　　　　　借金　　　　　利用，入手

> **解法のポイント**
> 空所補充
> →選択肢と空所前後の形に注目
> →熟語＋精読と論理（have access to，因果マーカー Since）

ここに注目!!

※選択肢の品詞がすべて名詞
※空所前後の have と to
※空所の前の Since
→空所前後の形 have（ 1 ）to に注目して have access to「～を利用できる，入手できる」（熟語）を予測，また，因果マーカー Since から因果関係を把握
→空所を含む文を精読

→「二人の観察者はお互いの知覚に（ 1 ）を持っていないので，確立されるべき事実の妥当性についての対話を始める方法はない」
→予測した形 have access to「～を利用できる」だと「お互いの知覚を利用できないので，…を始める方法はない」となり因果関係も成り立つ
→選択肢 d. access

(2) a. far from　　　　b. nothing but
　　　決して～ではない　　～にすぎない

　　c. at best　　　　d. by all means
　　　せいぜい　　　　　必ず，もちろん

> **解法のポイント**
> 空所補充
> →選択肢と空所前後の形に注目
> →熟語＋精読と論理（選択肢の意味，前文と同内容）

ここに注目!!

※選択肢がすべて熟語
※直前の文との論理関係
→選択肢の熟語の意味を把握し，空所を含む文を精読
→「日常の観察は（ 2 ）受動的である」
→前文との論理関係を把握
→前文「この受動的で私的な知覚または観察の

視点は適切ではなく，また，科学は言うまでもなく，日常生活における知覚を正確に説明していない」
→前文の「この視点は適切ではなく，正確に説明していない」と同内容
→選択肢 a を入れて，「日常の観察は決して受動的ではない」となる

(3) a. **disaster** b. **infection** c. **concept** (d.) **effect**
　　　災害　　　　　　感染　　　　　　概念，考え　　　影響

解法のポイント

空所補充
→選択肢と空所前後の形に注目
→熟語＋精読と論理（関係代名詞の省略，have an effect on）

ここに注目!!

※選択肢の品詞がすべて名詞
※空所前後の形（関係代名詞の省略）
→空所を含む文を精読
→空所前後の形 the （ 3 ） this has on the view に注目
→「名詞 S V（O なし）」で関係代名詞の省略
→わかりづらい関係詞は先行詞を代入して1文をイメージ
→this has the （ 3 ） on the view

→has と on に注目
→have an effect on「〜に影響を与える」（熟語）を予測
→effect を入れて訳すと「もし窓を通して見える風景が窓の外にあるものか窓に反射したものかわからないなら，その光景に与える影響を確かめるために頭を動かすことができる」
→文意も合う
→選択肢 d. effect

(4) (a.) **drawn** b. **hidden** c. **worn** d. **broken**
　　　引き出される　隠される　　使い古される　壊される

解法のポイント

空所補充
→選択肢と空所前後の形に注目
→精読と論理
　（動詞と前置詞のつながり（コロケーション），具体例マーカー An example）

ここに注目!!

※選択肢がすべて過去分詞形
※空所直後の from
※具体例マーカー An example
→空所前後の形 be （ 4 ） from に注目して be drawn from「〜から引き出される」か be hidden from「〜から隠される」を予測。また，具体例マーカー An example から同内容（抽象→具体）を把握
→抽象の前文を精読

→「私たちの仕事にとってより重要なのは，科学における観察の意義と役割について考えることだ」
→空所を含む文を精読
→「私の主張をよく表している例は，科学における顕微鏡の初期の使用から（ 4 ）」
→「初期の使用から引き出される」が文意が合い，直前の文と同内容（抽象→具体）が成り立つ
→選択肢 a. drawn

Kansai University
Kwansei Gakuin University
Doshisha University
Ritsumeikan University

⑸ a. spread　　b. celebrate　ⓒ eliminate　　d. compose
　　　広げる　　　　　祝う　　　　　　取り除く　　　　　構成する

解法のポイント

空所補充
→選択肢と空所前後の形に注目
→精読

ここに注目!!
※選択肢の品詞がすべて動詞
※空所前後の形（endeavour to V）
→空所を含む文を精読→空所前後の形 endeavour to V「～しよう
　と努める」に注目
→「彼は，サンプルを均一に照らすことによって，複雑な反射から生
　じる間違った情報を（　5　）しようと努めた」
→「間違った情報を取り除く」が文意が合う
→選択肢 c. eliminate

⑹ a. conventional　　　　ⓑ consistent
　　　従来の　　　　　　　　　一貫した

　　c. contemporary　　　　d. constitutional
　　　現代の　　　　　　　　　憲法上の

解法のポイント

空所補充→選択肢と空所前後の形に注目→精読（remain C）

ここに注目!!
※選択肢の品詞がすべて形容詞，空所前後の形
　（remain C）
→空所を含む文を精読
→空所前後の形 remain C「C のままである」に注
　目
→determine which 節の which は疑問形容詞で
　名詞節を作る「どの～が…か」

→「彼はまた，どの特性がそのような変化のもとで
　（　6　）のままであるのかを確かめるために，
　さまざまな方向からサンプルを照らした」
→「そのような変化のもとで一貫したままであるの
　か」が文意が合う
→選択肢 b. consistent

⑺ a. emptied out　　　　ⓑ carried out
　　　空っぽにされる　　　　実行される

　　c. locked out　　　　d. left out
　　　締め出される　　　　　除外させられる

解法のポイント

空所補充→選択肢と空所前後の形に注目→熟語＋精読（carry out，受動態）

ここに注目!!
※選択肢がすべて過去分詞＋out
※空所前後の形（受動態）
→選択肢の熟語の可能性から予測し，空所を含む
　文を精読
→選択肢はすべて〈過去分詞＋out〉で選択肢 b の
　熟語 carry out「実行する」が重要熟語であるた
　め，選択肢 b の可能性大と予測

→空所前後の形が受動態
→受動態の精読は元の形（能動態）に戻して考える
→anyone ... could （　7　）the measures he
　recommended「…なだれもが彼が勧める手段を
　（　7　）できた」
→carry out を入れて「実行できる」が文意が合う
→選択肢 b. carried out

下線部同意表現（言い換え問題，置き換え問題）2問

C 本文中の二重下線部（ⅰ，ⅱ）が文中で表している内容に最も近いものを，それぞれ下記（a～d）の中から1つ選び，その記号をマークしなさい。

（ⅰ）there are various actions we can take to remove the problem
　　その問題を取り除くために私たちが　　とれるさまざまな行動がある

  a. we are allowed to use different tools to move the
　　私たちは，再び窓を　　　　動かすために異なる道具を使うことができる
    window again

  b. we have many options to solve the issue
　　　　私たちには，その問題を解決するための多くの選択肢がある

  c. there are several methods to get rid of the real tomato
　　本物のトマトを取り除くためのいくつかの方法がある　　get rid of ～「～を取り除く」

  d. few things are available to answer the question
　　　　その質問に答えるために利用できることはほとんどない

> **解法のポイント**
> 下線部同意表現（句・節）
> →精読
> 　（関係代名詞の省略，
> 　take action,
> 　選択肢もしっかり精読）
> 　（選択肢は二重下線部とこの文脈で置き換え可）

ここに注目!!

※ various actions we can take
→名詞 S V（O なし）
→関係代名詞の省略
→先行詞を代入して1文をイメージ
→we can take various actions
→take action「行動をとる，行動を起こす」
※ we are allowed to use
→受動態は元の形（能動態）に戻す
→allow us to use「私たちが使うのを許可する，私たちが使うことができる」

※ few「ほとんど～ない」
→否定語に注意
→不一致の選択肢でよく使われる
→選択肢 a は to move the window again「再び窓を動かすために」が二重下線部と合わない
→選択肢 b は二重下線部と同内容
→選択肢 c は to get rid of the real tomato「本物のトマトを取り除くために」が二重下線部と合わない
→選択肢 d は否定語 few が合わない
→選択肢 b と同意，置き換え可

(ii) this was indeed the case
これは実際にそうだった

　　a. the fly was certainly put in a case covered with holes
　　　そのハエは確かに複数の穴で覆われたケースに入れられていた

　　b. the holes actually served as a container for the fly
　　　その穴は，実際にはハエの入れ物として使われた。

　　ⓒ the eye of a fly was really covered with holes
　　　ハエの目は，本当に複数の穴で覆われていた

　　d. cones and pyramids played an essential role when Power
　　　パワーが顕微鏡を使ったとき，円錐形とピラミッド型は重要な役割を果たした

　　　used a microscope

> **解法のポイント**
> 下線部同意表現 (句・節)
> →精読
> 　(指示語 this)
> 　(選択肢は二重下線部とこの文脈で置き換え可)

ここに注目!!

※指示語 this
→直前の文内容を指す
→He pointed out から二重下線部までを精読
→「彼は，ハエの目はある種の光の下では複数の
　穴で覆われた表面のように見える (それによって，
　パワーはこれは実際にそうだと思ったようだ)」
→this は直前の文内容「ハエの目はある種の光の
　下では複数の穴に覆われた表面のように見える」
　を指す

→二重下線部は「ハエの目はある種の光の下では
　複数の穴に覆われた表面のように見えることは
　実際にそうだった」
→同内容の選択肢は c「ハエの目は，本当に複数
　の穴で覆われていた」
→選択肢 c と同意，置き換え可

内容一致問題（8つの中から一致するものを3つ選ぶ）

D 次の英文（a～h）の中から本文の内容と一致するものを3つ選び，その記号を各段に1つずつマークしなさい。ただし，その順序は問いません。

解法のポイント

内容一致
→各選択肢のキーワードに注目
→本文該当箇所を探す
→選択肢と本文内容を照合

a. We can conduct an active observation by simply opening and directing our eyes.
私たちは，ただ目を開いて向けるだけで，能動的な観察を行うことができる。

b. When people perceive individually that there is a red tomato in front of them, they are making a public observation.
人々は，自分の前に赤いトマトがあることを個々に知覚するとき，公の観察をしている。

c. In our everyday act of seeing, we do not merely record what is present before us; we do a lot of things to ensure that our perception is correct.
日常の見るという行動において，私たちは自分の前に出されたものを単に記録するのではない。私たちは自分の認識が正しいことを確かめるためにたくさんのことをする。

d. When seeing objects, we tend to move our heads uselessly to make certain that expected changes take place in the observed scene.
物体を見ているとき，私たちは期待される変化が観察された光景に起こることを確かめるために，無駄に頭を動かす傾向がある。

ここに注目!! (I-D-a)
※ an active observation「能動的な観察」（名詞）と by simply opening and directing our eyes「ただ目を開いて向けるだけで」
→本文該当箇所を探す
→1パラ2文目と照合
→不一致（「ただ目を開いて向けるだけで」はactiveではなくpassiveな観察）

ここに注目!! (I-D-b)
※ a red tomato「赤いトマト」（名詞）と a public observation「公の観察」（名詞）
→本文該当箇所を探す
→1パラ3～4文目と照合
→不一致（「赤いトマト」の例はpublicではなくprivateな観察）

ここに注目!! (I-D-c)
※ do not＋merely
→否定語と限定語の組み合わせに注意（それぞれ単独だと間違いの選択肢になりやすいが，組み合わさると正解になりやすい）
※ In our everyday act of seeing「日常の見るという行動において」
→本文該当箇所を探す
→2パラ2～3文目と6文目と照合
→一致（選択肢の a lot of things＝2パラ3文目 a range of things や2パラ6文目の various actions）

ここに注目!! (I-D-d)
※ When seeing objects「物体を見ているとき」と move our heads「頭を動かす」
→本文該当箇所を探す
→2パラ4～5文目と照合
→不一致（選択肢の uselessly「無駄に」は本文に記述なし）

155

e. It is reasonable to suspect that an image of a tomato tastes
トマトの画像は本物のトマトよりよい味がするということを疑うことは，
better than a real tomato.
理にかなっている。

ここに注目‼ （I-D-e）
※ an image of a tomato tastes better than a real tomato「トマトの画像が本物のトマトよりよい味がする」（比較）
→本文該当箇所を探す
→2パラ最終文と照合
→不一致（トマトの画像と本物のトマトという比較対象の記述はあるが，よりよい味がするという比較基準は本文に記述なし）

(f.) Hooke claimed that what scientists saw through the
フックは，科学者が顕微鏡を通して見るものは，彼らが
microscope varied according to the kinds of light they used.
使う光の種類によって変わると主張した。

ここに注目‼ （I-D-f）
※ Hooke「フック」（固有名詞）と claimed that ...「... を主張した」（フックの主張）
→本文該当箇所を探す
→3パラ6文目と照合
→一致（Hooke claimed that = He pointed out that，2つの that 以下は同内容）

g. Hooke's use of a candle light diffused through salt water
フックが塩水を通して放散されたろうそくの光を使ったことは，
turned out to be the cause of a controversy.
turn out「〜だとわかる，結果的に〜になる」×
結果的に論争の原因になった。

ここに注目‼ （I-D-g）
※ Hooke's use of a candle light「フックによるろうそくの光の使用」（名詞）と salt water「塩水」（名詞）
→本文該当箇所を探す
→3パラ8〜10文目と照合
→不一致（turned out to be the cause of a controversy「結果的に論争の原因になった」は本文中に記述なし）

(h.) We are able to examine whether or not Hooke's
私たちは，フックの本の中の記述や図版が信頼できるかどうかを
descriptions and drawings in his book are reliable.
調べることができる。

ここに注目‼ （I-D-h）
※ Hooke's descriptions and drawings in his book「フックの本の中の記述や図面」（名詞）
→本文該当箇所を探す
→4パラ1〜3文目と照合
→一致（特に4パラ3文目 They can be checked ... by others.「それらは他人によって調べられる」と同内容）

〔**Ⅱ**〕　次の英文を読み，下記の設問（A ～ C）に答えなさい。

※まず初めに段落番号を
ふり，問題形式をざっ
と確認する

1　When I was about fourteen years old, I (ア)signed up for something called Junior Achievement. It was a nonprofit group that promoted business skills in children. Or basically, it was a bunch of kids in a room every Thursday night acting like managers with adult supervision.

ここに注目!!
※ something called
Junior Achievement
＝ It ＝ it
→具体化
→「子どもたちのビジネ
ススキルを促進するグ
ループ，毎週木曜日の夜」

2　My group (イ)came up with a business called Roc Creations. This was a clever play on our core product: cheap, homemade rock necklaces. We thought it was a brilliant plan. After all, who likes necklaces? Everybody, of course. And how cheap are rocks? Pretty cheap. We spent [spend] one Thursday at the beach collecting rocks, (1)the next one painting, and a final Thursday drilling holes and tying string through them. We figured it was a (ウ)solid, well-executed plan.

時間 / Ving / 時間 / and / 時間 / Ving / Ving

ここに注目!!
※ Roc Creations
→C. (ⅰ)内容説明のキー
ワード

※ and
→and は何をつないでい
るのか，and の直後の
形に注目して把握
→and の直後の形 a
final Thursday
drilling ... and trying
... は，〈時間 Ving〉と
いう形
→and の前から同じ形を
把握
→the next one
painting も〈時間
Ving〉という形
→さらに前の one
Thursday ...
collecting ... も〈時間
Ving〉という形
→and は，〈時間 Ving〉
という形を 3 つつなぎ，
spent が共通項
（spend 時間 Ving
「時間を～して過ご
す」）
→〈spend 時間 Ving,
時間 Ving, and 時間
Ving〉という形

3　Sadly, after a few weeks we realized we'd made a huge mistake. The necklaces failed to generate enough [fail to「～しない」/逆接マーカー] excitement at the flea markets*, despite our shouting about our product at surprised housewives, and we quickly (2)fell into the red with piles of dead stock exposing our poor

ここに注目!!
※ Sadly など
→⊖内容
→下線部(2)は⊖内容だと
予測

judgment.

4 But then, like any good business, we (エ)evolved. We quickly changed our name to Roc-Cal Creations and produced cheap, plastic calendars. We tied on a marker, attached some magnets on the back, and went door-to-door, neighbor-to-neighbor, selling them to be put on refrigerators for four dollars each.

5 Well, we managed to sell enough to (オ)get back our loss. We started to make money and established a strong partnership with the lady working at a stationery** store. Yes, it all ended well, but not without some late nights under a lamp with a calculator, a stack of paper, and a pile of pencil crayons, trying desperately to finish the numbers for our annual report.

6 It was a great experience for me. That's why I think it's always fun when you see children running some sort of strange, funny, or terrible business. Because really, you're just watching them learn things they don't learn in the classroom, while they have fun doing it. They're learning

逆接マーカー

因果マーカー（結果）

そういうわけで

因果マーカー（原因・理由）

逆接マーカー

ここに注目!!

※ But
→逆接マーカー
→後ろが重要
→前段落の⊖内容から⊕内容へ変わることを予測（逆内容を予測）（著者の体験が書かれているエッセイなので，⊖体験から⊕体験へ変わると予測）

※ Roc-Cal Creations
→C. (ii)内容説明のキーワード

ここに注目!!

※ but
→逆接マーカー
→後ろが重要
→直前の⊕内容から⊖内容へ変わることを予測（逆内容を予測）
→but not without ... は but 以下 not と without の間に SV の省略
→省略を補うと it all did not end well without ～「～がなければすべてがうまくいったわけではなかった」

※ and
→and は何をつないでいるのか，and の直後の形に注目して把握
→and の直後の形 a pile of pencil crayons は名詞で，a calculator と a stack of paper と a pile of pencil crayons という名詞を3つつなぎ，with が共通項

ここに注目!!

※ That's why
→因果マーカー（結果）
→過去の体験（原因）から現在の主張（結果）へ

158

how to sell, (ヵ)<u>picking up</u> social skills, and jumping right into the marketplace. And honestly, they're doing all this by just getting out there and giving it a try.

7 How cute are the twins selling lemonade on the street corner? The soccer team running the barbecue outside the mall? Or the kid who takes your shopping cart back if he gets to keep the twenty-five-cent deposit?

8 Those kids are all playing the game. 因果マーカー（結果）So we say: Go on, kids. Do it well. Next time you're selling some rock-rand がんばれ cookies at a bake sale, let us know. 因果マーカー（原因・理由）Because we're not just buying some mild indigestion***, are we? No, we're (3)<u>investing in the future</u>.

   *flea market：のみの市，フリーマーケット
  **stationery：文房具
***indigestion：消化不良

A 本文中の二重下線部（1 ～ 3）が文中で表している内容に最も近いものを，それぞれ下記（a ～ d）の中から1つ選び，その記号をマークしなさい。

(1) the next one painting
次の木曜日を色を塗って（過ごした）

  a. the next day of the same week was spent painting the
同じ週の次の日は，石に色を塗って過ごされた

    rocks

  b. the next Thursday was devoted to coloring one stone
次の木曜日は，一つの石を色づけすることに専念した

  c. the next member of the group was responsible for
グループの次のメンバーは，ネックレスに色を塗る責任があった

    painting the necklaces

  ⓓ the same day of the following week was used to color
次の週の同じ曜日は，石を色づけするのに使われた

    the stones

> **解法のポイント**
> 下線部同意表現（句・節）
> →精読（and, spend 時間 Ving）
> （選択肢は二重下線部とこの文脈で置き換え可）

ここに注目!!
※二重下線部直後の and
※二重下線部を含む一文の spent
→and に注目して精読
→and は A, B, and C という形で〈時間 Ving〉を3つつなぐ
→〈spend 時間 Ving〉「時間を～して過ごす」
→下線部を含む一文を訳すと「私たちは，ある木曜日を海岸で石を集めて過ごし，次の木曜日を色を塗って過ごし，最後の木曜日を穴をあけてそれにひもを通してつなげて過ごした」
→下線部は「次の木曜日を色を塗って（過ごした）」
→選択肢 d「次の週の同じ曜日は，石を色づけするのに使われた」と同内容，置き換え可

(2) fell into the red
赤字になった

  a. earned enough money
十分なお金を稼いだ

  b. fell short of the products
製品が不足した

  ⓒ experienced a deficit
赤字を経験した

  d. turned red with shame
恥ずかしくて赤くなった

> **解法のポイント**
> 下線部同意表現（句・節）
> →精読＋消去法（⊖内容を把握，未知語でも消去法から選ぶ）
> （選択肢は二重下線部とこの文脈で置き換え可）

ここに注目!!
※3パラが⊖内容
→精読して⊖内容を把握
→下線部を含む一文を精読「私たちは愚かな判断をさらしながら売れ残りの山ですぐに～になった」
→選択肢 a は⊕内容なので切る
b は「売れ残りの山」と合わない
d は「恥ずかしくて」が記述なし
c「赤字を経験した」が同内容，置き換え可（deficit「赤字」が未知語でも消去法から c を選ぶ）

(3) <u>investing in the future</u>
未来に投資している

   a. <u>expecting a new cookie shop to open</u>
      新しいクッキー店が開店するのを期待している

   b. <u>providing children with the opportunities to use their</u>
      子どもたちに自分たちのお金を大切に使う機会を提供している
      <u>money carefully</u> provide A with B「A に B を与える，提供する」

   c. <u>saving money for our own business in the future</u>
      将来の私たち自身のビジネスのためにお金を貯めている

  (d.) <u>spending our money so that children can learn how to</u>
      子どもたちがビジネスを行う方法を学ぶことができるように，私たちのお金を
      <u>run a business</u> so that ... can「…が～できるように」
      使っている

> 解法の**ポイント**
>
> 下線部同意表現（句・節）
> →精読（前文も精読）
> 　（選択肢は下線部とこの文脈で置き換え可）

ここに注目!!
※ No, we're <u>investing in the future.</u>
→二重下線部を含む一文を精読
→前文の付加疑問文の答えなので，前文も精読
→前文「なぜなら，私たちは軽い消化不良を買っているだけではないですよね」
→下線部を含む文「いいえ，私たちは未来に投資しているのだ」
→文脈から下線部は「子どもの未来に投資している」
→選択肢 d が同内容，置き換え可

B 本文中の下線部（ア〜カ）の文中での意味に最も近いものを，それぞれ下記（a
〜 d）の中から1つ選び，その記号をマークしなさい。

(ア) signed up for
〜に申し込んだ，〜に参加した

(a.) joined   b. found an advertisement for
〜に参加した   〜の広告を見つけた

c. became interested in   d. searched for
〜に興味を持つようになった   〜を探した

> **解法のポイント**
> 下線部同意語句（熟語）
> →ほぼ知識（熟語）で解ける，または，精読して文脈から解く
> （選択肢は下線部とこの文脈で置き換え可）

※ signed up for
something called
Junior Achievement
→熟語 sign up for「〜
に申し込む，〜に参加
する」，または，この箇
所の精読「Junior
Achievement と呼ば
れるものに参加した」
→ 選択肢 a. joined「参
加した」と同意，置き
換え可

(イ) came up with
〜を思いついた

a. rejected   b. gave up
〜を拒否した   〜をあきらめた

c. participated in   (d.) thought of
〜に参加した   〜を思いついた

> **解法のポイント**
> 下線部同意語句（熟語）
> →ほぼ知識（熟語）で解ける，または，精読して文脈から解く
> （選択肢は下線部とこの文脈で置き換え可）

※ My group came up
with a business
→熟語 come up with
「〜を思いつく」
→「私のグループはビジ
ネスを思いついた」
→選択肢 d. thought of
「思いついた」と同意，
置き換え可

(ウ) solid
かたい，固体の，堅実な

a. hard   (b.) satisfactory   c. difficult   d. financial
硬い   満足のいく，申し分のない   難しい   財政の

> **解法のポイント**
> 下線部同意語句（単語）
> →知識＋文脈
> →精読して文脈から解く（選択肢は下線部とこの文脈で置き換え可）

※ a solid, well-executed plan
→形容詞の solid が名詞 plan にかかることに注意
→「かたい計画」という物理的に硬いは不自然なの
で文脈から解く
→下線部を含む一文を精読
→「私たちは，それは〜なよくできた計画だと思った」

→well-executed は well から⊕内容と予測し，一
緒に使う solid も⊕内容と判断
→選択肢 b のみ⊕内容で同内容となる，置き換え可
（solid plan「堅実な計画」
＝ satisfactory plan「申し分のない計画」）

（エ）**evolved**
進化した

a. **improved**　　b. **started**　　c. **united**　　d. **worked**
改善した　　　　　始まった　　　　団結した　　　　働いた

> **解法のポイント**
> 下線部同意語句（単語）
> →ほぼ知識（単語）で解ける
> 　（選択肢は下線部とこの文脈で置き換え可）

ここに注目!!
※下線部を含む一文の文頭の But
→逆接マーカー
→前段落の⊖内容から⊕内容へ変わる
→evolved「進化した」は⊕内容→⊕内容の選択肢 a. improved「改善した」と同内容，置き換え可

（オ）**get back**
～を取り戻す

a. **run up against**　　　b. **make up for**
～と衝突する，～と遭遇する　　～を埋め合わせる

c. **finish up with**　　　d. **look down on**
～で終える，～で締めくくる　　～を見下す

> **解法のポイント**
> 下線部同意語句（熟語）
> →知識＋文脈
> →精読して文脈から解く（選択肢は下線部とこの文脈で置き換え可）

ここに注目!!
※ we managed to sell enough to get back our loss
→熟語 get back は文脈から解く
→下線部を含む一文を精読
→「私たちは，なんとか損失を～するのに十分な数を売った」
→get back は「（損失）を取り戻す」と予測
→選択肢 b. make up for「～を埋め合わせる」と同意，置き換え可

（カ）**picking up**
～を拾い上げている，～を乗せている，（知識など）を身につけている

a. **losing**　　b. **gaining**　　c. **lifting**　　d. **stealing**
失っている　　得ている　　　持ち上げている　　盗んでいる

> **解法のポイント**
> 下線部同意語句（熟語）
> →知識＋文脈
> →精読して文脈から解く（選択肢は下線部とこの文脈で置き換え可）

ここに注目!!
※ They're learning how to sell, picking up social skills, and jumping right into the marketplace.
→熟語 picking up は文脈から解く
→下線部を含む一文を精読
→and は直後の形に注目して learning ... と picking up ... と jumping ... をつないでいる，

They're が共通項
→「彼らは売り方を学び，社会性を身につけ，市場にすぐに飛び込んでいく」
→pick up は「身につける」
→選択肢 b. gaining「～を得ている」と同意，置き換え可

C

内容説明問題 2問

次の問い（ i , ii ）の答えとして最も適当なものを，下記（a ～ d）の中から 1 つ選び，その記号をマークしなさい。

（i）Which of the following is true about the first business: Roc

最初の事業である Roc Creations について

Creations?

正しいのは以下のどれか。

a. Its members were not confident enough to be successful

そのメンバーたちは，自分たちの商品を　　　　　　　　売るのに成功する

at selling their merchandise.

十分な自信がなかった。

ⓑ Its members spent around three days to create their

そのメンバーたちは，　　　　　　　自分たちの商品を作るのにおよそ

merchandise.

3 日費やした。

c. Its products did not sell well partly because the members

その製品はあまり　　　　売れなかった。なぜなら一つには，メンバーたちが

did not advertise them at the flea markets.

フリーマーケットで　　　製品を宣伝しなかったからだ。

d. Its core products included homemade rock necklaces

そこの中心となる　　　製品には，手作りの石のネックレスと岩のように

and rock-hard cookies.

固いクッキーが含まれていた。

解法のポイント

内容説明
→問いの文のキーワード（数詞，固有名詞）に注目
→本文該当箇所を探す
→選択肢と本文内容を照合

ここに注目!!

※ the first business: Roc Creations
→the first という数詞と Roc Creations という固有名詞に注目
→本文中から探す
→2 パラ 3 パラと照合

※ a. not に注目
→否定語によるすり替えに注意
→2 パラ 3 文目（We thought ...）以降と不一致

※ b. around three days に注目
→数詞のすり替えに注意
→2 パラ 8 文目（We spent ...）と一致

※ c. did not に注目
→否定語によるすり替えに注意
※ partly because ... did not に注目
→因果と否定語のすり替えに注意
→選択肢の主節は 3 パラ 2 文目と一致，選択肢の because 節は 3 パラ 2 文目 despite our shouting ... と不一致

※ d. 2 パラ 2 文目と不一致（rock-hard cookies「岩のように固いクッキー」は含まれない）

164

(ⅱ) Which of the following is NOT true about the second
2 つ目の事業である Roc-Cal Creations について

business: Roc-Cal Creations?
正しくないのは以下のどれか。

a. Its members had a hard time before succeeding in their
そのメンバーたちは，事業で成功する前，苦労した。

business.

b. Its members visited many houses in order to sell their
そのメンバーたちは，自分たちの商品を売るために多くの家を訪れた。

merchandise.

c. Its members built a good relationship with a clerk at a
そのメンバーたちは，文房具店の店員とよい関係を築いた。

stationery store.

ⓓ Its core product was a plastic calendar in the shape of a
そこの中心となる製品は，冷蔵庫の形をしたプラスチック製のカレンダーだった。

refrigerator.

> **解法のポイント**
>
> **内容説明**
> →問いの文のキーワード（数詞，固有名詞）に注目
> →本文該当箇所を探す
> →選択肢と本文内容を照合＋解答力（不一致選択に注意）

ここに注目!!

※ NOT
→不一致選択に注意
→一致する選択肢 3 つを消して，不一致を消去法で選ぶ

※ the second business: Roc-Cal Creations
→the second という数字と Roc-Cal Creations という固有名詞に注目
→本文中から探す
→ 4 パラ 5 パラと照合

a. 4 パラ 3 文目と 5 パラ 3 文目の but 以降と一致

b. 4 パラ 3 文目と一致

c. 5 パラ 2 文目と一致

d. 4 パラ 2 ～ 3 文目と不一致（the shape of a refrigerator「冷蔵庫の形」は記述なし）

Kansai University
Kwansei Gakuin University
Doshisha University
Ritsumeikan University

〔**III**〕 次の英文を読み，下記の設問 (A，B) に答えなさい。

1 The Industrial Revolution (1) off between the end of the 1700s and the mid-nineteenth century. Starting in northern England and Scotland, then spreading to parts of Europe and North America, urban areas transitioned to factory production. Factory work demanded alert minds and quick-moving hands to operate machinery, and the traditional beverages of choice throughout Europe — beer and wine — did not fit these new contexts well.

transition 動 移行する

2 Previously, beer and wine had been safer to drink than most water. Hot drinks were basically unknown. The average adult in England consumed weak beer throughout the day, starting with beer soup (prepared with eggs and poured over bread) for breakfast. Beer provided an important source of nutrition, and most households produced their own beer to (2) family needs. A typical English family consumed about three liters of beer per day per person, including children. Depending on the strength of the home production, an average person might pass the day in a half-drunk state. Coffee provided a novel (3):

言い換えマーカー

instead of quieting the mind and slowing the body, it woke

逆接マーカー

※まず初めに段落番号を
ふり，問題形式をざっ
と確認する
→この問題形式のように，
空所補充と内容一致の
みで短めの長文の場合，
内容一致の選択肢を先
読みして，最初から本
文該当箇所を探しなが
ら読んでもよい。本文と
設問の両方に集中して
読み解くことができる

ここに**注目!!**
※ beer and wine
→B-a 内容一致のキー
ワード

ここに**注目!!**
※ weak beer
※ for breakfast
→B-b 内容一致のキー
ワード

※ A typical English
family
※ children
→B-c 内容一致のキー
ワード

※ : (コロン)
→言い換えマーカー
→同内容 (抽象→具体)

※ instead of
→逆接マーカー
→逆内容を予測

them up.

3 Important technological innovations promoted the growth of the coffee industry and trade, especially the steam engine. The steam engine, which was adapted to sailing vessels around 1840, (4) revolutionary for sea as well as land transportation. Sailing ships had been (5) to trade easily with Central America because seasonal winds could keep the ships trapped in harbors for months. By contrast, the outer Caribbean islands benefited from favorable winds and could be visited all year round.

因果マーカー（原因・理由）

対比マーカー
keep O C(Vpp)「O が C されたままにしておく」
対照的に

※ Sailing ships
※ Caribbean islands
→B-d 内容一致のキーワード

※ because
→因果マーカー（原因・理由）
→因果関係を把握

※ By contrast
→対比マーカー
→逆内容を予測

4 Coffee became a profitable export for Central America and southern Mexico when steam-driven ships appeared, because they could enter and leave ports (6) of wind direction. Central American coffee production soared hand in hand with industrial expansion in Europe. Prices for coffee, tea, and sugar declined as monopolies ended, and supplies expanded along with increasing demand.

因果マーカー（原因・理由）

ここに注目!!
※ because
→因果マーカー（原因・理由）
→因果関係を把握

5 Coffee and tea, drunk with sugar, became a part of daily diets across Europe's social classes. The sweet drinks offered minimal nutrition, but (7) calories and an

逆接マーカー

ここに注目!!
※ with sugar
→B-e 内容一致のキーワード

※ but
→逆接マーカー
→後ろが重要
→逆内容を予測

Kansai University

Kwansei Gakuin University

Doshisha University

Ritsumeikan University

167

energy boost. In France, coffee consumption climbed from 50 million pounds in 1853 to 250 million pounds by 1900, a fivefold increase. In Germany, the 100 million pounds consumed in 1853 increased to 400 million pounds by 1900. Consumption also (8) among the Dutch, Italians, and Scandinavians.

追加マーカー

ここに注目!!

※ In France
→B-f 内容一致のキーワード

※ fivefold
→数値表現に注意

※ also
→追加マーカー
→同内容

空所補充問題 8問

A 本文中の空所（1～8）に入れるのに最も適当なものを，それぞれ下記（a～d）の中から1つ選び，その記号をマークしなさい。

(1) a. left +offで (b.) took +offで c. put +offで d. turned +offで
　　　やめた　　　　離陸した，始まった　延期した　　　消した

解法のポイント
空所補充
→選択肢と空所前後の形に注目
→熟語＋精読 (take off)

ここに注目!!
※選択肢がすべて動詞
※空所直後の off
→選択肢と空所直後の形から熟語だと予測し，空所を含む文を精読
→「産業革命は，1700年代の終わりから19世紀中ごろの間に（　1　）」
→tookを入れて take off「始まる」という意味から「産業革命が始まった」が文意が合う
→選択肢 b. took

(2) (a.) meet　　b. argue　　c. confuse　　d. regret
　　　満たす　　　主張する　　　混乱させる　　　後悔する

解法のポイント
空所補充
→選択肢と空所前後の形に注目
→熟語＋精読 (meet one's needs)

ここに注目!!
※選択肢がすべて動詞
※空所直後の needs
→空所直後の needs に注目して meet one's needs「ニーズを満たす」（熟語）だと予測
→meet を入れて，空所前後を精読
→produced their own beer to meet family needs「家族の要求を満たすために自分たち自身のビールを製造した」となり文意が合う
→選択肢 a. meet

（3）a. native　　　　　　b. attractive
　　　出生地の，その土地に生まれた人　魅力的な

　　　ⓒ. alternative　　　d. expensive
　　　代わりの，代わりのもの　　高価な

解法のポイント
空所補充
→選択肢と空所前後の形に注目
→品詞＋精読

ここに注目!!
※選択肢 b, d が形容詞
※選択肢 a, c は名詞か形容詞
※空所直前の形が a novel（　）
→空所直前の形が a novel（　）であることから，空所には冠詞 a と形容詞 novel「新しい」がつく名詞が入ると予測
→選択肢で c だと予測し，空所前後を精読
→Coffee provided a novel alternative「コーヒーは新しい代わりのものを与えた」となり文意が合う
→選択肢 c. alternative

（4）ⓐ. proved　　b. excluded　　c. wasted　　d. quoted
　　　判明した　　　除外した　　　無駄にした　　引用した

解法のポイント
空所補充
→選択肢と空所前後の形に注目
→品詞＋精読

ここに注目!!
※選択肢がすべて動詞
※空所直後の revolutionary
→空所直後の revolutionary に注目して，revolutionary「革命的な」という形容詞をとれるのは proved「証明した」のみ
→The steam engine, ..., proved revolutionary「蒸気機関は...革命的であったと判明した」となり文意も合う
→選択肢 a. proved

（5）a. glad　　b. willing　　c. likely　　ⓓ. unable
　　　うれしい　　進んで～する　　可能性が高い　　～できない

解法のポイント
空所補充→選択肢と空所前後の形に注目→品詞＋精読

ここに注目!!
※選択肢がすべて形容詞
※空所前後の had been（　）to trade
※因果マーカーの because
→空所前後の形に注目して，be willing to「進んで～する」，be likely to「～しそうだ」，be unable to「～することができない」を思い浮かべる
→空所を含む文を精読
→「帆船は中央アメリカと簡単に貿易する（　）。な

ぜなら，季節風によって船が何か月も港に留まってしまうからだ」
→因果マーカーの because に注目して因果関係を把握
→「季節風によって船が何か月も港に留まってしまう」ことが原因なので，結果は「帆船は中央アメリカと簡単に貿易することができなかった」となる
→選択肢 d. unable

(6) a. **instead** +of で
～の代わりに
b. **regardless** +of で
～にかかわらず

c. **scared** +of で
～におびえて
d. **guilty** +of で
～で有罪で

解法の**ポイント**
空所補充→選択肢と空所前後の形に注目→精読＋論理

ここに**注目!!**
※選択肢がすべて of と一緒に使える
※空所直後の of
※因果マーカーの because
→空所直後の of に注目して，instead of「～の代わりに」，regardless of「～にもかかわらず」を思い浮かべる
→空所を含む文を精読
→「蒸気エンジン船が登場したとき，コーヒーは中央アメリカやメキシコ南部で利益を生む輸出品に

なった。なぜなら，蒸気エンジン船は風の方向（　）港に出入りできたからだ」
→因果マーカーの because に注目して因果関係を把握
→「蒸気船が登場したとき，コーヒーは中央アメリカとメキシコ南部で利益を生む輸出品になった」が結果で，原因が「蒸気船は風の方向に関係なく港に出入りできたから」となる
→選択肢 b. regardless

(7) a. **offended**
攻撃した
b. **defeated**
打ち負かした
c. **provided**
与えた，供給した
d. **decreased**
減少させた

解法の**ポイント**
空所補充
→選択肢と空所前後の形に注目
→精読＋論理

ここに**注目!!**
※選択肢がすべて動詞
※空所直前の逆接マーカー but
→空所直前の but に注目して，逆接内容を予測
→空所を含む文を精読
→「甘い飲み物は最小限の栄養を提供したが，カロリーとエネルギー源を（　）」
→「最小限の栄養を提供した」の逆内容は「カロリーとエネルギー源を供給した」となる
→選択肢 c. provided

(8) a. **burned**
燃えた
b. **damaged**
損害を与えた
c. **reduced**
減少した
d. **exploded**
爆発した，急増した

解法の**ポイント**
空所補充
→選択肢と空所前後の形に注目
→精読＋論理

ここに**注目!!**
※選択肢がすべて動詞
※空所直前の追加マーカー also
→空所直前の also に注目して，同内容を予測
→前文 (In Germany, ...) と同内容なので前文と空所を含む文を精読
→前文「ドイツでは，1853年に消費された1億ポンドが，1900年までに4億ポンドに増加した」，空所を含む一文「オランダ人，イタリア人，スカンジナビア人の間でも消費は（　）」
→「ドイツで増加した」のと同内容として「オランダ人などの間でも急増した」となる
→選択肢 d. exploded

内容一致問題（6つの中から一致するものを2つ選ぶ）

B 次の英文（a～f）の中から本文の内容と一致するものを2つ選び，その記号を各段に1つずつマークしなさい。ただし，その順序は問いません。

解法の**ポイント**

内容一致
→各選択肢のキーワードに注目
→本文該当箇所を探す
→選択肢と本文内容を照合

(a.) Beer and wine were not suitable for factory work that

ビールとワインは，細かいことに注意を必要とする工場の仕事には適していなかった。

required attention to detail.

ここに注目!!
※ Beer and wine「ビールとワイン」（名詞）
※ not
→本文該当箇所を探す
　選択肢の否定語 not に注意
→1パラ最終文と照合
→一致（選択肢 were not suitable for ＝ 本文 did not fit, 選択肢 factory work that required attention to detail ＝ 本文 Factory work demanded ... to operate machinery と these new contexts）

b. The average adult in England did not consume weak

イングランドの　　平均的な大人は，朝食時を除いて，弱いビールを

beer except during breakfast.

消費しなかった。

ここに注目!!
※ weak beer「弱いビール」（名詞）
※ except during breakfast「朝食時を除いて」（時）
※ did not
→本文該当箇所を探す。
　選択肢の否定語 not に注意
→2パラ3文目と照合
→不一致（本文 consumed weak beer throughout the day「一日中弱いビールを消費した」と合わない）

c. Alcohol was strictly forbidden to children in a typical

典型的なイングランドの家庭において，子どもたちへのお酒　　は厳しく禁止

English family.

されていた。

ここに注目!!
※ children「子どもたち」（名詞）
※ a typical English family「典型的なイングランドの家庭」（名詞）
→本文該当箇所を探す
→2パラ5文目と照合
→不一致（本文 including children「子どもたちを含めて」と合わない）

(d.) Sailing ships were capable of visiting the outer
帆船は一年を通してカリブ　　　　　海諸島の外側の島々を訪れることができた。

Caribbean islands throughout the year.

ここに注目!!
※ Sailing ships「帆船」
　（名詞）
※ Caribbean islands
　「カリブ海諸島」（固有
　名詞）
→本文該当箇所を探す
→3パラ3文目と最終文
→一致（選択肢 were
　capable of visiting
　は本文 could be
　visited と一致）

e. Only wealthy people could afford to consume coffee and
　×　　　裕福な人々だけ　　　　　　が砂糖入りのコーヒーや紅茶を消費する余裕が

tea with sugar.
あった。

ここに注目!!
※ Only
→限定語によるすり替え
　に注意
※ with sugar「砂糖と
　一緒に」（前置詞＋名
　詞）
→本文該当箇所を探す
→5パラ1文目と照合
→不一致（Only ではな
　い）

f. Coffee consumption in France nearly doubled during the
フランスのコーヒー消費量は，19世紀後半の間に　　　　×

latter half of the nineteenth century.
ほぼ2倍になった。

ここに注目!!
※ in France（場所）
※ doubled（数値表現）
→数字のすり替えに注意
→本文該当箇所を探す
→5パラ3文目と照合
→不一致（2倍ではなく
　5倍になった）

文法・語法 4 択問題 10問

〔**Ⅳ**〕 次の英文（1 〜 10）の空所に入れるのに最も適当なもの
を，それぞれ下記（a 〜 d）の中から 1 つ選び，その記号
をマークしなさい。

(1) Dan stayed up all night to get his work done. So （　　　） I.

a. were　　　b. was　　　c. had　　　(d.) did

解法の**ポイント**
文法・語法 4 択
→空所前後と選択肢に注目
→単元を予測し，形から解く
→So Ｖ S（倒置）

ここに注目!!
※ So（ ）I と選択肢
→空所前後の So（ ）I.
という形と選択肢から，
So Ｖ S「Ｓ もそうだ」
（倒置）を思い浮かべる
→前文の主節の動詞は
stayed という一般動
詞の過去形
→So Ｖ S のＶも一般動
詞の過去形を表す did
→選択肢 d. did

(2) He told me that I should complete the application form a

week in （　　　） of the due date.

a. early　　　(b.) advance　　　c. front　　　d. before

解法の**ポイント**
文法・語法 4 択
→空所前後と選択肢に注目
→単元を予測し，形から解く
→群前置詞

ここに注目!!
※ in（ ）of the due
date と選択肢
→空所前後の in（ ）of
the due date という
形と選択肢から，群前
置詞 の in front of か
in advance of を予測
→the due date「予定さ
れた日，期日」は時な
ので，場所と一緒に使
う in front of ではなく，
時間と一緒に使う in
advance of「〜の前
に」となる
→選択肢 b. advance

(3) (　　　) he acted more sincerely, she might not have gotten

upset.

　　a. Having had　　b. Were　　c. Had　　d. Had been

> **解法のポイント**
> 文法・語法 4 択
> →空所前後と選択肢に注目
> →単元を予測し，形から解く
> →仮定法，if 省略（倒置）

ここに注目!!
※ might not have gotten と選択肢
→might not have gotten が〈助動詞の過去形＋have＋Vpp〉であることと選択肢から仮定法の if 省略と予測
→主節の might not have gotten は仮定法過去完了の形なので，if 節は〈if S had Vpp〉という形
→if が省略されて〈Had S Vpp〉（倒置）という形になるので Had he acted になる
→選択肢 c. Had

(4) We'd better (　　　) over these documents to check that

there are no mistakes.

　　a. gone　　b. go　　c. going　　d. to go

> **解法のポイント**
> 文法・語法 4 択
> →空所前後と選択肢に注目
> →単元を予測し，形から解く
> →助動詞 had better

ここに注目!!
※ 'd better と選択肢
→空所直前の 'd better と空所に入る選択肢が go の活用形であることから，〈助動詞 had better＋V 原形〉
→原形の go が入る
→選択肢 b. go

(5) (　　　) for the scholarship, I wouldn't be here at

Cambridge to study English.

　　a. But　　b. Within　　c. Unless　　d. Without

> **解法のポイント**
> 文法・語法 4 択
> →空所前後と選択肢に注目
> →単元を予測し，形から解く
> →仮定法の条件 But for ～

ここに注目!!
※ for, wouldn't と選択肢
→wouldn't が助動詞の過去形で選択肢と空所直後の for から仮定法の条件 But for ～ ＝ Without ～「もし～がなければ」を思い浮かべる
→for と一緒に使う But が入る
→選択肢 a. But

(6) Most of the items on this shelf are items (　　　) I cannot

do without.

　　a. how　　　b. what　　　ⓒ. that　　　d. those

解法の**ポイント**
文法・語法 4 択
→空所前後と選択肢に注目
→単元を予測し，形から解く
→関係詞

Kansai University

ここに注目!!
※ items, I cannot do
without と選択肢
→ 空所前後が名詞と
withoutのOがない
不完全文であることと
選択肢 a, b, c から関
係詞を予測
→withoutのOがない
不完全文で，先行詞
items にかかる形容詞
節であることから，関係
代名詞 that が入る
→選択肢 c. that

(7) I wish I had written to her. (　　　) it is, I will have to

apologize for my long silence.

　　a. For　　　b. Since　　　c. About　　　ⓓ. As

解法の**ポイント**
文法・語法 4 択
→空所前後と選択肢に注目
→単元を予測し，形から解く
→従属接続詞 as の慣用表現，
　空所を含まない文の内容把握，
　または消去法

ここに注目!!
※ I wish I had written
to her. と it is と選択
肢
→空所を含まない文 I
wish I had written
to her. に注目して仮定
法過去完了の願望を把
握（基本的に 2 文あれ
ば，空所を含まない文
の内容も解答根拠にな
る）
→「彼女に手紙を書いて
いたらなあ」（実際は
書いていなかった）
→空所直後の it is があり，
さらに SV のある文が
続いていることから，
従属接続詞の Since か
As が入る（等位接続詞
For と前置詞 About を
切る）
→Since it is は「それが
存在するので」という
理由を表すが意味が不
自然
→As it is は「ところが実
際は，そのままで」と
いう従属接続詞 as の
慣用表現，空所を含ま
ない文の内容「彼女に
手紙を書いていたらな
あ」とつながる（この表
現を知らない場合，消
去法で As を選ぶ）
→選択肢 d. As

(8) He tried to (　　a.　　) me that staying home was the only

way to keep out of trouble.

   ⓐ. convince   b. explain   c. propose   d. say

> 解法の**ポイント**
> 文法・語法 4 択
> →空所前後と選択肢に注目
> →単元を予測し，形から解く
> →動詞の語法 convince 人 that 節

ここに**注目!!**
※ me, that と選択肢
→空所直後の形が me と that 節であることに注目
→選択肢の動詞から〈人 that 節〉を目的語にとる動詞を選ぶ
→convince 人 that 節（動詞の語法）〈他の選択肢の動詞の語法は〈to 人〉という形で to が必要）
→選択肢 a. convince

(9) We will serve a variety of local dishes. Please come to the

table and (　　　) yourselves.

   ⓐ. help   b. give   c. hand   d. keep

> 解法の**ポイント**
> 文法・語法 4 択
> →空所前後と選択肢に注目
> →単元を予測し，形から解く
> →熟語 help oneself,
> 　空所を含まない文の内容把握

ここに**注目!!**
※ We will serve a variety of local dishes. と yourselves と選択肢
→空所を含まない文に注目して内容を把握（基本的に 2 文あれば，空所を含まない文の内容も解答根拠になる）
→「さまざまな地元の料理をお出しします」
→空所直後の yourselves と選択肢に注目して，help oneself「自由にとって食べる」を思い浮かべる。空所を含まない文の内容とつながる
→選択肢 a. help

(10) He is very positive in the way that he makes the (　　　) of

his failures.

   a. biggest   ⓑ. most   c. highest   d. largest

> 解法の**ポイント**
> 文法・語法 4 択
> →空所前後と選択肢に注目
> →単元を予測し，形から解く
> →熟語 make the most of 〜

ここに**注目!!**
※ makes the と of と選択肢
→空所前後の makes the と of と選択肢に注目して，make the most of 〜「〜を最大限に利用する」を思い浮かべる
→he makes the most of his failures「彼は失敗を最大限に生かす」となる
→選択肢 b. most

〔**V**〕語句整序問題（並べ替え問題）5問
次の日本文（1 〜 5）に相当する意味になるように，それぞれ下記（a 〜 h）の語句を並べ替えて正しい英文を完成させたとき，並べ替えた語句の最初から 2 番目と 7 番目に来るものの記号をマークしなさい。
マークミスに注意 !!

(1) これは多くの有名な数学者が答えを見つけようと試みてきた問題である。

This is a problem（　　　　　　　　）.

a. famous　　　　　b. have　　　　　c. many

d. mathematicians　e. the answer

f. to　　　　　　　g. to find　　　　　h. tried

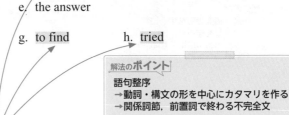

解法の**ポイント**
語句整序
→動詞・構文の形を中心にカタマリを作る
→関係詞節，前置詞で終わる不完全文

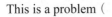 ここに**注目 !!**

※ have, to find, tried
→動詞に注目して，動詞を中心にカタマリを作る
→「多くの有名な数学者が答えを見つけようと試みてきた」は have, to find, tried に注目して現在完了の〈have tried ＋ to find〉，それを中心に many famous mathematicians have tried to find the answer を作る
→残りの選択肢は f. to のみで，これを the answer の直後に置く
many famous mathematicians have

tried to find the answer to は先行詞 a problem を修飾する関係代名詞節（関係代名詞の省略）なので，前置詞 to で終わる不完全文という形になる
（わかりづらい関係代名詞は先行詞を代入して一文をイメージすると，many famous mathematicians have tried to find the answer to a problem となる）
→ 2 番目と 7 番目に来るものを確認。many famous mathematicians have tried to find the answer to
→ 2 番目は a，7 番目は e

(2) その著者は 2 冊目の本ではじめて世界中の人々から注目を集めた。

It was（   ）from people around the world.

a. attention　　b. attracted　c. his　　　　d. not

e. second book　f. that　　　g. the author　h. until

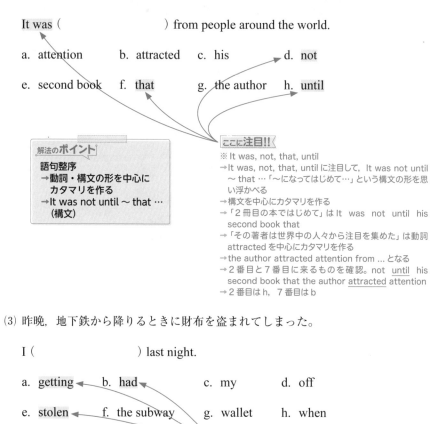

解法の**ポイント**

語句整序
→動詞・構文の形を中心に
カタマリを作る
→It was not until ～ that …
（構文）

ここに注目!!

※ It was, not, that, until
→It was, not, that, until に注目して，It was not until ～ that … 「～になってはじめて…」という構文の形を思い浮かべる
→構文を中心にカタマリを作る
→「2 冊目の本ではじめて」は It was not until his second book that
→「その著者は世界中の人々から注目を集めた」は動詞 attracted を中心にカタマリを作る
→the author attracted attention from ... となる
→2 番目と 7 番目に来るものを確認。not until his second book that the author attracted attention
→2 番目は h，7 番目は b

(3) 昨晩，地下鉄から降りるときに財布を盗まれてしまった。

I（   ）last night.

a. getting　　b. had　　　c. my　　　　d. off

e. stolen　　　f. the subway　g. wallet　　h. when

解法の**ポイント**

語句整序
→動詞・構文の形を中心に
カタマリを作る
→have O C(Vpp)，
従属接続詞直後の S be
の省略

ここに注目!!

※ getting, had, stolen
→getting, had, stolen に注目して，動詞を中心にカタマリを作る
→「地下鉄から降りる」は getting off the subway
→「財布を盗まれてしまった」は had stolen my wallet だと「自分の財布を盗んでしまった」になるので，had に注目して have O C(Vpp)「O が C される」（使役動詞 have の第 5 文型）を思い浮かべて，I had my wallet stolen を作る
→全体は I had my wallet stolen when getting off the subway last night. となる（when getting は従属接続詞直後の S be の省略）
→2 番目と 7 番目に来るものを確認。had my wallet stolen when getting off the subway
→2 番目は c，7 番目は d

〔**Ⅵ**〕 次の会話文を読み，空所（1 ～ 10）に入れるのに最も適当なものを，それ
ぞれ下記 (a ～ d) の中から1つ選び，その記号をマークしなさい。

James is speaking to Rick at the university cafeteria.

James: Rick, I finally found you! I've been trying to get in

(1) with you for the past few days. I wanted to ask

you (2) about the upcoming French exam. Did you

get my messages?

Rick: Sorry, James. My cell phone broke last Monday.

James: Really? How?

Rick: I dropped it while I was in the bath. I was playing a

game on my phone, (3) it slipped out of my hands.

James: You use your cell phone in the bath? Without putting it

in a water-proof case or anything?

Rick: I know. I had it coming, (4). But the thing is, I'm

actually rather glad I broke it.

James: How so?

Rick: I realized how much I'd become addicted to that tiny

(5). Quite literally, I used to live with my phone,

whether in the bath or in bed. It was really hard to live

without a phone at first, but after a few days, the

strangest thing happened.

James: What was that?

会話文空所補充問題 10問

ここに注目!!〈
※最初のイタリック体（斜体）
→会話の状況設定
→場面と登場人物をイメージする（大学で友達どうし，学生と教授，お店で客と店員など）
→今回は「大学のカフェテリア，友達どうし」をイメージ

ここに注目!!〈
※ get in, with
→(1)の解法ポイント

ここに注目!!〈
※ ask you
→(2)の解法ポイント

ここに注目!!〈
※ I was playing a game on my phone, it slipped out of my hands, 指示語 it
→(3)の解法ポイント

ここに注目!!〈
※指示語 it×2, But
→(4)の解法ポイント

ここに注目!!〈
※指示語 that
→(5)の解法ポイント

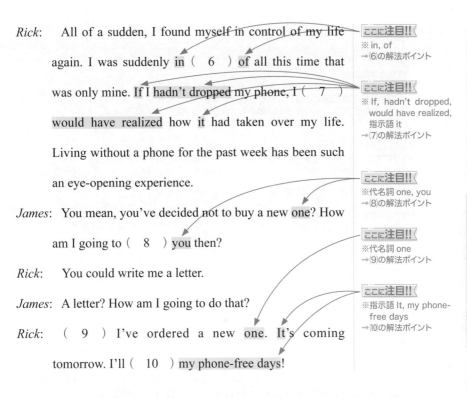

Rick: All of a sudden, I found myself in control of my life again. I was suddenly in (6) of all this time that was only mine. If I hadn't dropped my phone, I (7) would have realized how it had taken over my life. Living without a phone for the past week has been such an eye-opening experience.

James: You mean, you've decided not to buy a new one? How am I going to (8) you then?

Rick: You could write me a letter.

James: A letter? How am I going to do that?

Rick: (9) I've ordered a new one. It's coming tomorrow. I'll (10) my phone-free days!

ここに注目!!
※ in, of
→⑹の解法ポイント

ここに注目!!
※ If, hadn't dropped, would have realized, 指示語 it
→⑺の解法ポイント

ここに注目!!
※代名詞 one, you
→⑻の解法ポイント

ここに注目!!
※代名詞 one
→⑼の解法ポイント

ここに注目!!
※指示語 It, my phone-free days
→⑽の解法ポイント

(1) a. place　ⓑ. touch　c. space　d. time

解法のポイント　会話文空所補充
→直前直後のつながりに注目
→空所前後と選択肢に注目して形から解けそうなら形から解く
→熟語（get in touch with ～）

ここに注目!!
※空所前後の get in, with と選択肢
→get in touch with ～「～と連絡をとる」を思い浮かべる
→文意を確認「ここ数日、ずっと君と連絡をとろうとしていた」となる
→選択肢 b. touch

(2) a. anything　b. what　ⓒ. something　d. that

解法のポイント
会話文空所補充
→直前直後のつながりに注目
→空所前後と選択肢に注目して形から解けそうなら形から解く
→〈ask O₁ O₂〉

ここに注目!!
※空所直前の ask you と選択肢
→ask O₁ O₂「O₁に O₂を尋ねる」を予測
→O₂に入る選択肢は、直後に前置詞句 about ～ がくることから名詞の a. anything か c. something
→肯定文なので anything「何でも」は文意が合わない something「何か、こと」を入れて、wanted to ask you something about ～「君に～に関することを尋ねたかった」という文意が合う
→選択肢 c. something

(3) a. because　　ⓑ. when　　　c. after　　　d. while

ここに注目!!

※空所前後の I was playing a game on my phone と it slipped out of my hands と選択肢，指示語 it
→空所前後の形が SV と SV で，選択肢の従属接続詞に注目
→空所の前が was playing という進行形で，空所の後ろが slipped という過去形であることに注目

→when を入れて，S 過去進行形〜, when S (suddenly) 過去形 ...「〜していたら（突然）…した」という突発的な出来事を表す構文の形を思い浮かべる
→文意を確認。「携帯でゲームをしていたら，携帯が手から滑り落ちた」となる（指示語 it が何を指すか明確にする→携帯を指す）
→選択肢 b. when

(4) ⓐ. sooner or later
遅かれ早かれ

　　b. inside out
裏返しで，表裏逆で

　　c. on and off
断続的に

　　d. more often than not
たいてい

ここに注目!!

※選択肢が副詞句，指示語 it×2，逆接マーカー But
→選択肢が副詞句であることに注目して，形から解けないので，空所の直前直後のつながりに注目
→空所直前はほぼ会話表現 I had it coming「こうなることはわかっていた，それは当然の報いである」（この指示語 it は状況を指す）空所直後 But the thing is, I'm actually rather glad I broke it.「しかし，実を言う

と，携帯を壊してむしろうれしい」
（指示語 it が何を指すか明確にする→携帯を指す）
→逆接マーカー But に注目。直前直後で対立する内容
→文意が合うのは a の sooner or later「遅かれ早かれ」。入れると「遅かれ早かれ，こうなることはわかっていた。しかし ...」となる
→選択肢 a. sooner or later

(5) a. water　　b. bath　　c. bed　　ⓓ device
　　　　水　　　　風呂　　　ベッド　　装置, 機器

解法のポイント
会話文空所補充
→直前直後のつながりに注目
→空所前後と選択肢に注目して形から解けそうなら形から解く
→指示語 that＋精読

ここに注目!!
※選択肢が名詞
→選択肢が名詞であることに注目して, 形からは解けないので直前直後のつながりに注目
→空所を含む文を精読 I realized how much I'd become addicted to that tiny （ 5 ）.「どれほどあの小さな（ 5 ）に中毒になっていたかに気づいた」

空所直後の文を精読 Quite literally, I used to live with my phone「まったく文字通りに, 携帯と一緒に生きていたのだった」
→d の device「装置, 機器」を入れて「どれほどあの小さな機器に中毒になっていたかに気づいた」が文意が合う
→選択肢 d. device

(6) a. defect　　ⓑ possession　　c. danger　　d. case
　　　　欠点　　　　所有　　　　　危険　　　　場合

解法のポイント
会話文空所補充
→直前直後のつながりに注目
→空所前後と選択肢に注目して形から解けそうなら形から解く
→熟語 in possession of ～＋精読

ここに注目!!
※空所前後の in, of と選択肢
→空所前後の in, of と選択肢から in （ 6 ） of ～ という形を予測
→a は in defect of ～「～がなくて」,
　b は in possession of ～「～を所有して」,
　c は in danger of ～「～の危険な状態で」,
　d は in case of ～「～の場合には」
→空所を含む一文を精読「突然, 自分だけのすべてのこの時間を（ 6 ）していた」

→直前直後のつながりに注目
→直前の文を精読 All of a sudden, I found myself in control of my life again.「突然, 自分が再び自分の人生をコントロールしていることに気づいた」
→直前とつながるのは b を入れて「突然, 自分だけのすべてのこの時間を所有していた」となる
→選択肢 b. possession

(7) a. exactly　　　b. incorrectly　　ⓒ never　　　d. ever
　　 正確に　　　　　 間違って　　　　 決して～ない　　 今までに，常に

解法の**ポイント**

会話文空所補充
→直前直後のつながりに注目
→空所前後と選択肢に注目して形から解けそうなら形から解く
→仮定法，指示語 it ＋精読

ここに**注目!!**

※空所前後 If, hadn't dropped, would have realized
※選択肢が副詞
※指示語 it
→空所前後 If, hadn't dropped, would have realized に注目して仮定法を把握
→選択肢が副詞であることに注目して，形からは解けないので直前直後のつながりに注目
→空所を含む文を精読 If I hadn't dropped my phone, I (7) would have realized how it had taken over my life.「もし携帯を落としていなかったら，どれほど携帯が生活

を支配していたかに（ 7 ）気づいただろう」（指示語 it が何を指すか明確にする→携帯を指す）
→仮定法の条件 If I hadn't dropped my phone「もし携帯を落としていなかったら」とつながる仮定法の主節は否定文となる c を入れて I never would have realized how it had taken over my life.
「どれほど携帯が生活を支配していたかに決して気づかなかっただろう」となる
→選択肢 c. never

(8) a. assume　　　ⓑ reach　　　c. hand　　　d. let
　　 当然と思う　　　 達する，届く　　 手渡す　　　　 ～させる

解法の**ポイント**

会話文空所補充
→直前直後のつながりに注目
→空所前後と選択肢に注目して形から解けそうなら形から解く
→reach you，代名詞 one

ここに**注目!!**

※空所直後の you と選択肢，代名詞 one
→空所直後の you と，選択肢から you を目的語にとる可能性が高い reach you「あなたに届く，あなたと連絡する」を予測
→直前の文を精読 You mean, you've decided not to buy a new one?「つまり，新しい携帯を買わないことに決めたのかな？」（代名詞

one が何を指すか明確にする→携帯を指す）
→reach を入れた空所を含む文を精読 How am I going to reach you then?「それでは，どうやってあなたと連絡しようか？」
→直前とつながる
→選択肢 b. reach

⑼ a. Work too hard!
働きすぎ！

b. What a treat!
なんということでしょう！

c. Thanks a lot!
本当にありがとう！

d. I'm joking!
冗談です！

解法のポイント
会話文空所補充
→空所前後と選択肢に注目
→知識問題か予測し，形から解く，
　または，直前直後のつながりに注目
→会話表現＋精読

ここに注目!!
※選択肢が会話表現，代名詞 one
→選択肢が会話表現であることに注目して，形からは解けないので直前直後のつながりに注目
→空所直前の文を精読 How am I going to do that? 「どうすればいいんだろう？」（指示語 that は相手の発言内容「手紙を書くこと」を指す），
空所直後の文を精読 I've ordered a new one. 「新しい携帯を注文した」（代名詞 one が何を指すか明確にする→携帯を指す）
→直前直後とつながる選択肢は d. I'm joking! 「冗談です！」
→選択肢 d. I'm joking!

⑽ a. miss
〜がなくて寂しく思う

b. live
生きる

c. adopt
採用する

d. focus
焦点を合わせる

解法のポイント
会話文空所補充
→空所前後と選択肢に注目
→知識問題か予測し，形から解く，
　または，直前直後のつながりに注目
→指示語 It＋精読

ここに注目!!
※空所直後の my phone-free days と選択肢，代名詞 It
→空所直後の my phone-free days と選択肢から目的語をとる動詞である可能性が高い
→miss my phone-free days「携帯のない日がなくなって寂しく思う」
→直前の文を精読。It's coming tomorrow. 「新しい携帯は明日来る」（指示語 It が何を指すか明確にする→新しい携帯を指す）
→miss を入れた空所を含む文を精読 I'll miss my phone-free days! 「携帯のない日がなくなって寂しく思うだろう！」
→直前とつながる
→選択肢 a. miss

■ 関学 2022-2/1 全学部英語（解答と配点）

問題番号	設問		正解	配点	問題番号	設問		正解	配点
I	A	ア	b	2	III	B		a	6
		イ	a	2				d	6
		ウ	b	2	IV		1	d	3
	B	1	d	2			2	b	3
		2	a	2			3	c	3
		3	d	2			4	b	3
		4	a	2			5	a	3
		5	c	2			6	c	3
		6	b	2			7	d	3
		7	b	2			8	a	3
	C	i	b	5			9	a	3
		ii	c	5			10	b	3
	D		c	6	V		1	a, e	5
			f	6			2	h, b	5
			h	6			3	c, d	5
II	A	1	d	3			4	b, h	5
		2	c	3			5	e, b	5
		3	d	3	VI		1	b	3
	B	ア	a	3			2	c	3
		イ	d	3			3	b	3
		ウ	b	3			4	a	3
		エ	a	3			5	d	3
		オ	b	3			6	b	3
		カ	b	3			7	c	3
	C	i	b	6			8	b	3
		ii	d	6			9	d	3
III	A	1	b	2			10	a	3
		2	a	2					
		3	c	2					
		4	a	2					
		5	d	2					
		6	b	2					
		7	c	2					
		8	d	2					

全訳

〔**Ⅰ**〕

1　観察がさまざまな哲学者たちによって理解されている一般的な方法は，観察を受動的で私的なものとみなすことである。観察とは受動的なものであり，たとえば，私たちは物を見るとき，単に目を開いて物に向け，情報を流し込み，そしてそこに見えるものを記録するだけだと考えられているのである。観察は，観察者の心や脳における知覚そのものであり，たとえば，「目の前に赤いトマトがある」という事実を直接的に確認するとされる。もし観察がこのようにして理解されているとしたら，観察可能な事実の確立はとても私的なものになる。それは，知覚するという行為において，個々人が提示されたものに注意深く接することによって達成される。二人の観察者はお互いの知覚を知る手立ては持っていないのだから，それぞれが確立すると目される事実の妥当性についての対話を始めることはできない。

2　この知覚または観察が受動的かつ私的であるという視点は適切ではない。そして科学においては言うまでもなく，日常生活の知覚も正確に説明しない。毎日の観察は，決して受動的ではない。知覚の妥当性を確立するためには，さまざまなことがおこなわれているが，その多くは自動的に，そしておそらく無意識におこなわれている。見るという行為においては，私たちは物体をスキャンして，頭を動かして観察された光景において予想される変化を調べるなどしている。もし窓を通して見えた光景が窓の外のものなのか，それとも窓の反射なのかが不確かであるなら，私たちはその光景にどんな動きが生じるかを確かめるために頭を動かすことができる。一般的に，もし何かしらの理由で，私たちが知覚に基づいて真実だと思われるものの妥当性を疑うとしたら，その問題を取り除くために私たちがとりうる行動はいろいろある。先ほどのトマトの例で言うと，そのトマトが本物のトマトではなく，うまく作られた画像ではないかと疑う理由があったとしたら，私たちはトマトを見るだけでなくさわることができるし，必要があればそれを食べてみることもできる。

3　このような少しの，いくぶん初歩的な考察によって，知覚という行為で個人がおこなうさまざまなことについて心理学者が詳細に説明できる過程の表面に，私は少し触れたにすぎない。私たちの課題にとってより重要なのは，科学における観察の重要性と役割について考えることである。私の主張をうまく説明する例は，科学における初期の顕微鏡の使用から引き出せる。ロバート・フックやヘンリー・パワーのような科学者がハエやアリのような小さな昆虫を見るのに顕微鏡を使ったとき，彼らは，少なくとも初めのうちは，観察可能な事実について意見が一致しないことが多かった。フックは意見の不一致の原因を，光の種類の違いに求めた。フックは，ハエの目がある種類の光の下では複数の穴で覆われた表面のように見え（これは，パワーにも実際にその通りだと信じさせたようだ），ほかの光の下では円錐状のもので覆われた表面のように見え，また別の光の下ではピラミッドの形に覆われた表面のように見えるということを指摘した。フックは，この問題を解決することを進めた。彼はサンプルを均一に照らすことで，複雑な反射から生まれる誤った情報を取り除こうとした。彼はこ

れを，塩水を通して放散させたろうそくの光を使っておこなった。彼はまた，サンプルにさまざまな方向から光を当て，そのような変化があっても変わらないのはどの特性なのかを見定めた。

4 フックの著書『マイクログラフィア』（1665年）には，フックの行動と観察から生じたたくさんの詳細な記述と図版が収められている。これらの成果物は今も昔も，私的ではなく公的なものである。それらは他人によって調べられ，批判され，追加されることができる。もしハエの目がいくつかの種類の光の下では複数の穴に覆われているように見えたとしたら，その状態は知覚に注意深い観察者によって有益に評価されることはできない。フックは，このような事例において外観の正確さを調べるためにできることや，彼が勧めた手段は必要な技術を持つ人ならだれでも実行できることを示した。

全訳

〔**Ⅱ**〕

1 私は14歳くらいのとき，ジュニア・アチーブメントといわれるものに登録した。ジュニア・アチーブメントは子どものビジネススキルを育てる非営利団体であった。というか，基本的に，毎週木曜の夜に部屋に集まった子どもたちが大人の監督下で経営者のようになるというものだった。

2 私のグループは Roc Creations と呼ぶビジネスを思いついた。これは私たちの中心的な商品，すなわち安価な手作りの石のネックレスを賢く利用したものだった。素晴らしいプランだと私たちは思った。結局，だれがネックレスを好むのだろう？ もちろんみんなであろう。じゃあ石はどれくらい安いのか？ とても安い。私たちはある木曜日を海岸で石を集めて過ごし，次の木曜日に色を塗り，最後の木曜日に穴をあけて，そこにひもを通し，つなげた。私たちはこのプランは堅実で，よくできた計画だと思っていた。

3 悲しいことに，数週間後，私たちは大きな間違いをしたことに気づいた。ネックレスは，驚く主婦たちに向かって私たちが大きな声で商品について叫んだにもかかわらず，フリーマーケットでは興味を十分に引き起こせなかった。そして私たちはすぐに，自らの愚かな判断をさらす在庫の山とともに赤字へとたちまち転落した。

4 しかしそれから，ほかの見込みあるビジネスと同様，私たちも進化をとげた。名前をすぐに Roc-Cal Creations へと変え，安価なプラスチックのカレンダーを作った。マーカーを結び付け，後ろに磁石をつけて，ドアからドアへ，隣人からその隣人へ，冷蔵庫に貼ってもらうために一つ4ドルで売り歩いた。

5 そして私たちはなんとか損失を取り戻すのに十分な売上を出した。もうけが出始め，文房具店で働く女性と強い協力関係を築いた。そう，最終的にはうまくいったのだが，夜遅くまでランプの下で計算機や紙の束，色鉛筆を使って，必死になって年間報告書の数字を書き上げようとしたこともないわけではなかった。

6 私には素晴らしい経験だった。そういうわけで，子どもたちが風変わりなビジネス，笑えるビジネス，もしくはとんでもないビジネスを経営しているのを見るとき，

私はいつも楽しいと思う。というのも実際，子どもたちが楽しみながら教室では習えないことを学んでいるのを見られるからだ。彼らはどうやって売るのかを学び，社会的なスキルを身につけ，そして市場にすぐに飛び込んでいく。そして正直なところ，彼らはこういったことのすべてを，ただ外に出て試すだけでやってのけようとしているのだ。

7　通りの角でレモネードを売る双子がどれほどかわいいことか。モールの外でバーベキューの店をしているサッカーチームは？　もしくは25セントのデポジットをもらえればショッピングカートを元の場所に戻しに行ってくれる子どもは？

8　あの子どもたちはみんながんばってゲームをしているのだ。だから私たちはこう言うのだ。がんばれ，子どもたち。うまくやれよ。今度ベイクセールでめちゃくちゃ固いクッキーを売るときは教えてくれよ。なぜなら私たちは，軽い消化不良を起こすクッキーをただ買っているわけではないのだから。そうじゃない，私たちは未来に投資しているのだ。

全訳

〔**Ⅲ**〕

1　産業革命は1700年代の終わりから19世紀半ばにかけて起こった。イングランド北部とスコットランドから始まると，ヨーロッパの各地と北アメリカに広まり，都心部は工場生産に移行した。工場労働は，機械を操作するための油断のない頭脳とすばやく動く手を必要としたが，ヨーロッパ中で好まれていた伝統的な飲み物，すなわちビールやワインは，これらの新しい労働環境には合わなかった。

2　かつては，ビールとワインはほとんどの水よりも安全に飲める物であった。温かい飲み物は基本的に知られていなかった。イングランドの平均的な成人は，朝食にビアースープ（卵を入れて作り，パンにかけたもの）を飲むことから始めて，一日中弱いビールを飲んでいた。ビールは重要な栄養源であり，ほとんどの家庭でそれぞれのニーズに合ったビールを作っていた。典型的なイングランド人の家族は，子どもも含めて，一日に一人当たり約3リットルのビールを消費していた。家で作ったビールのアルコール度数にもよるが，平均的な人は半分酔った状態で一日を過ごしていたとも言える。コーヒーが斬新な代替手段を提供した。すなわち，気持ちを静め体を休めるのではなく，目を覚まさせたのである。

3　重要な技術革新，とくに蒸気エンジンの革新はコーヒー産業と貿易の成長を促した。1840年ごろに航海する船に使われた蒸気エンジンは，陸上輸送と同じように海上輸送にも大変革を起こした。風で帆走する船では中央アメリカとたやすく貿易することは不可能だった。季節風が船を何か月も港に留めてしまうからだ。対照的に，カリブ海の外側に位置する島々には，追い風のおかげで一年中訪れることができた。

4　コーヒーは，蒸気エンジン船が現れたとき，中央アメリカとメキシコ南部にとって利益を生む輸出品になった。なぜなら蒸気エンジン船は風の吹く方向にかかわらず港に出入りすることができたからであった。中央アメリカのコーヒー生産高はヨーロッパの産業拡大とともに急増した。コーヒーや紅茶，砂糖の値段は独占が終わるとと

もに低下し，そして供給は増加する需要に伴って拡大した。

5 コーヒーや紅茶は砂糖を入れて飲まれ，ヨーロッパの社会階層を超えて日常の食生活の一部になった。その甘い飲み物にはわずかな栄養しかなかったが，カロリーがありエネルギー源を供給するものであった。フランスでは，コーヒーの消費量は1853年の5000万ポンドから1900年には2億5000万ポンドにまで上昇し，5倍の増加だった。ドイツでは1853年に1億ポンドであった消費が1900年には4億ポンドに増えた。コーヒーの消費はオランダ人，イタリア人，スカンジナビア人の間でも爆発的に増えた。

全訳

〔Ⅳ〕

(1) ダンは徹夜して彼の仕事を終わらせた。そして私もそうだった。

(2) 彼は私に申請書を提出期限の1週間前に完成させるべきだと言った。

(3) もし彼がもっと誠実に行動していたら，彼女は腹を立てなかったかもしれない。

(4) 私たちはこれらの文書に誤りがないかを確認したほうがいい。

(5) 奨学金がなかったら，私はここケンブリッジで英語を学んでいなかっただろう。

(6) この棚のほとんどの品物は私にとってなくてはならないものだ。

(7) 彼女に手紙を書いていればなあ。このままでは，私は彼女に長く沈黙していたことを謝らなければならないだろう。

(8) 彼は，家にいることが問題を避けるためのただ一つの方法だと私を説得しようとした。

(9) 私たちはさまざまな地元の料理をご提供します。テーブルまでいらっしゃって，ご自由にとってください。

(10) 彼は失敗を最大限に生かすという点において，とても前向きである。

〔Ⅵ〕

ジェームズが大学のカフェでリックと話しています。

ジェームズ：リック，やっと見つけた！ この2，3日ずっと君に連絡をとろうとしていたんだよ。もうすぐあるフランス語の試験について君にたずねたかったんだ。僕のメッセージを受け取った？

リック：　　ごめん，ジェームズ。先週の月曜日に僕の携帯は壊れてしまったんだ。

ジェームズ：ほんとに？ どうやって？

リック：　　お風呂につかっている時に落としたんだよ。携帯でゲームをしていたんだ，そしたら手から滑り落ちてしまったんだよ。

ジェームズ：お風呂で携帯を使っているの？ 防水ケースとかに入れずに？

リック：　　わかってるよ。いずれはこうなることもわかっていたよ。
　　　　　　でも実のところ，携帯を壊してしまってむしろうれしいんだ。

ジェームズ：どうして？

リック： 　どれほど自分があの小さな装置に中毒になっていたのか気づいたんだ。まさに文字通り，お風呂にいてもベッドにいても，携帯と暮らしていたんだよ。最初は携帯なしで生活することは本当にきつかったんだけど，2，3日もすると，すごく奇妙なことが起こったんだ。

ジェームズ：それは何だったの？

リック： 　突然，再び自分の生活をコントロールできていることに気がついたんだ。突然，自分だけのすべての時間を自分のものとして使えるようになったんだよ。もし携帯を落としていなかったら，携帯がどれほど僕の生活を乗っ取っていたか，決して気づけなかっただろうね。この一週間の携帯なしの生活は，とても目を見張るような経験だったよ。

ジェームズ：ってことは，新しい携帯を買わないことに決めたんだね？　じゃあ，僕はどうやって君に連絡をとればいいの？

リック： 　手紙を書いてくれればいいよ。

ジェームズ：手紙？　どうすればいいんだい？

リック： 　冗談だよ！　新しい携帯を注文したよ。明日届くんだ。携帯のない日々が恋しくなるだろうね！

同志社英語の 過去問ビジュアル解説

同志社英語の出題傾向を大問ごとに把握して，ビジュアル解説で解答根拠と思考プロセスを分析しましょう！　リーズニング（解答根拠の言語化）が英語力を伸ばし，志望校合格へのカギとなります！

大問1 大問2 長文読解問題
しっかりとした語彙力を土台に総合力で読み解く!!

A 下線部空所補充

長文中の空所に入る単語を選ぶ問題です。同志社の空所補充の特徴は，**選択肢のほとんどが接続詞，前置詞，関係詞**であることです。

解法ポイントは，**選択肢と空所前後の形**に注目して，主に**精読や論理による文脈**で解くことです。特に選択肢が接続詞の場合は，直前直後の論理関係（同内容，逆内容，因果）を考えて解きましょう。（p.054 CHAPTER 2 ④ A①「空所補充問題」）

B 下線部同意語句

下線部の引かれた単語や熟語と同じ意味の選択肢を選ぶ問題です。1つの長文に8～10問出題されます。問題は大きく**「ほぼ知識で解ける問題」**と**「精読して文脈から解く問題」**があります。単語が基本的であればあるほど，知識ではなく「精読して文脈から解く」必要が出てきます。

「ほぼ知識で解ける問題」は，下線部と選択肢の単語・熟語の意味を思い浮かべて，**選択肢が下線部とこの文脈で置き換え可能か**を考えましょう。

「精読して文脈から解く問題」は，下線部を含む文を**精読し，文脈から判断して**選択肢を選びます。「ほぼ知識で解ける問題」と同様，**選択肢が下線部とこの文脈で置き換え可能か**も考えます。（p.060 CHAPTER 2 ④ B①「下線部同意語句」）

C 同意表現問題

長文中で下線部の引かれた句や節の意味・内容をもっとも的確に示す選択肢を選ぶ問題です。基本的に，1つの長文に2～5問出題されます。

解法ポイントは，**下線部を含む文を精読し，選択肢も精読して**同内容の選択肢を選ぶことです。その際，**選択肢が下線部とこの文脈で置き換え可能か**も考えます。
（p.064 CHAPTER 2 ④ B②「下線部同意表現」）

D 語句整序問題

　出題形式は，下線部の文の空所に選択肢の単語を入れ，英文を完成させる並べ替え問題です。同志社の特徴は，**選択肢の中に使われないものが２つ，もしくは３つ含まれている**点です。

　解法ポイントは，動詞に注目，または構文の形に注目してカタマリを作ることです。その際，記号で書くのではなく，英語で書いて選択肢を並べましょう。また，同志社の語句整序は，**直前の文内容とのつながり**を考える問題も出題されます。下線部の文内容だけで解けない場合は，直前の文内容とのつながりも解答根拠にしましょう。(p.057 CHAPTER 2 ④ A②「語句整序問題」)

E 内容一致

　８つの選択肢の中から本文の内容と一致するものを３つ選ぶ形式が多いです。

　解法ポイントは，**各選択肢のキーワードに注目**し，そこから**本文該当箇所**を探します。その後，**選択肢と本文内容を照合**し解答します。

　同志社の内容一致を解くうえでは，**本文該当範囲を探す**作業が一番重要になります。選択肢の順番は本文の順番と同じなので，１，２段落読み進めるごとに選択肢を確認することで，本文該当範囲を探しやすくなります。

(p.078 CHAPTER 2 ④ C②「内容一致」)

F 英文和訳（大問１か大問２のどちらかで１問）

　長文中の下線部を日本語にする英文和訳問題です。大問２のほうで出題されることが多いです。

　解法ポイントは，**文構造（文型）**が把握できているか，**関係詞などの文法ポイント**や**熟語**などを把握したうえで日本語に訳せているかです。

　下線部に含まれる**指示語や代名詞が何を指すのか具体的に明示して訳す**問題も出題されます。基本的には直前の文に指示内容があります。そのため，直前の文をしっかり精読する必要があります。(p.082 CHAPTER 2 ④ D①「英文和訳」)

大問3 会話問題

空所補充はすばやく正確に！ 英作文はじっくりていねいに！

A 空所補充問題

　出題形式は，空所補充が8問です。問題文の最後に10個の選択肢がまとめて記載されている形式です。そのため多くの選択肢の中から，瞬時に候補となる選択肢をしぼる必要があります。

　登場人物2人は，「どちらも外国人」の場合と，「1人が外国人，もう1人が日本人」という場合があります。**問題文の初めに，会話の場所や登場人物の属性などの場面設定**が記載されています。

　解法ポイントは，CHAPTER 2の設問形式別対策「会話問題」にあるように，**空所の直前直後に注目**し，その際，「指示語・代名詞」「省略」「疑問文と答えの形」などのポイントに注目して，直前直後のつながりを考えることです。選択肢が10個と多いため，直前直後と関係のない選択肢をすぐ消去できるように練習しましょう。また英作文に時間を割くため，比較的速いスピードで解答するよう心がけましょう。(p.091 CHAPTER 2 ④ E②「会話問題」)

B 和文英訳（英作文）

　会話中の一文の日本語を英語にする英作文問題です。

　解法ポイントは，与えられた日本語から英作文で使える構文や表現を考えることです。具体的には，文法が問われる**文法ポイント**と英語表現が問われる**表現ポイント**があります。その2つのポイントを押さえながら，英語にします。

　また，減点を減らすことも重要です。減点対象になりがちなポイントとして，**主語と動詞の不一致，可算・不可算名詞のミス，時制のミス**などがあります。

　同志社の英作文では，まれに固有名詞や難単語が含まれますが，**それまでの会話文中に登場している**ことが多いです。(p.085 CHAPTER 2 ④ D②「和文英訳」)

同志社英語の過去問ビジュアル解説　(解答と配点は p.234)

〔**I**〕　次の文章を読んで設問に答えなさい。［＊印のついた語句は注を参照しなさい。］(65点)

65点，和訳なし→25〜30分を時間配分とする
（大問ⅠとⅡはそれぞれ75点前後，和訳ありで35分が基本）

1　You can improve learning — and potentially remember more — by handwriting your class notes. Although computer technology is often necessary today, using a pen or pencil activates more areas of your brain than a keyboard does. These are findings of a new study.

1 パラメモ：手書きすることで学習を改善できる
ペンを使う⟷キーボード

2　As digital devices have (a)taken over society, "keyboard activity is now often recommended as a substitute for early handwriting," a new study notes. The idea is that typing may be easier for young children.

3　"Some schools in Norway have become completely digital," notes Audrey van der Meer, the new study's leader. The human brain has evolved to interact（　W　）the world in as many ways as possible, she notes. She believes that "young children should learn to write by hand successfully, and, at the same time learn to (b)manage a keyboard."

※まず初めに段落番号をふり，大問Ⅰの配点と注の日本語と問題形式（和訳のあるなし）をざっと確認する

ここに注目!!
※第1パラグラフ1文目→テーマの導入を予測
→2文目が1文目の具体説明なので〈抽象→具体〉から，1文目がテーマの導入かつ主張
※Although→逆接マーカー→従属節と主節の逆内容を予測，主節が重要
※more … than 〜→〈比較→対比〉を把握→ペンや鉛筆を使うことvsキーボード（ペンや鉛筆を使うほうが⊕）

逆接マーカー
handwriting の言い換え

ここに注目!!
※keyboard activity と early handwriting →対比
※now often「現在よく〜」→一般論→主張を予測
※may「〜かもしれない」→譲歩→主張を予測
※2パラは〈具体→抽象〉から，2文目が主張（文章全体では2パラは一般論・譲歩）

keyboard activity の言い換え

ここに注目!!
※should→著者（引用文の発話者）の価値表現→主張
※3パラはこの価値表現から，最終文が主張

195

4 Van der Meer is a neuropsychologist*, someone who measures brain activity to better understand learning and behaviors. She works at the Norwegian University of Science and Technology in Trondheim.

5 Using a pen, or a digital stylus*, involves more of the brain than using a keyboard, her new findings show. This is because writing and printing involve (c)intricate movements that activate more areas of the brain. The increased brain activity "(ア)gives the brain more 'hooks' to hang your memories on," she explains.

6 Think about it. The same movement is required to type each letter on a keyboard. (X) contrast, when we write, our brain needs to think about and retrieve memories of the shape of each letter. We also need to use our eyes to watch what shapes we're writing. And we need to control our hands to press a pen or pencil to shape the different letters. All of this uses and connects more areas of the brain.

というのは
〜だからだ

因果マーカー（原因）

対比マーカー

追加マーカー

※4パラは〈抽象→具体〉（1文目が抽象、2文目が具体）から、1文目が主張

※ more … than 〜
→〈比較→対比〉を把握
※ This is because
→因果マーカー（原因）
→前文が結果（主張）

※5パラは〈結果←原因〉（主張→理由説明）から、1文目が主張

※ Think …
→命令文
→具体説明
→何を説明しているか？
→前段落の主張「ペンを使うことはキーボードより脳の多くを使う」
※ type each letter on a keyboard と write
→対比

※ All of this「このすべては」
→直前の内容をまとめる

※6パラは最終文の All of this がまとめになっているので、最終文が主張（文章全体では6パラは5パラの具体説明）

7 Along the way, these processes appear to "open the brain
その途中で、これまでに
up for learning," says Van der Meer. So learning （　Y　）
因果マーカー（結果）
only one format — digital — could be harmful, she worries.

ここに注目!!
※ these processes
→〈these+名詞〉
→直前の内容をまとめる

※7パラは因果マーカー
の So が結果を表し、
段落の結論となる２文
目が主張

8 Van der Meer also points out that taking notes by hand
追加マーカー
stimulates "visual notetaking." Rather than typing blindly,
対比マーカー
the visual notetaker has to think about what is important to
write down. Then, key words can be "interlinked* by
boxes, and arrows, and supplemented by small drawings."

ここに注目!!
※ points out that ～
「～を指摘する」
→that 節が主張

※8パラは points out
that に注目して、１文
目が主張

9 The potential benefits of handwriting for learning and
memory have been (d)debated for some time. The new study
set out to answer two questions. How （　あ　）handwriting
set out to V「～し始める」
（　い　）（　う　）using a keyboard or （　え　）when it
（　お　）to （　か　）new information? And how similar
are handwriting and drawing?

ここに注目!!
※ two questions
→２つの質問を把握
→答えを予測

※9パラは〈抽象→具体〉
（１文目が抽象、２文
目以降が具体）から、
１文目が主張

10 In all, 12 adults and 12 seventh-graders* took part. All
were used to writing in cursive*. Researchers asked each
of them to write and draw with a digital pen. Each was
追加マーカー
also asked to type on a keyboard. While performing these
tasks, each volunteer wore a cap that held electrodes* next

ここに注目!!
※10パラ１文目
→ここから実験
→実験・研究・調査・証
拠が示すもの（実験の
結果など）を予測
→主張と一致
→実験が示すものを予測
しながら実験の段落は
速く読む

※10パラは実験
→実験が示すものを予測
（ほかは速く読む）

to their head. It looked somewhat like a hair net fitted with 256 sensors.

11 Those sensors recorded the recruits' brainwaves, a type of electrical activity, as EEGs. That's short for electroencephalograms*. The electrodes noted which parts of the brain turned on during each task. And they showed that the brain activity was about the same in both the kids and the adults.

ここに注目!!
※11パラも実験
→実験が示すものを予測
（ほかは速く読む）

12 Writing turned on memory areas in the brain. Typing didn't. Drawing images and writing also turned on parts of the brain involved with learning. Writing even activated language areas.

追加マーカー

追加マーカー

ここに注目!!
※12パラも実験かつ実験結果的な内容
→実験が示すものを予測
（実験結果はしっかり読む）

13 This suggests, Van der Meer says, that when we write by hand, "we both learn better and remember better." Her team described its findings July 28 in *Frontiers in Psychology*. Her team now suggests "that children, from an early age, must (イ)be exposed to handwriting and drawing activities in school."

ここに注目!!
※ This suggests ...
that ～「これは～を示す」
→実験が示すもの
→主張と一致

※13パラはこの1文目が主張

14 This study does not recommend (e)banning digital

<追加マーカー（強調）>

devices. In fact, its authors point out, computers and other

devices with keyboards have become essential in many

modern classrooms. Keyboarding also can be especially

helpful for students with certain special needs (such as if

they have trouble using their hands). But nearly all

students will benefit (Z) learning handwriting and

drawing at an early age, the researchers now conclude.

ここに注目!!

※ In fact
→in factは追加マーカー
（強調）「実際には」、
または、逆接マーカー
「しかし実際には」
→前文と同内容か逆内容
かで判断
→前文「禁止することを
勧めていない」と同内
容なので追加マーカー
（強調）

※ But
→逆接マーカー
→後ろが重要（主張）

※14パラは But に注目
して、最終文が主張

15 Based on her data, Van der Meer now says "I would use

a keyboard to write an essay, but I'd take notes by hand

[in class]."

ここに注目!!

※ but
→逆接マーカー
→後ろが重要（主張）

※15パラは but に注目、
but の後ろが主張

16 These new findings (f)back up other studies showing

potential benefits of handwriting, says Joshua Weiner. He

noted that "different parts of the brain might work

together during writing versus typing." Weiner works at

the Iowa Neuroscience Institute in Iowa City. This

institute is part of the University of Iowa's Carver College

of Medicine. Although Weiner was not involved with the

new study, his own research focuses on the formation of

brain circuits.

ここに注目!!

※ other studies
→他のどんな研究か？
→具体説明がくると予測
（具体化）

※16パラは〈抽象→具
体〉から、1文目が主
張

17 His own students type faster than they can write, he finds. Slowing down seems to require them to "think more" when taking notes, he says. He adds that this could "improve memory and (g)enhance learning." Weiner concludes that "writing may be beneficial" as it involves more of a "brain response."

ここに注目!!
※ concludes「結論づけている」
→結論＝主張

※17パラは結論である最終文が主張

18 Van der Meer recognizes that learning to write by hand is a slower process. She also is aware that it requires fine motor skills*. But, she adds, that's good: "If we don't challenge our brain, it can't reach its full potential."

追加マーカー

逆接マーカー　　　　　　　　　　言い換えマーカー

ここに注目!!
※ But
→逆接マーカー
→後ろが重要 (主張)
※ : (コロン)
→言い換えマーカー
→同内容 (抽象→具体)

※18パラは But に注目して，最終文が主張

(By Diane Lincoln, writing for *Science News for Students*,

November 11, 2020)

［注］　neuropsychologist　神経心理学者
　　　　digital stylus　タッチペン，ペン型入力機器
　　　　interlinked　（interlink　繋げる，関連づける）
　　　　seventh-graders　米国における 7 年生
　　　　　　　　　　　　（日本の中学 1 年生に相当する）
　　　　cursive　筆記体
　　　　electrodes　電極
　　　　electroencephalograms　脳波図
　　　　motor skills　運動技能

I－A

空所補充問題 4問

空所(W)～(Z)に入るもっとも適切なものを次の1～4の中からそれぞれ一つ選び，その番号を解答欄に記入しなさい。

(W) 1 among　　2 from　　3 toward　　④ with

> **解法のポイント** 空所補充→選択肢と空所前後に注目
> →語彙または前置詞（interact with）

(X) ① In　　2 On　　3 To　　4 With

> **解法のポイント** 空所補充→選択肢と空所前後に注目
> →語彙または論理マーカー補充問題（in contrast）

(Y) 1 against　　2 around　　3 behind　　④ through

> **解法のポイント** 空所補充→選択肢と空所前後に注目→精読

(Z) 1 before　　② from　　3 of　　4 with

> **解法のポイント** 空所補充→選択肢と空所前後に注目→精読

ここに注目!! (I-A-(W))
※選択肢が前置詞であることと，空所直前のinteract に注目
→interact with「〜と交流する」を思い浮かべる
→interact with the world in as many ways as possible「できる限り多くの方法で世界と交流する」となり文意が合う
→選択肢4 with

ここに注目!! (I-A-(X))
※選択肢が前置詞であることと，空所直後のcontrast に注目
→in contrast「対照的に」を思い浮かべる
→空所前後は「キーボードで文字をタイプする」と「手で書く」の対比
→対比マーカーの in contrast が合う
→選択肢1 In

ここに注目!! (I-A-(Y))
※選択肢が前置詞であることと，空所直後の only one format に注目
→空所を含む文を精読
→「1つの形式のみ〜学習することは有害であるかもしれない」
→空所は「〜を通して」
→選択肢4 through

ここに注目!! (I-A-(Z))
※選択肢が前置詞であることと，空所直前の benefit に注目
→空所を含む文を精読
→「ほぼすべての生徒たちは，早い年齢で手書きと線で描くことを学習すること〜利益を得るだろう」
→空所は「〜から」
→選択肢2 from

I－B
下線部(a)～(g)の意味・内容にもっとも近いものを次の1～4の中からそれぞれ一つ選び，その番号を解答欄に記入しなさい。

(a) taken over
〜を引き継ぐ，〜を支配する

① conquered
支配する

2 defeated
打ち負かす

3 emerged from
〜から現れる

4 succeeded to
〜を継ぐ

> **解法のポイント** 下線部同意語句（熟語）→知識＋文脈
> →精読して文脈から解く（選択肢は下線部とこの文脈で置き換え可）

(b) manage
うまく扱う

1 avoid
避ける

② employ
雇う，使う

3 examine
調べる

4 oversee
監督する

> **解法のポイント** 下線部同意語句（単語）→知識＋文脈
> →精読して文脈から解く（選択肢は下線部とこの文脈で置き換え可）

(c) intricate
入り組んだ，複雑な

① complex
複雑な

2 exciting
わくわくさせる

3 linear
線の

4 unsophisticated
洗練されていない

> **解法のポイント** 下線部同意語句（単語）→知識＋文脈
> →精読して文脈から解く（選択肢は下線部とこの文脈で置き換え可）

(d) debated
議論される

1 attacked
攻撃される

② discussed
議論される

3 overlooked
見落とされる

4 proved
証明される

> **解法のポイント** 下線部同意語句（単語）→知識＋文脈
> →ほぼ知識（単語の意味）で解ける（選択肢は下線部と置き換え可）

ここに注目!! (I-B-(a))
※下線部を含む文を精読
→digital devices have taken over society「デジタル機器が社会を〜している」
→下線部は「支配している」
→選択肢1 conquered「支配する」と同意，置き換え可

ここに注目!! (I-B-(b))
※下線部前後を含む文を精読
→young children should learn to write by hand successfully, and, at the same time learn to manage a keyboard「幼い子どもたちはうまく手で書くことを学ぶべきで，また同時に，キーボードを〜することも学ぶべきだ」
→下線部は「使うこと」
→選択肢2 employ「使う」と同意，置き換え可

ここに注目!! (I-B-(c))
※下線部を含む文を精読
→This is because writing and printing involve intricate movements that activate more areas of the brain.「これは筆記体で書くことやブロック体で書くことは，脳のより多くの領域を活性化させる〜な動きを伴うからだ」
→下線部は「複雑な」
→選択肢1 complex「複雑な」と同意，置き換え可

ここに注目!! (I-B-(d))
※下線部の意味
→have been debated「議論されてきた」
→選択肢2 discussed「議論される」と同意，置き換え可

(e) banning
禁止すること

1　advertising
広告すること

② forbidding
禁止すること

3　ignoring
無視すること

4　upgrading
アップグレードすること

解法の**ポイント**　下線部同意語句（単語）→知識＋文脈
→ほぼ知識（単語の意味）で解ける（選択肢は下線部と置き換え可）

(f) back up
裏付ける

1　challenge
挑戦する

2　copy
コピーする

3　store
蓄える

④ support
支える

解法の**ポイント**　下線部同意語句（熟語）→知識＋文脈
→精読して文脈から解く（選択肢は下線部とこの文脈で置き換え可）

(g) enhance
高める

① boost
促進する

2　complicate
複雑にする

3　set aside
わきに置く

4　slow down
速度を落とす

解法の**ポイント**　下線部同意語句（単語）→知識＋文脈
→ほぼ知識（単語の意味）で解ける（選択肢は下線部と置き換え可）

ここに注目!! (I-B-(e))
※下線部を含む部分の意味
→does not recommend banning digital devices「デジタル機器を禁止することを勧めていない」
→下線部は動名詞で「禁止すること」
→選択肢2 forbidding「禁止すること」と同意, 置き換え可

ここに注目!! (I-B-(f))
※下線部を含む文を精読
→These new findings back up other studies showing potential benefits of handwriting「これらの新しい発見は, 手書きの潜在的な利点を示す他の研究を〜する」
→下線部は「裏付ける, 支える」
→選択肢4 support「支える」と同意, 置き換え可

ここに注目!! (I-B-(g))
※下線部を含む部分の意味
→enhance learning「学習を〜する」
→下線部は「高める」
→選択肢1 boost「促進する」と同意, 置き換え可

同志社大学の出題方針

⑴ 出題方針
　置き換え問題は，文脈に照らして最も適切なものを選択するものが多く，熟読せずに選択肢から解答すると正解に至りにくいように選択肢を慎重に構成した。

⑵ 解答状況および解説
　置き換え問題でも平均得点率の低かった問題は，概ね文脈の正確な理解なしには正解できないものである。置き換え問題は，選択肢から答えを安易に類推するのではなく，選んだ答えに置き換えた場合に本文の論理的整合性が保たれるかを確認した上での解答が要求される。

（大学公式 HP より抜粋）

I－C

下線部同意表現（言い換え問題，置き換え問題）2問

波線部(ア)と(イ)の意味・内容をもっとも的確に表しているものを次の 1 ～ 4 の中からそれぞれ一つ選び，その番号を解答欄に記入しなさい。

(ア) gives the brain more 'hooks' to hang your memories on
脳に記憶をぶら下げるための　　より多くの「フック」を与える

1 enables the brain to focus on what you are learning
脳があなたが学習　　していることに集中することを　　可能にする

2 helps you write more clearly so you can remember things
あなたが物事　　を覚えられるようにあなたがよりはっきり　　と書くのに役立つ

③ makes it easier for the brain to memorize things
脳が物事　　を記憶することをより簡単にする

4 supplies the brain with nutrients necessary to memory
記憶に必要な栄養素を脳に供給する

> **解法のポイント** 下線部同意語句（句・節）
> →精読（選択肢もしっかり精読）
> （選択肢は波線部とこの文脈で置き換え可）

(イ) be exposed to
〜にさらされる，〜にふれる

1 be encouraged to forget about
〜について忘れるように励まされる

② be given opportunities to engage in
〜に関わる機会を与えられる

3 be made to understand the importance of
〜の重要性を理解させられる

4 be taught to fully concentrate on
〜に十分集中するように教えられる

> **解法のポイント** 下線部同意語句（句・節）
> →精読（選択肢もしっかり精読）
> （選択肢は波線部とこの文脈で置き換え可）

ここに注目!! (I-C-(ア))

※選択肢を精読
※ enable O C (to V)
→第 5 文型
→「S は O が C するのを可能にする」
→「S によって O は C できる」
※ help O C (V 原形)
→第 5 文型
→「S は O が C するのを助ける」
→「S によって O は C する」
※ so (that) S can
→so that の that 省略
→「S が〜するために，できるように」（目的）
※ make it 形容詞 for 〜 to V
→第 5 文型，形式目的語構文，不定詞の意味上の主語
→「〜が V するのを…にする」
※ supply A with B
→「A に B を供給する」

※波線部の意味「脳に記憶をぶら下げるためのより多くの「フック」を与える」
→選択肢 3「脳が物事を記憶することをより簡単にする」が「脳に記憶のフックを与える」
→「脳が記憶しやすくなる」という意味で同内容，置き換え可

ここに注目!! (I-C-(イ))

※波線部を含む一文を精読
→「彼女のチームは現在，『子どもたちは幼い頃から，学校で手書きや線で絵を描く活動にさらされなければならない（触れなければならない）』と提唱している」
→「学校で手書きや線で絵を描く活動にさらされる，触れる」と同内容を選ぶ
→選択肢 2「〜に関わる機会を与えられる」が同内容，置き換え可

204

語句整序（並べ替え問題）1問

Ⅰ－D 二重下線部の空所（あ）〜（か）に次の１〜８の中から選んだ語を入れて文を完成させたとき，（あ）と（う）と（か）に入る語の番号を解答欄に記入しなさい。同じ語を二度使ってはいけません。選択肢の中には使われないものが二つ含まれています。

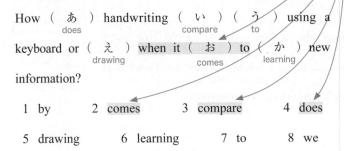

How （ あ ） handwriting （ い ）（ う ） using a
  does   compare   to

keyboard or （ え ） when it （ お ） to （ か ） new
        drawing   comes   learning

information?

1 by   2 comes   3 compare   4 does

5 drawing   6 learning   7 to   8 we

解法の**ポイント**

同志社の語句整序
→動詞・構文の形を中心にカタマリを作る＋文脈
→when it comes to Ving, compare to 〜＋直前直後の文とつながる

※選択肢8つ中2つは使わないことに注意！

ここに**注目!!**

※動詞と構文の形を中心にカタマリを作る！

※ when it （ お ） to
→選択肢2 comes と一緒に when it comes to Ving「〜することになると」
→when it comes to learning new information というカタマリを作る

※ 選択肢3 compare
→選択肢7 to と一緒に compare to 〜「〜と比べる」

※ does
How ... ? という疑問文から疑問文で使う does
→How does

※ handwriting compare to というカタマリを作る，文脈（直前直後の文とのつながり）も考える！

※直前の文の two questions「2つの質問」

※直後の文 And how similar are handwriting and drawing?「手で書くことは線で絵を描くこととどれほど似ているのか」
→この直前直後とつながる文を作る

※必ず英語で書く！
(How) does (handwriting) compare to (using a keyboard or) drawing (when it) comes (to) learning (new information?)「新しい情報を学習することになると，手で書くことはキーボードを使うことや線で絵を描くこととどのように比べられるか？」（1 by と 8 we は使わない）
→直前直後とつながる
（あ）4 does,
（う）7 to,
（か）6 learning

I－E

内容一致問題（8つの中から一致するものを3つ選ぶ）

本文の意味・内容に合致するものを次の1〜8の中から三つ選び，その番号を解答欄に記入しなさい。

解法の**ポイント** 内容一致→各選択肢のキーワードに注目
→本文該当箇所を探す→選択肢と本文内容を照合

※無生物 S show that 〜「S によって（S によると），〜とわかる」

1 A new study shows that students should stop using
因果マーカー（原因・理由）　新しい研究によって，ペンや鉛筆を
computers since using a pen or a pencil stimulates more
使うことは　　　　　　キーボードより脳のより多くの
areas of one's brain than a keyboard does.
領域を刺激するので，生徒はコンピューターを使うのをやめるべきだとわかる。

② A recent study points out that in our digital age young
最近の研究に　　よると，デジタル時代において若者は手で書くよりタイプする
people might find typing easier than writing by hand.
ことのほうがより簡単だと思うかもしれないと指摘されている。

3 According to Van der Meer, taking notes by hand
ファン・デル・ミーアによると，手でメモをとること　は視覚的な記憶を強化し，
strengthens one's visual memory and helps one to type
人がタイプするのに役立つ
without looking at the keyboard.
キーボードを見ないで

ここに注目!! （I-E-1）
※ A new study「新しい研究」（名詞）
→本文該当箇所を探す
→2パラ1文目と照合
→不一致（should ...「コンピューターを使うのをやめるべきだ」は本文中に記述なし）
※ should
→著者の価値表現
→主張
→「やめるべきだ」は本文中に記述なし
※ since
→因果マーカー（原因・理由）
→結果との因果関係を確認
→結果の「やめるべきだ」は本文中に記述なし

ここに注目!! （I-E-2）
※ A recent study「最近の研究」（名詞）と in our digital age「デジタル時代に」（時）
→本文該当箇所を探す
→2パラ1文目2文目と照合
→一致（同内容）
※ might
→譲歩
→should とは逆に著者の主張ではなく一般論

ここに注目!! （I-E-3）
※ Van der Meer（固有名詞）
→本文該当箇所を探す
→3パラ以降でしぼれないので他のキーワードでも探す
※ visual memory「視覚的な記憶」（名詞）
→本文該当箇所を探す
→8パラ1文目2文目と照合
→不一致（選択肢の helps 以下は記述なし）

4 Van der Meer indicates that, though writing can turn on
ファン・デル・　　ミーアは，文字を書くことは学習に関連する　　脳の部分を

逆接マーカー

parts of the brain associated with learning, neither drawing
活性化させる　けれども，線で絵を描くことやタイプする　　×

images nor typing can do so.
ことはそうすることができないと指摘している。

ここに注目!! (I-E-4)

※ neither ... nor
→否定語に注意
→不一致の選択肢でよく
　使われる

※ drawing images「線
　で絵を描くこと」(名詞)
→本文該当箇所を探す
→12パラ3文目と照合
→不一致（否定語
　neither が ×，画像を
　描くことは脳の部分を
　活性化させる）

⑤ A new study suggests that learning handwriting and
新しい研究は，幼少期に手書きや線で絵を描くことを学ぶことは，ほとんどの生徒に

drawing at an early age is beneficial for most students.
とって有益であることを示している。

ここに注目!! (I-E-5)

※ learning
　handwriting and
　drawing at an early
　age「幼少期に手書き
　や線で絵を描くのを学
　ぶこと」(名詞)
→本文該当箇所を探す
→14パラ最終文と照合
→一致（同内容）

逆接マーカー

⑥ Although Weiner was not involved with Van der Meer's
ワイナーはファン・デル・ミーアの研究に関与していなかったけれども，

追加マーカー

research, he also claims that handwriting could be
彼もまた手書きは有益であり，記憶を向上させる可能性があると

beneficial and could improve memory.
主張している。

ここに注目!! (I-E-6)

※ Weiner (固有名詞)
→本文該当箇所を探す
→従属節 (Although ...
　research) は16パラ
　最終文 (Although ...)
　と照合。主節 (he ...
　memory) は17パラ
　3〜4文目 (He adds
　...) と照合
→一致（同内容）

7 Weiner encourages his students to type faster than they
因果マーカー（原因・理由）　　　×　　ワイナーは学生たちに手で書くより速くタ
can write since typing fast activates more areas of the
イプすることを勧めている。なぜなら速くタイプする
brain than writing does.
ことは，手書きよりも脳のより多くの領域を活性化させるからだ。

ここに注目!!〈　（I-E-7)
※ Weiner（固有名詞）と
type faster「速くタイ
プする」
→本文該当箇所を探す
→17パラ1文目2文目
と照合
→不一致（記述なし，ま
たは「手書きがより脳
を活性化させる」とい
う内容と不一致）
※ since
→因果マーカー（原因・
理由）
→結果との因果関係を確
認
→確認する前に結果の内
容「ワイナーは学生た
ちに手で書くより速く
タイプすることを勧め
ている」が記述なし，
または，「手書きがより
脳を活性化させる」と
いう主張と不一致

8 Van der Meer admits that, since learning to write by
因果マーカー（原因・理由）
ファン・デル・ミーアは，手で書くことを学ぶことは
hand is more challenging than learning to type, it is
タイプすることを学ぶより難しいので，生徒が最初にタイプするのをマスターする
more realistic for students to master typing first.
　　　　　　　×
ことはより現実的だと認めている。

ここに注目!!〈　（I-E-8)
※ Van der Meer（固有名
詞）と learning to
write by hand「手で
書くことを学ぶこと」
→本文該当箇所を探す
→18パラと照合
→不一致（「生徒が最初
にタイプするのをマス
ターすることはより現
実的だ」は記述なし）
※ since
→因果マーカー（原因・
理由）
→結果との因果関係を確
認
→確認する前に結果の内
容「生徒が最初にタイ
プするのをマスターす
ることはより現実的だ」
が記述なし

〔**Ⅱ**〕　次の文章を読んで設問に答えなさい。［＊印のついた語
句は注を参照しなさい。〕（85点）
85点，和訳あり→35〜40分を時間配分とする。
（大問ⅠとⅡはそれぞれ75点前後，和訳ありで35分が基本）

1 Coffee is one of the world's most valuable traded natural
commodities, second only to oil, and it is produced and
consumed worldwide. The (a)prized bean is believed to have
originally evolved in the wild in East Africa, but global
exploration introduced it to many different cultures. Today,
coffee is cultivated in more than seventy countries in an
area known as "the bean belt."

2 （　W　） the precise origins of the consumption of coffee
remain uncertain, it was likely first discovered in Ethiopia.
It is thought that at some point before 1000 CE* Ethiopian
tribes began to grind the coffee fruits containing the coffee
seeds or beans and mix them with an animal fat, making a
kind of energy bar to (b)sustain them on hunting trips or
long journeys. Some nomadic* tribes continue to consume
these bars even today.（中略）

3 The earliest evidence of human cultivation of the coffee
plant has been traced back to the fifteenth century in
Yemen. As with accounts of the discovery of coffee, (ア)just

second only to ～「～に次いで2番目の」

逆接マーカー

追加マーカー

※まず初めに段落番号を
ふり，大問Ⅱの配点と
注の日本語と問題形式
（和訳のあるなし）をざ
っと確認する

ここに注目!!
※1パラ1文目
→テーマの導入を予測
→2文目以降1文目の
具体説明なので〈抽象
→具体〉から1文目が
テーマの導入かつ主張

※second only to oil
「石油に次いで2番目
の」
→「石油が1番，コーヒー
が2番」という順位を
把握（順位，数値表現
は設問になりやすい）

※but
→逆接マーカー
→後ろが重要

※more than seventy
countries「70か国以
上」
→数値表現（設問になり
やすい）

ここに注目!!
※at some point
before 1000 CE「西
暦1000年より前のあ
る時期に」
→時間に注目

※2パラから「コーヒー
の歴史・起源」が時間
軸で書かれると予測
（段落ごとの主張では
なく，時間に注目し，
出来事や変化を把握）

ここに注目!!
※the fifteenth
century「15世紀」
→時間に注目

※As with「～と同様
に」
→追加マーカー
→同内容を予測

how it traveled to the Arabian Peninsula is largely a matter of conjecture. Some stories tell of Sudanese slaves chewing on coffee fruits to help them survive the journey from Ethiopia to Arabia; some tell of an Islamic scholar observing the invigorating* effects of coffee on a trip to Ethiopia and bringing it back on his return to the Arabian Peninsula. Yet other tales view the spread of coffee simply as the result of the ongoing trade that existed between the two places.

4 Whatever the precise course of events, fifteenth-century Sufi* monks imbibed* coffee as a beverage to help keep them awake during their nighttime prayers. (イ)It wasn't long before the drink became popular with the rest of the population, particularly the Muslims, who for religious reasons were (c)barred from consuming intoxicating* beverages, such as alcohol. Coffeehouses, known as *kaveh kanes*, multiplied throughout the Arab world, becoming communal hubs for socializing, education, and general merriment*.

5 Coffee became known as "Arabian wine" or "wine of

ここに注目!!
※ fifteenth-century
「15世紀」
→時間に注目

具体例マーカー

Araby," and tales of this dark, bitter, stimulating beverage returned home with the thousands of pilgrims who visited Mecca every year. Venetian traders first introduced coffee to Europe in 1615, probably bringing the beans from the Middle East into Venice, (X) coffee soon became a fashionable beverage. By the 1650s, it was sold on the streets of Venice by lemonade vendors, along with liquor and chocolate, and the first European coffeehouse was opened there in the mid-1600s. Believed to have medicinal benefits, coffee was claimed to cure drunkenness（中略）.

ここに注目!!
※ in 1615「1615年に」、
By the 1650s
「1650年代までに」、
in the mid-1600s
「1600年代中ごろに」
→時間に注目

6 While the drinking of coffee spread throughout the Middle East, westward into Europe, and eastward into Persia and India in the sixteenth and early seventeenth centuries, and thereafter to the New World*, the Arabs attempted to maintain a monopoly in the coffee trade by closely guarding its cultivation — they would boil or lightly roast coffee seeds before they were exported, to render them infertile*. (あ) their efforts, coffee cultivation began to extend (い) the Middle (う) in the seventeenth century, mainly (え) to the Dutch, (お) dominated international shipping trade at that time.

ここに注目!!
※ in the sixteenth
and early
seventeenth
centuries「16世紀と
17世紀の初期に」
→時間に注目

7 Attempts to cultivate coffee plants (d)smuggled from Yemen to Europe in the early seventeenth century failed. However, when the Dutch took control of parts of Ceylon (now Sri Lanka) from the Portuguese in the mid-1600s, they found small coffee plantations begun with plants brought in by Arab traders, which they subsequently developed along with plantations established in their colonies on the Malabar Coast of India. In the late 1690s, they took coffee plants to their colony of Batavia (now Java), which became their main source of supply. From there, seeds were taken back to the Hortus Botanicus (botanical gardens) in Amsterdam and were successfully cultivated in greenhouses in 1706.

8 The first botanical description of the coffee tree, *Coffea arabica*, was made in these gardens by French botanist Antoine de Jussieu in 1713, and today coffee-loving pilgrims can come to the gardens to gaze on plants that have a direct lineage back to the eighteenth century. Their progenitors* were to become the source of most of the cultivated coffee plants in the world today.

逆接マーカー

ここに注目!!
※ in the early seventeenth century「17世紀初期に」
→時間に注目

※ However
→逆接マーカー
→後ろが重要
→逆内容を予測（直前の failed ⊖内容から，⊕内容へ変わると予測）

※ in the mid-1600s 「1600年代中ごろに」
→時間に注目

※ In the late 1690s 「1690年代後半に」
→時間に注目

※ in 1706「1706年に」
→時間に注目

ここに注目!!
※ in 1713「1713年に」
→時間に注目

9 (Y) a separate occasion, in 1670, the Sufi mystic Baba Budan reputedly* smuggled seven coffee seeds from Yemen to the hills of Chikmagalur in Karnataka in southwest India, which was to become a (e)renowned coffee-growing region.

ここに注目!!
※ in 1670「1670年に」
→時間に注目

10 Meanwhile, coffee's spread to the West (f)is attributed to the Columbian Exchange: the transfer of plants, animals, ideas, and diseases between the Eastern and Western hemispheres that followed Columbus's voyage to the New World of the Americas in 1492. Coffee and tea flowed one way, and chocolate in the other direction. The Dutch established coffee cultivation in their South American colony of Dutch Guiana (now Surinam) in the early eighteenth century, and at the same time, the mayor of Amsterdam presented the Sun King of France, Louis XIV, with a coffee plant from the Hortus Botanicus. A cutting from this plant was taken to the French Caribbean colony of Martinique by French naval officer Gabriel Mathieu de Clieu in 1723, and from there coffee spread to other Caribbean islands and to French Guiana. The story goes that coffee plants were smuggled into Brazil in 1727,

ここに注目!!
※ is attributed to
→ 因果動詞（結果←原因）
→因果関係の矢印の向きに注意

※ in 1492「1492年に」
→時間に注目

※ in the early eighteenth century「18世紀初期に」
→時間に注目

※ in 1723「1723年に」
→時間に注目

※ in 1727「1727年に」
→時間に注目

leading to the beginnings of the world's largest coffee industry. With a (g)happy circularity, Brazilian coffee plants were transported to Kenya and Tanganyika (now Tanzania) in East Africa in the late nineteenth century, bringing new coffee varietals* to the area of the plant's wild origins in Ethiopia. Ethiopia has since become one of the top ten commercial coffee producers in the world.

ここに注目!!
※ in the late nineteenth century 「19世紀後半に」
→時間に注目

11 In the New World, coffee became popular in Central and South America under the Spanish and Portuguese in the eighteenth century. In the British North American colonies, (ウ)tea was the drink of choice until 1773, when the settlers rebelled against the heavy (h)duty placed on it by the British government. Following the 1773 Boston Tea Party* protest, coffee became the patriotic drink in the Thirteen Colonies that formed the United States following the War of Independence (1775-83).

ここに注目!!
※ in the eighteenth century 「18世紀に」
→時間に注目

※ until 1773 「1773 年までずっと」
→時間に注目

※1775-83 「1775-83 年」
→時間に注目

12 Today, the (i)vast coffee-cultivation area known as "the bean belt" sits almost entirely within the humid equatorial* region between the two tropics*, comprising growing regions that have steady temperatures of around

ここに注目!!
※ Today 「今日」
→時間に注目
→コーヒーの歴史・起源 の最後となる「現在」 に関する段落

68°F (20°C), rich soil, moderate sunshine, and rain. Many

countries, economies, and about twenty-five million

people now depend (　Z　) coffee cultivation and export.

(From How to Make Coffee: The Science behind the Bean,

by Lani Kingston, 2015)

ここに注目!!
※ now「今，現在」
→時間に注目

[注]　CE　(Common Era　西暦紀元)

　　　nomadic　遊牧民の

　　　invigorating　活力を与える，元気づける

　　　Sufi　スーフィー主義者（イスラム教の神秘主義者）

　　　imbibed　(imbibe　飲む)

　　　intoxicating　人を酔わせる，夢中にさせる

　　　merriment　笑い楽しむこと，陽気な騒ぎ

　　　the New World　新世界
　　　　（「旧世界」であるヨーロッパから見た南北アメリカ大陸）

　　　infertile　（動植物が）繁殖力のない

　　　progenitors　人・動植物の先祖

　　　reputedly　評判では，世評では

　　　varietals　ワインやコーヒーなどの特定栽培地域の品種

　　　Boston Tea Party　ボストン茶会事件
　　　　（本国政府の植民地政策に憤った人々がボストン港で
　　　　イギリス貨物船の積荷の紅茶を海に投棄した事件）

　　　equatorial　赤道直下の

　　　the two tropics　南北回帰線

Ⅱ－A

空所補充問題 4問

Ⅱ－A 空所(W)～(Z)に入るもっとも適切なものを次の1～4の中からそれぞれ一つ選び, その番号を解答欄に記入しなさい。

(W) ① Although　　2 For　　3 Since　　4 When

解法のポイント 空所補充→選択肢と空所前後の形に注目
→論理マーカー補充問題→論理と精読

ここに注目!! 〈Ⅱ-A-(W)〉

※選択肢がほぼ論理マーカー, 空所を含む文の形が( ) SV, SV

→選択肢1, 2, 3が論理マーカーであることに注目して, 論理マーカー補充問題と予測

→空所を含む文の形( ) SV, SV に注目して, SV と SV の論理関係を把握

→選択肢2のみ等位接続詞で( ) SV, SV の形に合わないので切る

→空所を含む文を精読

→従属節 the precise origins of the

consumption of coffee remain uncertain 「コーヒーの消費の正確な起源は不確かなままである」, 主節 it was likely first discovered in Ethiopia「それはおそらくエチオピアで最初に発見されただろう」

→従属節の「不確かなまま」と主節の「おそらく～だろう」は逆内容

→逆接マーカーの Although「～だけれども」が入る

→選択肢1 Although

(X) 1 what　　② where　　3 which　　4 who

解法のポイント 空所補充→選択肢と空所前後の形に注目→関係詞

ここに注目!! 〈Ⅱ-A-(X)〉

※選択肢が疑問詞か関係代名詞か関係副詞, 空所を含む文の形が SV, ( ) SV

→空所を含む文の形が SV, ( ) SV であることに注目して, 関係詞と予測

→空所直後の形が SVC という完全文で, 空所の直前の Venice が場所を表す先行詞になるので, 関係副詞の where が入る

→選択肢2 where

(Y) 1 Against　　2 In　　③ On　　4 When

解法のポイント

空所補充
→選択肢と空所前後の形に注目
→前置詞＋名詞のコロケーション
（単語と単語のよくある組み合わせ）

ここに注目!! 〈Ⅱ-A-(Y)〉

※空所の後ろの occasion

→(Y)名詞, S V という形から前置詞が入る

→名詞 occasion に注目して, occasion とよく一緒に使う前置詞 on を思い浮かべる

→On a separate occasion「別の機会に」となる

→選択肢3 On

(Z) 1 by　　2 in　　3 to　　④ upon

解法のポイント

空所補充
→選択肢と空所前後の形に注目
→熟語（depend on／upon）

ここに注目!! 〈Ⅱ-A-(Z)〉

※空所直前の depend

→depend に注目して, depend on/upon を思い浮かべる

→depend upon coffee cultivation and export「コーヒー栽培と輸出に依存している」となる

→選択肢4 upon

216

下線部同意語句〈言い換え問題，置き換え問題〉9問

Ⅱ－B 下線部(a)～(i)の意味・内容にもっとも近いものを次の1～4の中からそれぞれ一つ選び，その番号を解答欄に記入しなさい。

(a) prized
価値のある

1 admirable 賞賛に値する	2 enhanced 高められた
③ treasured 貴重な	4 victorious 勝利の

解法のポイント

下線部同意語句（単語，未知語）
→知識＋文脈
→精読して文脈から解く
（選択肢は下線部と
この文脈で置き換え可）

ここに注目!! (Ⅱ-B-(a))

※ The prized bean
→prized は単語帳にない未知語だが，〈the＋形容詞＋名詞〉に注目して，the がつく既出の名詞なので，前の文から同内容を把握
→The prized bean「その～な豆」
　＝前文の Coffee
　＝one of the world's most valuable traded natural commodities「世界でもっとも価値のある天然取引商品の一つ」
→The prized bean は「その価値のある豆」と予測
→選択肢3 treasured「貴重な」と同意，置き換え可

(b) sustain
（～の活力を）維持する

1 entertain 楽しませる	2 guarantee 保証する	③ nourish 栄養を与える	4 suspend つるす，一時的に中断する

解法のポイント

下線部同意語句（単語）
→知識＋文脈
→精読して文脈から解く
（選択肢は下線部と
この文脈で置き換え可）

ここに注目!! (Ⅱ-B-(b))

※ sustain them on hunting trips
→代名詞 them が指すものを明確にする
→同じ文の複数形名詞から Ethiopian tribes
→下線部を含む部分を精読すると「狩猟の旅や長旅でエチオピアの部族を維持するための一種のエネルギーバーを作った」
→選択肢から下線部は「エチオピアの部族の人々に栄養を与えるために」と同内容
→選択肢3 nourish「栄養を与える」と同意，置き換え可

(c) barred
禁止される

1 derived 由来する	2 driven 駆り立てられる	③ prohibited 禁止される	4 suffered 苦しむ

解法のポイント

下線部同意語句（単語，未知語）
→知識（動詞の語法）＋文脈
→精読して文脈から解く
（動詞の語法 bar O from Ving）
（選択肢は下線部とこの文脈で
置き換え可）

ここに注目!! (Ⅱ-B-(c))

※ the Muslims, who for religious reasons were barred from consuming intoxicating beverages, such as alcohol
→who 以下は先行詞 the Muslims を説明する関係代名詞の非制限用法，先行詞を代入して一文をイメージ。また，were barred は受動態なのでもとの形（能動態）に戻す
→for religious reasons they barred the Muslims from consuming intoxicating beverages, such as alcohol
→bar O from Ving という形に注目
→prevent/prohibit/keep/stop/forbid/ban O from Ving「Oが～するのを妨げる，禁止する」（動詞の語法）を思い浮かべる
→「宗教上の理由でイスラム教徒たちがアルコールのような人を酔わせる飲み物を飲むことを禁止した」となる
→選択肢3 prohibited「禁止される」と同意，置き換え可

(d) smuggled
密輸された

1 converted systematically
体系的に変えられた

2 introduced officially
公的に導入された

3 traded openly
公然と貿易された

④ transported illegally
非合法に輸送された

解法の**ポイント**

下線部同意語句
（単語，未知語）
→知識＋文脈＋論理＋解答力
→精読して文脈から解く，
論理マーカーから予測，
消去法
（選択肢は下線部とこの文脈で
置き換え可）

ここに**注目!!**〈 （Ⅱ-B-(d)）
※ However
→smuggled は未知語で，次の文の However に注目して，逆内
容から前後の文を精読して予測
→下線部を含む文を精読「17世紀初期に，イエメンからヨーロッ
パへ〜されたコーヒーの木を栽培する試みは失敗した」
→However の文を精読「しかし，1600年代中ごろに，オランダ
人がポルトガルからセイロン（現スリランカ）の一部を支配した
とき，彼らはアラブの商人によって持ち込まれた木で始められた
小さなコーヒー農園を見つけた …」
→下線部「〜された」を消去法で置き換え可能か考える
→選択肢1「体系的に変えられた」と選択肢2「公的に導入され
た」は「コーヒーの木」とつながらないので切る
→選択肢3を入れて「公然と貿易されたコーヒーの木を栽培する
試みは失敗した」とすると，意味は通るが，However 以降との
つながりが悪い。
→選択肢4を入れて「非合法に輸送されたコーヒーの木を栽培す
る試みは失敗した」は文意が合う，また，However 以降の⊕
内容「アラブの商人によって持ち込まれた木で始められた小さな
コーヒー農園を見つけた」とつながる
→選択肢4 transported illegally「非合法に輸送された」と同意，
置き換え可

(e) renowned
有名な

1 contemporary
同時代の，現代の

2 developed
発達した

③ famous
有名な

4 renewed
新たな

ここに**注目!!**〈 （Ⅱ-B-(e)）
※ become a renowned coffee-growing region
→下線部を含む部分の意味→become a renowned
coffee-growing region「有名なコーヒー栽培地域に
なる」
→選択肢3 famous「有名な」と同意，置き換え可

解法の**ポイント**

下線部同意語句（単語）→知識＋文脈
→ほぼ知識（単語の意味）で解ける（選択肢は下線部と置き換え可）

(f) is attributed to
〜に起因する

1 contributes to
〜に貢献する

② originates from
〜から生じる，〜が起源である

3 reinforces
強化する

4 resembles
似ている

解法のポイント
下線部同意語句（熟語）
→知識＋文脈
→ほぼ知識（熟語・単語の意味）で解ける
　（選択肢は下線部と置き換え可）

(g) happy
巧みな，適切な

1 bright
明るい

2 cheerful
元気な

③ fitting
適切な, ふさわしい

4 joyous
楽しい

解法のポイント
下線部同意語句（単語）
→知識＋文脈
→精読して文脈から解く
　（選択肢は下線部とこの文脈で置き換え可）

(h) duty
税

1 fine
罰金

2 obligation
義務

3 punishment
罰

④ tax
税金

解法のポイント
下線部同意語句（単語）
→知識＋文脈
→精読して文脈から解く
　（選択肢は下線部とこの文脈で置き換え可）

(i) vast
莫大な，広大な

1 best
最もよい

② huge
巨大な

3 last
最後の

4 narrow
狭い

解法のポイント
下線部同意語句（単語）
→知識＋文脈
→ほぼ知識（単語の意味）で解ける
　（選択肢は下線部と置き換え可）

ここに注目!!（Ⅱ-B-(f)）
※ is attributed to, 選択肢の1 contributes to, 2 originates from
→is attributed to は因果動詞（結果←原因）だという動詞の語法を思い浮かべる
→因果動詞で「結果←原因」になるのは result from や originate from など。逆に cause, lead to, contribute to, result in, bring about, be responsible for などは〈原因→結果〉の因果動詞（矢印の向きに注意）
→選択肢2 originates from と同意，置き換え可

ここに注目!!（Ⅱ-B-(g)）
※ With a happy circularity
→形容詞 happy が名詞 circularity「循環」を修飾していることに注目
→With a happy circularity「〜な循環とともに」は選択肢3 fitting「適切な」が文意が合う
→選択肢3 fitting「適切な」と同意，置き換え可

ここに注目!!（Ⅱ-B-(h)）
※ the heavy duty placed on it
→下線部前後を精読
→the heavy duty placed on it「紅茶に課せられた重い税金」（it は前にある単数名詞 tea を指す）
→選択肢4 tax「税金」と同意，置き換え可

ここに注目!!（Ⅱ-B-(i)）
※ the vast coffee-cultivation area
→下線部前後を精読
→the vast coffee-cultivation area「広大なコーヒー栽培地域」
→選択肢2 huge「巨大な」と同意，置き換え可

Ⅱ－C

下線部同意表現（言い換え問題，置き換え問題）3問

波線部(ア)〜(ウ)の意味・内容をもっとも的確に示すものを次の１〜４の中からそれぞれ一つ選び，その番号を解答欄に記入しなさい。

(ア) just how it traveled to the Arabian Peninsula is largely a

まさにコーヒーがどのようにアラビア半島に伝わったかは，ほとんど推測の域にある

matter of conjecture

1 how coffee beans became popular among people in the

コーヒー豆がアラビア半島の人々の間で人気が出た方法は，魅力的である

Arabian peninsula is fascinating

2 most indicate that the discovery of coffee beans in the

アラビア半島でのコーヒー豆の発見は，

Arabian peninsula was essentially accidental

基本的に偶然であったとほとんどの人が示している

③ our understanding of how coffee beans spread across the

コーヒー豆がアラビア半島でどのように広まったのかについての見解は，ほとんど

Arabian peninsula is mostly speculative

推測である

4 there is little doubt as to how coffee reached the Arabian

as to 〜
「〜に関して」

コーヒーがどのようにアラビア半島に伝わったかに関して，ほとんど疑いがない

peninsula

解法のポイント

下線部同意表現（句・節）
→論理と精読
（追加マーカー As with）
（選択肢もしっかり精読）
（選択肢は波線部と
この文脈で置き換え可）

ここに注目!! 〈Ⅱ-C-(ア)〉

※波線部直前の As with accounts of the discovery of coffee

→波線部の conjecture が未知語なら，波線部直前の追加マーカー As with「〜と同様に」に注目して，同内容から予測

→As with accounts of the discovery of coffee「コーヒーの発見の説明と同様に」は２パラ１文目の「エチオピアでのコーヒーの発見」と同内容

→波線部 largely a matter of conjecture「ほとんど〜の域」は２パラ１文目の likely「おそらく〜だろう，可能性が高い」と同内容と予測

→波線部は「まさにコーヒーがどのようにアラビア半島に伝わったかは，ほとんど推測の域」と予測

→選択肢1 coffee beans became popular「コーヒー豆は人気が出た」と2 the discovery of coffee beans「コーヒー豆の発見」は波線部 it traveled「コーヒー豆が移動した，伝わった」と不一致

→選択肢3 coffee beans spread「コーヒー豆が広まった」と4 coffee reached「コーヒーが伝わった」は同内容

→選択肢4 there is little doubt「ほとんど疑いがない」は否定語 little「ほとんど〜ない」がすり替え

→選択肢3 mostly speculative「ほとんど推測」は下線部 largely a matter of conjecture「ほとんど〜の問題」と同内容，置き換え可（ただし，選択肢4とまぎらわしく，下線部の conjecture が未知語であればほぼ捨て問となる）

(イ) It wasn't long before the drink became popular with the rest
まもなくその飲み物は他の人々に人気が出た

of the population

　1　Inspired by Sufi monks, religious people of all kinds
　　　スーフィー主義者の修道士に鼓舞されて，あらゆる種類の信心深い人々がコーヒー

　　　regarded coffee as sacred　　※ regard A as B「A＝Bとみなす」
　　　を神聖なものとみなした

　2　It took a long time for people to truly appreciate and
　　　人々が本当にコーヒーの価値を理解し楽しむには長い時間がかかった

　　　enjoy coffee
　　　※ It takes 時間 for 〜 to V「〜が…するのに時間がかかる」

　③　Soon coffee was widely accepted, even among people
　　　まもなくコーヒーは，スーフィー主義者の修道士以外の人々の間でさえ，広く受け

　　　other than Sufi monks
　　　入れられた

　4　The caffeine in coffee opened the minds of most people
　　　コーヒーのカフェインが，その地域のほとんどの人の心を開いた

　　　in the region

> 解法の**ポイント**
> 下線部同意表現（句・節）
> →精読
> 　（It wasn't long before 〜 という構文）
> 　（選択肢は下線部とこの文脈で置き換え可）

(ウ) tea was the drink of choice until 1773
紅茶は1773年まで選択の飲み物だった（of choice を熟語として訳すと，紅茶は1773年まで一般的に好まれる飲み物だった）

　1　tea finally became available in 1773
　　　紅茶はついに1773年に入手できるようになった

　2　tea was accessible until 1773
　　　紅茶は1773年まで入手できた

　3　tea was hard to obtain in 1773
　　　紅茶は1773年に手に入れるのは難しかった

　④　tea was preferred until 1773
　　　紅茶は1773年まで好まれた

> 解法の**ポイント**
> 下線部同意表現（句・節）
> →精読
> 　（下線部を含む一文を精読）
> 　（選択肢は下線部とこの文脈で置き換え可）

ここに注目!! (Ⅱ-C-(イ))
※ It wasn't long before
→「まもなく〜した」という構文
→波線部の意味「まもなくその飲み物は他の人々に人気が出た」
→It wasn't long before は As soon as や soon を使って言い換えできるので，選択肢3のSoonに注目
→選択肢3「まもなくコーヒーは，スーフィー主義者の修道士以外の人々の間でさえ，広く受け入れられた」は同内容，置き換え可

ここに注目!! (Ⅱ-C-(ウ))
※波線部 tea was the drink of choice until 1773 の直訳は「紅茶は1773年まで選択の飲み物だった」
→the drink of choice「選択の飲み物」を波線部を含む一文を精読して予測
→波線部を含む一文「イギリスの北アメリカ植民地では，紅茶は1773年まで選択の飲み物だったが，その年に入植者たちはイギリス政府によって紅茶に課された重い税金に反抗した」
→「1773年まではよく選択された飲み物で，それ以降からコーヒーがよく飲まれるようになった」と判断
→選択肢4 tea was preferred until 1773「紅茶は1773年まで好まれた」が同内容，置き換え可（of choice は「好まれる」という熟語的表現）

Ⅱ－D 二重下線部の空所（あ）〜（お）に次の1〜8の中から選んだ語を入れて文を完成させたとき，（あ）と（え）と（お）に入る語の番号を解答欄に記入しなさい。同じ語を二度使ってはいけません。選択肢の中には使われないものが三つ含まれています。選択肢はすべて小文字にしてあります。

ここに注目!!
※選択肢8つ中3つは使わないことに注意!!

（　あ　）their efforts, coffee cultivation began to extend
Despite

（　い　）the Middle（　う　）in the seventeenth century,
beyond　　　　　　　　　east

mainly（　え　）to the Dutch,（　お　）dominated
due　　　　　　　　　　　　who

international shipping trade at that time.

1 age 　　2 because 　　3 beyond 　　4 despite

5 due 　　6 east 　　　　7 which 　　8 who

解法のポイント

同志社の語句整序
→動詞・構文の形を中心にカタマリを作る＋文脈
→動詞を中心にカタマリをつくる＋直前直後の文とつながる

ここに注目!!（Ⅱ-D）

※動詞と構文の形を中心にカタマリを作る！
※ began to extend, dominated
→選択肢に動詞はなく，空所を含む文に動詞が2つ（began to extend と dominated）あり，それを中心にカタマリを作る
→began to extend の extend は自動詞で，直後には the Middle の前に置く前置詞を考える
→extend から「〜を越えて拡大した」となる beyond を入れる
→the Middle は直後に east を置くと the Middle East「中東」になる
→began to extend の文頭にある（　あ　）their efforts は副詞句なので（　あ　）には前置詞を入れる。選択肢で beyond 以外の前置詞は despite のみ
→前半は，Despite their efforts, coffee cultivation began to extend beyond the

Middle East in the seventeenth century「彼らの努力にもかかわらず，コーヒー栽培は17世紀には中東を越えて広がり始めた」
→後半の（　え　）は直後の to に注目して due を入れて，due to the Dutch「オランダ人が原因で」
→（　お　）は dominated を動詞にした主語がない不完全文となる関係詞節にする
→先行詞は直前の the Dutch「オランダ人」で人なので，（　お　）には関係代名詞の who が入る
→後半は mainly due to the Dutch, who dominated international shipping trade at that time「主にオランダ人が原因で，なぜならオランダ人がその当時国際的な海運貿易を支配していたからだ」
→（　あ　）は選択肢4 despite，（　え　）は選択肢5 due，（　お　）は選択肢8 who

Ⅱ－E 内容一致問題（8つの中から一致するものを3つ選ぶ）
本文の意味・内容に合致するものを次の1〜8の中
から三つ選び，その番号を解答欄に記入しなさい。

解法の**ポイント**

内容一致
→各選択肢のキーワードに注目
→本文該当箇所を探す
→選択肢と本文内容を照合

① Global demand makes coffee one of the world's most
世界的な需要に　※無生物 S makes O C「無生物 S によって，O＝C になる」
desired natural products, surpassed only by oil.
よって，コーヒーは石油に次いで世界で最も望まれる自然製品の一つになっている。

2 Some scholars state that coffee plants originated in the
コーヒーの木は中東に起源があり，その山岳地帯の住民は医学的な目的のために
Middle East, and that the inhabitants of its mountainous
　　×　　生のコーヒー豆を噛んでいたと述べる学者もいる。
regions chewed raw coffee beans for medicinal purposes.

3 Scientists have determined that coffee trees were
コーヒーの木は，15世紀に　　ヨーロッパ人によって　　栽培されたと科学
cultivated by Europeans in the fifteenth century.
者たちは断定している。　　×

ここに注目!! (Ⅱ-E-1)
※ coffee「コーヒー」と oil「石油」（名詞）
→本文該当箇所を探す
※ most desired
→最上級に注意
→不一致の選択肢でよく使われる
※ surpassed only by oil
→「石油にだけ超えられている」
→石油が1番，コーヒーは2番
→1パラ1文目と照合
→一致（同内容）

ここに注目!! (Ⅱ-E-2)
※ coffee plants「コーヒーの木」（名詞），in the Middle East「中東で」（場所）
→本文該当箇所を探す
→2パラ1文目と3パラ1文目と照合
→不一致（2パラ1文目からコーヒーの起源はエチオピア（アフリカ）で，3パラ1文目からコーヒーの木の栽培の起源はイエメン（中東））

ここに注目!! (Ⅱ-E-3)
※ by Europeans「ヨーロッパ人によって」（前置詞＋固有名詞），in the fifteenth century「15世紀に」（時）
→本文該当箇所を探す
→3パラ1文目と照合
→不一致（3パラ1文目から，ヨーロッパ人によってではなく，イエメンで栽培された）

4　In the medieval era, Arabs made a dark, robust wine
中世の時代に，アラブ人はコーヒー豆から黒っぽい

from coffee beans, which the French later imported into
濃厚なワインをつくり，フランス人がのちにそれをヨーロッパに輸入した。

Europe.

ここに注目!!（Ⅱ-E-4）

※ In the medieval era
「中世の時代に」（時），
Arabs「アラブ人」（固
有名詞), wine「ワイン」
→本文該当箇所を探す
→5パラ1文目2文目と
照合
→不一致（5パラ1文目
から，コーヒーは「ア
ラビアのワイン」として
知られていたが「コー
ヒー豆からワインをつく
った」は記述なし。ま
た5パラ2文目から，
コーヒー豆はフランス
人ではなくベニス（イタ
リア）の商人たちがヨー
ロッパへ持って行った）

5　During the eighteenth century, the practice of drinking
18世紀には，コーヒーを飲む習慣が中東

coffee spread throughout the Middle East, then to Europe,
じゅうに広まり，それからヨーロッパへ，そして大西洋を

then across the Atlantic to the New World.
渡って新世界へと広まった。

ここに注目!!（Ⅱ-E-5）

※ During the
eighteenth century
「18世紀に」（時間）
※ the Middle East
「中東」（場所）
※ Europe「ヨーロッパ」
（場所）
※ the Atlantic「大西洋」
（場所）
※ the New World
「新世界」（場所）
→本文該当箇所を探す
→6パラ1文目と照合
→不一致（6パラ1文目
から，コーヒーを飲む
習慣が広まったのは18
世紀ではなく，16世紀
と17世紀の初期）

⑥　The first botanist to give an accurate account of the
コーヒーの木に関して正確な説明をした最初の植物学者は，アントワーヌ・ド・ジュ

coffee plant was Antoine de Jussieu.
シューだった。

ここに注目!!（Ⅱ-E-6）

※ Antoine de Jussieu
（固有名詞）
→本文該当箇所を探す
→8パラ1文目と照合
→一致（8パラ1文目の
前半と同内容）

224

7 The Dutch established coffee plantations in North
オランダ人は，主に先住民の消費者のために，

America mainly for indigenous consumers.
北アメリカにコーヒー農園を設立した。

> **ここに注目!!** (Ⅱ-E-7)
> ※ The Dutch「オランダ
> 人」（固有名詞）
> ※ in North America
> 「北アメリカで」（場所）
> →本文該当箇所を探す
> →10パラ3文目と照合
> →不一致（「北アメリカ」
> ではなく「南アメリカ」，
> 「主に先住民の消費者
> のために」は記述なし）

⑧ The bean belt exists almost exclusively in the region
ビーンベルトは，　　もっぱら南北回帰線の間の地域に存在する。

between the tropics.

> **ここに注目!!** (Ⅱ-E-8)
> ※ The bean belt
> 「ビーンベルト」
> （名詞）
> →本文該当箇所を探す
> →12パラ1文目と照合
> → 一致（12パラ1文目
> の前半と同内容）

Ⅱ－F 本文中の太い下線部を日本語に訳しなさい。（本文の
　　　内容から the two places が具体的にどこかを明示して訳しな
　　　さい。）

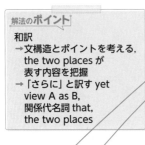

解法のポイント

和訳
→文構造とポイントを考える，
　the two places が
　表す内容を把握
→「さらに」と訳す yet
　view A as B，
　関係代名詞 that，
　the two places

Yet other tales view the spread of coffee simply as the result

of the ongoing trade that existed between the two places.

さらに，ほかの話では，コーヒーの広まりを単にエチオピアとアラビア
半島の間に存在していた継続的な貿易の結果とみなしている。
（コーヒーの広まりを単にエチオピアとアラビア半島の間に存在していた継続的な貿易の
結果と考えている，さらに他の話もある。）

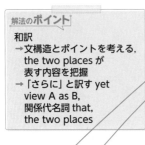

ここに注目!! （Ⅱ-F）

※ the two places が具
体的にどこかを明示し
て
→下線部より前の本文か
らどの2つの場所を指
すのか明確にする
→エチオピアとアラビア
半島

※ Yet other tales
→Yet other tales の
Yet と other に注目し
て other がつくと Yet
は「さらに」と訳す

※ view ... as
→view A as B「A＝B
とみなす」

※ that
→関係代名詞

※下線部のポイント
→まず view A as B を
中心に骨格を訳すと
「さらに，ほかの話では，
コーヒーの広まりを単
に継続的な貿易の結果
とみなしている」
→残りの関係代名詞 that
節を訳すと「2つの場
所の間に存在した」が
先行詞 trade「貿易」
にかかる
→the two places が具
体的にどこかを明示す
ると，下線部の前文の
to Ethiopia と to the
Arabian Peninsula
から「エチオピアとアラ
ビア半島」となる
→下線部全体は「さらに
ほかの話では，コーヒー
の広まりを単にエチオ
ピアとアラビア半島の
間に存在していた継続
的な貿易の結果とみな
している」
（意訳すると「さらに，
単にエチオピアとアラ
ビア半島の間での継続
的な貿易の結果として
コーヒーが広まったと
する話もある」）

226

〔**Ⅲ**〕 次の会話を読んで設問に答えなさい。(50点)

(*Jimmy spots his friend Georgia seated on a park bench, painting. He approaches, looks at what she's working on, and speaks.*)

Jimmy: How do you do that?

Georgia: I do it with a brush and a set of watercolor paints.

Jimmy: You know what I mean. I'm asking how you paint *so well*. I've never been able to sketch so much as a plausible tree.

Georgia: "Plausible Tree" sounds like a good name for a rock and roll band. Don't you play the guitar?

Jimmy: Yes. But don't change the subject. Really, you're so talented with a brush.

Georgia: I've been painting for years. _____(a)**7**

You just get better with practice.

解法の**ポイント**
会話文空所補充 (p.232)
→直前直後のつながりに注目
（同一人物の発言の一貫性）

※まず初めに問題形式をざっと確認する

ここに注目!!
※丸カッコ内のイタリック体（斜体）の英文
→会話の状況設定
→登場人物と場面をイメージ（友達どうし，学生と教授，客と店員，学校，レストランなど）
→今回は「友達どうし，公園，1人が絵を描いている」をイメージ

ここに注目!! (Ⅲ-A-(a))
※ Really, you're so talented with a brush.
※ I've been painting for years.
※(a) You just get better with practice.
→空所(a)は，直前のジミーの発言とつながり，直前直後のジョージアの発言とつながる。また同一人物の発言は一貫性がある
→ジミー「本当に，君は筆を使った絵の才能がすごくあるよ」，ジョージア「私は何年も絵を描いてきたわ。(a) 練習すればうまくなるものなのよ」
→選択肢7 I started when I was just a kid.「ほんの子どものころに始めたの」が直前直後の発言とつながり，特に直前の同一人物の発言「私は何年も絵を描いてきたわ」と一貫性がある

227

Jimmy: If practice was all it took, I'd be pretty good myself.

I took an art class. And I practiced long and often.

Georgia: Let me see what you can do. _____ (b) **4**

Draw a picture of me.

解法の**ポイント**
会話文空所補充 (p.232)
→直前直後のつながりに注目
　（同一人物の発言の一貫性）

(*Jimmy spends a few minutes sketching.*)

Jimmy: There. Give me your honest opinion.

Georgia: My honest opinion is that you're better at geometry

than sketching. _____ (c) **2** Picasso would be

ashamed. Here, let me sketch a picture of you.

解法の**ポイント**
会話文空所補充 (p.232)
→直前直後のつながりに注目
　（同一人物の発言の一貫性）

ここに**注目!!** (Ⅲ-A-(c))
※ Give me your honest opinion.
※ My honest opinion is that you're better at geometry than sketching.
※(c) Picasso would be ashamed.
→空所(c)は，直前のジミーの発言とつながり，直前直後のジョージアの発言とつながる。また同一人物の発言は一貫性がある
→ジミー「正直な意見を言ってよ」，ジョージア「私の正直な意見は，あなたはスケッチよりも幾何学のほうが向いているということね。(c)　ピカソでも恥ずかしく思うわ」
→選択肢2 Does my face really look like a bunch of triangles and cubes? 「本当に私の顔がたくさんの三角形と立方体のように見えるの？」がジョージアの直前直後の発言とつながり，同一人物の発言としても一貫性がある

ここに**注目!!** (Ⅲ-A-(b))
※ I took an art class. And I practiced long and often.
※ Let me see what you can do.
※(b) Draw a picture of me.
→空所(b)は，直前のジミーの発言とつながり，直前直後のジョージアの発言とつながる
→ジミー「僕は芸術の授業をとってたんだ。そして，長くたくさん練習したよ」，ジョージア「あなたができることを見せて。(b)　私の絵を描いてよ」
→選択肢4 Here, take this pencil and sketch pad.「さあ，この鉛筆とスケッチ帳をとって」がジョージアの直前直後の発言「あなたができることを見せて」，「私の絵を描いてよ」とつながる

(She works for a few minutes, then shows Jimmy the result.)

Jimmy:　Oh, you're good for sure. _____(d)**5**_____ I'm not a handsome man, but I have to admit it. That's me. Mind if I use this in my new passport instead of a photo? No one will notice.

> 解法の**ポイント**
> 会話文空所補充 (p.232)
> → 直前直後のつながりに注目 (同一人物の発言の一貫性)

Georgia:　You're welcome to try.

Jimmy:　I wonder. How does talent relate to practice? I think you've got to be born with a gift for art. Talent is given to you. Then you work with it. _____(e)**1**_____

Georgia:　My mother and sister do. ◀

> 解法の**ポイント**
> 会話文空所補充 (p.232)
> → 直前直後のつながりに注目 → 代動詞 do に注目

ここに**注目!!** 〈 (Ⅲ-A-(e))
※代動詞 do
→ 空所(e)は，直後のジョージアの発言 My mother and sister do. とつながり，この発言の代動詞 do に注目
→ 代動詞のもとの動詞の形を考える
→ 空所(e)に選択肢1 Does anyone else in your family paint? 「君の家族で他に誰か絵を描くの？」を入れると，代動詞 do のもとの動詞は paint で My mother and sister paint. 「お母さんと姉（妹）が絵を描くわ」となる
→ このつながりから選択肢1が入る

ここに**注目!!** 〈 (Ⅲ-A-(d))
※ Here, let me sketch a picture of you.
※ (She works for a few minutes, then shows Jimmy the result.)
※ Oh, you're good for sure.
※(d) I'm not a handsome man, but I have to admit it. That's me. Mind if I use this in my new passport instead of a photo? No one will notice.
→ 空所(d)は，直前のジョージアの発言とつながり，直前の状況設定とつながり，直前直後のジミーの発言とつながる。また同一人物の発言は一貫性がある
→ ジョージア「ねえ，あなたの絵をスケッチさせてよ」，状況設定（彼女は2，3分間絵を描き，そしてジミーにできたものを見せる），ジミー「おお，確かに，君は上手だ。(d) 僕はかっこいい男ではない，でも認めなくてはならないね。それは僕だ。写真の代わりにこれを僕のパスポートに使ってもいいかな？ きっとだれも気づかないだろうね」
→選択肢5 I might as well be looking into a mirror. 「僕が鏡をのぞき込むのと同じだよ」がジミーの直前直後の発言とつながり，同一人物の発言としても一貫性がある

Jimmy: You see? A gift for art often runs in families, like the color of a person's eyes. Take those ice-blue eyes in the picture you drew of me. _____(f)8_____ People say I look like him.

> **解法のポイント**
> 会話文空所補充 (p.232) →直前直後のつながりに注目→代名詞に注目

Georgia: So, I'm a "natural-born" painter, as the saying goes? Is that your point?

Jimmy: Yes. Not that you haven't worked hard to develop your gift. I know you have. Your dedication is as admirable as your talent. I'm the laziest man on earth.

Georgia: Painting does come easily to me. Still, I love working at it. I'm glad you noticed.

Jimmy: *That* must be what talent is. [どんなにきつい練習をしてもそれを楽しく感じるなら，君は才能があるということだよ。]

Georgia: I think you may be right. And come on, Jimmy. You aren't lazy. I walk by your apartment five or six times a week. _____(g)9_____ Loudly. And beautifully. Me? I can't whistle even the simplest of tunes. Any musicians in your family?

> **解法のポイント**
> 会話文空所補充 (p.232) →直前直後のつながりに注目→省略に注目

ここに注目!! (Ⅲ-A-(f))

※ Take those ice-blue eyes in the picture you drew of me.
※代名詞 him
→空所(f)は，直前直後のジミーの発言とつながる。また，直後の発言の代名詞 him が誰を指すのか明確にする
→ジミー「君が描いてくれた僕の絵のそれらの青色の目をとりあげてみてよ。(f) 僕は彼に似ているってみんな言う」
→those ice-blue eyes が複数なので，その複数とつながる選択肢8 They're my father's.「それらの目は僕のお父さんのだ」を選ぶ
→直後の発言の him はジミーのお父さんを指す
→直前直後とつながる選択肢 8 が入る

ここに注目!! (Ⅲ-A-(g))

※ I walk by your apartment five or six times a week.
※ Loudly. And beautifully.
→空所(g)は，直前直後のジョージアの発言とつながる。また，直後の発言の Loudly. And beautifully. は副詞のみで，文としては SV が省略されているので，省略を補って考える
→選択肢9 You're always playing the guitar.「あなたはいつもギターを弾いているわ」を入れると，省略されている SV は You're always playing the guitar loudly. And you're always … beautifully. となる
→直前直後とつながる選択肢 9 が入る

Jimmy: Come to think of it, there are. My cousin's a pianist. So is my uncle. And *his* father was in a rock and roll band. Way back in the 1960s. They had a number one hit record. All the radio stations played it. Didn't I ever tell you about that?

Georgia: No! That's really wild. Do you have a copy?

Jimmy: You bet I do. It's on CD now, of course. And I've got it loaded on my smartphone. Here, listen.

(*Georgia takes the phone, plugs in some headphones, starts to dance.*)

Georgia: Great stuff.

Jimmy: Why are you shouting?

Georgia: What? I can't hear you.

Jimmy: Take the headphones off, Georgia!

(*She does.*)

Georgia: Sorry about that. I was getting into it.

(h)**10**　　　　. And as for you, Jimmy. You should start a band.

> 解法の**ポイント** 会話文空所補充 (p.232)
> →直前直後のつながりに注目（同一人物の発言の一貫性）
> →代動詞と指示語にも注目

Jimmy: And call it "Plausible Tree"?

Georgia: Exactly.

ここに注目!!（Ⅲ-A-(h)）
※ Take the headphones off, Georgia!
※ (*She does.*)
※ that と it
※ And as for you, Jimmy. You should start a band.
→空所(h)は，直前のジミーの発言とつながり，直前の状況設定とつながり，直前直後のジョージアの発言とつながる，また指示語 that と it に注目
→ジミー「ヘッドフォンを外しなよ，ジョージア！」
→状況設定（彼女がヘッドフォンを外す）（代動詞 does＝takes the headphones off），ジョージア「それについてはごめんね。その曲に夢中になってたのよ。(h) そしてあなたに関しては，ジミー。バンドを始めるべきよ」（指示語 that は「ヘッドフォンを外して」と言われたことを指す。指示語 it はヘッドフォンで聴いていた曲を指す）
→残りの選択肢 3，6，10 の中で選択肢10 You've got to give me a copy of that CD.「そのCDのコピーを1つ私にちょうだい」（指示語 that は相手のもの（ジミーのもの）を指す）がジョージアの直前直後の発言とつながり，音楽の内容で一貫性がある

Ⅲ-A 空所(a)～(h)に入るもっとも適切なものを次の 1 ～ 10 の中からそれぞれ一つ選び，その番号を解答欄に記入しなさい。同じ選択肢を二度使ってはいけません。選択肢の中には使われないものが二つ含まれています。

1　Does anyone else in your family paint?
君の家族で他に誰か絵を描くの？→(e)

ここに注目!!
※ Does ... ? × 3
→Yes/No 疑問文の形
→同じ形が 3 つあれば 1 つは使わない選択肢と予測

2　Does my face really look like a bunch of triangles and
本当に私の顔がたくさんの三角形と立方体のように見えるの？→(c)

cubes?

3　Does my face really look like a tree?
本当に私の顔が木のように見えるの？

4　Here, take this pencil and sketch pad.
さあ，この鉛筆とスケッチ帳をとって。→(b)

5　I might as well be looking into a mirror.
僕が鏡をのぞき込むのと同じだよ。→(d)

ここに注目!!
※ I might as well be looking × 2
→might as well 「～するほうがましだ，～するのと同じである」（助動詞の慣用表現）
→同じ形が 2 つあれば 1 つは使わない選択肢と予測

6　I might as well be looking out a window.
僕が窓の外をのぞき込むのと同じだよ。

7　I started when I was just a kid.
ほんの子どものころに始めたの。→(a)

8　They're my father's.
それらの目は僕のお父さんのだ。→(f)

ここに注目!!
※ They
→代名詞が何を指すか明確にする

9　You're always playing the guitar.
あなたはいつもギターを弾いているわ。→(g)

ここに注目!!
※ that
→指示語が何を指すか明確にする

10　You've got to give me a copy of that CD.
その CD のコピーを 1 つ私にちょうだい。→(h)

和文英訳 1問

Ⅲ－B 本文中の［　　　］内の日本語を英語で表現しなさい。

どんなにきつい練習をしても それを楽しく感じるなら，君は才能がある ということだよ。

ここに注目!!

※「どんなにきつい練習をしても」
→「どんなにきつい〜しても」は文法ポイントとして、複合関係副詞 however hard SV (no matter how hard SV) を思い浮かべる
→However [No matter how] hard you practice, または、However [No matter how] hard your practice is [may be]

解法のポイント

文法ポイントと表現ポイントを考える
→文法ポイント：複合関係副詞 however hard SV
　　　　　　　　(no matter how hard SV)
　表現ポイント：「それを楽しく感じる」
　　　　　　　　「才能がある」
　　　　　　　　「ということだよ」

※「それを楽しく感じるなら」
→「それを楽しく感じる」は表現ポイントとして、feel it is fun, have fun, enjoy it, find it enjoyable などの表現が使える

However [No matter how] hard you practice, if you feel it is fun, it means you are talented.

または、

However [No matter how] hard your practice is [may be], if you enjoy it, it means you have (a) talent.

※「才能がある」
→表現ポイントとして、talent か gift を使って、you are talented (ジミーの最初から3回目の発言から引用)、you are gifted, または、you have (a) talent, you have a gift

※「ということだよ」
→表現ポイントとして、「それは〜ということを意味する」の it means

問題は別冊 p.38〜55 にあります。自己採点のときに活用してください。わからないところがあったら，もう一度「過去問ビジュアル解説」に戻って再チャレンジしてください。

■ 同志社大 2022-2/5 全学部英語 (解答と配点)

問題番号	設問		正解	配点
I	A	(W)	4	3
		(X)	1	3
		(Y)	4	3
		(Z)	2	3
	B	(a)	1	3
		(b)	2	3
		(c)	1	3
		(d)	2	3
		(e)	2	3
		(f)	4	3
		(g)	1	3
	C	(ア)	3	4
		(イ)	2	4
	D	(あ), (う), (か)	4, 7, 6	6 (完答)
	E		2	6
			5	6
			6	6
II	A	(W)	1	3
		(X)	2	3
		(Y)	3	3
		(Z)	4	3
	B	(a)	3	3
		(b)	3	3
		(c)	3	3
		(d)	4	3
		(e)	3	3
		(f)	2	3
		(g)	3	3
		(h)	4	3
		(i)	2	3

問題番号	設問		正解	配点
II	C	(ア)	3	4
		(イ)	3	4
		(ウ)	4	4
	D	(あ), (え), (お)	4, 5, 8	6 (完答)
	E		1	6
			6	6
			8	6
	F		さらに，ほかの話では，コーヒーの広まりを単にエチオピアとアラビア半島の間に存在していた継続的な貿易の結果とみなしている。	10
III	A	(a)	7	5
		(b)	4	5
		(c)	2	5
		(d)	5	5
		(e)	1	5
		(f)	8	5
		(g)	9	5
		(h)	10	5
	B		However hard you practice, if you feel it is fun, it means you are talented.	10

全訳

〔I〕

1 あなたは学習を改善することができる——そして，より多くのことを記憶できる可能性がある——授業のノートを手書きすることで。今日，コンピューター技術はしばしば必要であるが，ペンや鉛筆を使うことは，キーボードよりも脳の広い領域を活性化する。これらは，新しい研究結果である。

2 デジタル機器が社会を支配しているので，「今日，キーボードを使うことが初期の手書きの代わりとして推奨されることが多くなった」と，新しい研究では指摘されている。キーボードをタイプするほうが幼い子どもたちには簡単かもしれないという考えである。

3 「ノルウェーの学校のなかには，完全にデジタル化されたところもある」と，新たな研究のリーダーであるオードリー・ファン・デル・ミーアは指摘する。人間の脳は，できるだけ多くの方法で世界と交流するように進化してきたと，彼女は述べる。「幼い子どもたちは，うまく手で書けるようになると同時に，キーボードを使いこなせるようになるべきだ」と，彼女は考えている。

4 ファン・デル・ミーアは神経心理学者で，学習と行動をよりよく理解するために脳の活動を測定する人物である。彼女は，トロンハイムにあるノルウェー科学技術大学に勤務している。

5 ペンやタッチペンを使うことは，キーボードを使うよりも多くの脳の領域を使うことが，彼女の新しい研究成果で明らかになった。これは，筆記体や活字体で書くことが脳のより多くの領域を活性化させるような複雑な運動を伴うからである。脳の活動が活発になることで，「脳に，記憶を引っかけるための『フック』が増える」と，彼女は説明する。

6 考えてみてほしい。キーボードで一つ一つの文字を打つときは，同じ動作が求められる。対照的に，私たちが文字を書くとき，脳はそれぞれの文字の形について考え，記憶を呼び起こす必要があるのだ。また，どんな形を書いているかを見るために目を使う必要がある。さらに，ペンや鉛筆を押しあてて異なる文字を形作るために手をコントロールする必要もある。これらはすべて，脳のより多くの領域を使い，つなげているのだ。

7 その動きのなかで，このような過程が「脳を学習へと開放する」ようであるとファン・デル・ミーアは言う。そのため，デジタルという一つの形式だけで学習することは有害かもしれないと，彼女は心配する。

8 また，ファン・デル・ミーアは手書きでノートをとることは，「目視によるノートとり」を刺激すると指摘する。やみくもにタイピングするのではなく，目視によってノートをとる者は何が書き留めるほど重要かを考える必要がある。そして，キーワードを「四角や矢印でつなげ，小さな線画で補足する」ことができる。

9 学習と記憶のための手書きの潜在的な利点は，以前から議論されてきた。この新しい研究では，2つの質問に答えることを目的とした。新しい情報の学習において，

手書きはキーボードの使用や線画を描くこととどのように比較できるのか。また，手書きと線画を描くことはどの程度似ているのか。

10　全部で大人12名と中学１年生12名が参加した。全員，筆記体で書くことに慣れていた。研究者はそれぞれの参加者に，デジタルペンで字を書き，線画を描くように指示した。また，キーボードでタイプすることも求めた。これらの作業をする間，各ボランティアは頭の横に電極を持つ帽子をかぶっていた。それは，256個のセンサーを取り付けたヘアネットのようなものであった。

11　これらのセンサーは，電気活動の一種である参加者の脳波を EEGs として記録した。EEGs とは electroencephalograms（脳波図）の略である。電極は，各作業の間に脳のどの部分が活性化しているかを記録した。そして，脳の活動は子どもも大人もほぼ同じであることがわかった。

12　文字を書くことは，脳の記憶に関わる領域を活性化させたが，タイピングはそうではなかった。画像を線画で描くことと文字を書くことも，学習に関係する脳の部位を活性化させた。文字を書くことは言語に関わる領域さえも活性化させた。

13　このことは，手で文字を書くと，「よりよく学び，よりよく記憶する」ことを示唆している，とファン・デル・ミーアは言う。彼女のチームは，この研究成果を７月28日付の『心理学のフロンティア』誌に掲載した。チームは現在，「子どもたちは幼少期から，学校で手書きや線画を描く活動に触れなければならない」と提唱している。

14　この研究は，デジタル機器を禁止することを奨励しているわけではない。実際，コンピューターやキーボード付きのその他の機器は，現代の多くの教室で必要不可欠なものになっていると，その執筆者たちは指摘している。また，キーボードを打つことは，特別な必要がある生徒（手が不自由な生徒など）にとっては特に助けとなる。しかし，ほぼすべての生徒が，幼少期に手書きと線画を描くのを学ぶことから恩恵を受けるだろうと，研究者たちは今，結論づけている。

15　ファン・デル・ミーアは，自分のデータをもとに，「エッセイを書くときはキーボードを使うだろうが，（授業では）手でノートをとるだろう」と語っている。

16　これらの新しい発見は，手書きの潜在的な利点を示すほかの研究を裏付けるものだと，ジョシュア・ワイナーは言う。彼は，「タイピングに対して，手書きをする間は脳のさまざまな部分がともに働いているのかもしれない」と指摘している。ワイナーは，アイオワシティーにあるアイオワ神経科学研究所に勤務している。この研究所は，アイオワ大学のカーバー医学部の一部である。ワイナーはその新しい研究には関わっていなかったが，彼自身の研究は，脳回路の形成に焦点をあてたものである。

17　彼の学生たちは，文字を手で書くよりもタイプするほうが速いということがワイナーにはわかっている。ノートをとっているときに速度を落とすことは，彼らに「もっと考える」ように求めているようだと彼は言う。このことが「記憶力を向上させ，学習効果を高める」可能性もあると彼は付け加える。ワイナーは，手で書くことは，「脳の反応」のより多くに関わっているので，有益かもしれないと結論づけている。

18　ファン・デル・ミーアは，手で書けるようになることはよりゆっくりした過程であると認識している。彼女はまた，手で書くことには細かい運動技能が必要であるこ

とを認識している。しかし，それはよいことだと彼女は付け加える。「もし私たちが脳を刺激しなければ，脳はその可能性を十分に発揮できない」

全訳

〔**Ⅱ**〕

1　コーヒーは，石油に次いで世界で最も価値のある天然取引商品の一つであり，世界中で生産され消費されている。この貴重な豆は，もともとアフリカ東部の野生で進化したと考えられているが，世界的な探検により，多くのさまざまな文化にもたらされた。現在，コーヒーは「ビーンベルト」として知られている地域にある70か国以上で栽培されている。

2　コーヒーが飲まれるようになった正確な起源は不明だが，おそらく最初に発見されたのはエチオピアであろう。エチオピアの部族は，西暦1000年以前のある時期に，コーヒーの種や豆を含むコーヒーの実をすりつぶし，動物の脂肪と混ぜ合わせ始め，狩猟の旅や長旅で活力を維持するための一種のエネルギーバーを作り始めたと考えられている。今日でもこのバーを消費し続けている遊牧民族もいる。

3　人類がコーヒーの木を栽培した最古の証拠は，15世紀のイエメンにまでさかのぼることができる。コーヒーがどのようにアラビア半島に伝わったかは，コーヒー発見の記録と同様，ほとんど推測の域を出ていない。スーダン人の奴隷がエチオピアからアラビアへの旅を乗り切るためにコーヒーの実を噛んでいたという話や，あるイスラムの学者がエチオピアを訪れた際にコーヒーの活力を与える効果を見てとり，アラビア半島に戻る際に持ち帰ったという話もある。さらに，単にエチオピアとアラビア半島の間での継続的な交易の結果としてコーヒーが広まったとする話もある。

4　正確な経緯はともかく，15世紀のスーフィー主義者の修道士たちは，夜の礼拝の間に眠気を覚ますための飲み物としてコーヒーを飲んでいた。それがほかの人々，特に宗教上の理由でアルコールなどの人を酔わせる飲み物を飲むことを禁じられていたイスラム教徒にも広まったのは，それから間もなくのことである。カベ・ケインとして知られる喫茶店は，アラブ世界に広がり，地域社会の社交，教育，歓談の場となった。

5　コーヒーは「アラビアのワイン」として知られるようになり，この黒くて苦くて刺激的な飲み物の話は，毎年メッカを訪れる何千人もの巡礼者たちとともに故郷へと伝わった。1615年，ベニスの商人が初めてコーヒーをヨーロッパに紹介した。おそらく中東からベニスに豆が持ち込まれ，そこでコーヒーはすぐに流行の飲み物となった。1650年代までには，ベニスの路上でレモネード売りが酒やチョコレートと一緒にコーヒーを販売し，1600年代半ばにはヨーロッパ初の喫茶店が開店した。コーヒーは，医学的な効用があると信じられ，酔いを覚ます効果があるとされた。

6　16世紀から17世紀初頭にかけて，コーヒーの飲用は中東から，西はヨーロッパ，東はペルシャやインドに広がり，その後新世界にまで広がっていったが，アラブ人はコーヒー貿易を独占しようと，輸出する前にコーヒーの種を煮たり軽く炒ったりして繁殖力をなくすなど，栽培を厳しく管理していた。彼らが努力したのにもかかわらず，

17世紀になると，主にオランダ人，つまり当時国際的な海運貿易を支配していた者によって，コーヒーの栽培は中東を越えて広がり始めた。

7　17世紀初頭にイエメンからヨーロッパに密輸されたコーヒーの木を栽培しようとする試みは失敗した。しかし，1600年代半ばにオランダ人がポルトガル人からセイロン（現スリランカ）の一部の支配権を獲得した際，アラブ商人が持ち込んだコーヒーの木から始まった小さなコーヒー農園を発見し，その後，インドのマラバル海岸の植民地に設立した農園とともに発展させた。1690年代後半にはオランダ人は，コーヒーの木を植民地であるバタビア（現ジャワ島）に運び，そこが彼らにとっての主要なコーヒーの産地となった。そこからアムステルダムの植物園に種を持ち帰り，1706年に温室でうまく栽培された。

8　1713年，フランスの植物学者アントワーヌ・ド・ジュシューが，この植物園でアラビカコーヒーノキというコーヒーの木の最初の植物学的記述をおこなった。今日，コーヒーを愛する巡礼者たちは，18世紀にまでさかのぼる直系種の植物を眺めるために植物園に来ることができる。それらの植物の先祖が，今日世界で栽培されているほとんどのコーヒーの原種となる運命であったのだ。

9　また別の機会に，1670年にはスーフィーの神秘主義者ババ・ブダンがイエメンから7粒のコーヒーの種をインド南西部のカルナタカ州チクマガルールの丘に密輸したとされ，この地はのちにコーヒーの名産地となった。

10　その一方で，コーヒーが西洋へと広がったことは，コロンブス交換に起因する。コロンブス交換とは，1492年のコロンブスによるアメリカ大陸という新世界への航海ののち，東半球と西半球の間で植物，動物，思想，病気が移動したことである。コーヒーや紅茶は一方の方向へ，チョコレートは反対方向へ流れていった。18世紀初頭，オランダ人は南米の植民地オランダ領ギアナ（現スリナム）でコーヒー栽培を確立し，同じ頃，アムステルダム市長はフランスの太陽王ルイ14世に植物園のコーヒーの木を贈呈している。1723年，フランス海軍士官ガブリエル・マチュー・ド・クリューがこの木の切り枝をフランス領のカリブ海の植民地マルティニークに持ち込み，そこからほかのカリブ海の島々やフランス領ギアナにコーヒーが広まった。伝えられるところによると，コーヒーの木は1727年にブラジルに密輸され，世界最大のコーヒー産業の始まりにつながった。また，19世紀後半には，ブラジルのコーヒーの木がアフリカ東部のケニアやタンガニーカ（現タンザニア）に運ばれ，エチオピアにあるその木の野生の原産地に新しい品種がもたらされるという，うまい具合の循環が生まれた。その後，エチオピアは世界の商業的なコーヒー生産国のトップ10に入るようになった。

11　新世界では，18世紀にスペインやポルトガルの支配のもと，中南米でコーヒーが普及した。1773年，つまり英国政府が紅茶に課した重税に入植者たちが反発した年までは，北米の英国植民地では紅茶が好まれていた。1773年のボストン茶会事件以降，独立戦争（1775-83年）を経てアメリカ合衆国を形成した13植民地では，コーヒーが愛国的な飲み物となった。

12　現在，「ビーンベルト」として知られている広大なコーヒー栽培地域は，ほぼ全域が南北回帰線の間の湿潤な赤道地帯にあり，華氏68度（摂氏20度）前後の安定した気

温，豊かな土壌，適度な日照と雨を特徴とする生産地から成っている。現在では，多くの国や経済，そして約2500万人の人々がコーヒーの栽培と輸出に依存している。

全訳

〔Ⅲ〕

（ジミーは友だちのジョージアが公園のベンチに座って絵を描いているのに気づく。彼は彼女に近づき，彼女が取り組んでいるものを見て，話しかける。）

ジミー　　：それ，どうやっているんだい？

ジョージア：筆と水彩絵具セットを使って描いてるのよ。

ジミー　　：僕が言ってることをわかっているだろう。僕はどうやってそんなに上手に描いてるかを聞いてるんだよ。僕は，本物っぽい木すら描けたことがないよ。

ジョージア：「本物っぽい木」ってロックンロールバンドの名前としてよさそうに聞こえるわね。あなたは，ギターを弾くのよね？

ジミー　　：弾くよ。でも話を変えないでくれ。本当に，君は筆を使った絵画の才能がすごくあるよ。

ジョージア：私は何年も絵を描いてきたわ。ほんの子どものころに始めたの。練習すればうまくなるものなのよ。

ジミー　　：必要なことが練習だけだったとしたら，僕だって，かなりうまくなっているはずだよ。僕は美術の授業をとってたんだ。そして，長くたくさん練習したよ。

ジョージア：あなたができることを私に見せて。ほら，この鉛筆とスケッチ帳をとって。私の絵を描いてよ。

（ジミーは2，3分かけてスケッチする。）

ジミー　　：ほら。正直な感想を言ってよ。

ジョージア：私の正直な感想は，あなたはスケッチよりも幾何学のほうが向いているということね。実際に，私の顔がたくさんの三角形と立方体みたいに見えるの？　ピカソでも恥ずかしく思うわよ。ねえ，あなたをスケッチさせてよ。

（彼女は2，3分間絵を描き，そしてジミーに結果を見せる。）

ジミー　　：わあ，やっぱり君は上手だなあ。僕が鏡をのぞき込んだときと同じだよ。僕はかっこいい男ではないけど，それを認めなくてはならないね。これは僕だ。写真の代わりにこれを僕の新しいパスポートに使ってもいい？きっとだれも気づかないだろうな。

ジョージア：ぜひ試してみて。

ジミー　　：ねえ，思うんだけどさ。才能と練習は，どのように関係しているのかなあ。絵の才能は生まれ持ったものだと僕は思うよ。才能が与えられる。そして，それを使ってその才能で絵を描くんだ。君の家族でほかにだれか絵を描く人はいる？

ジョージア：母と姉〔妹〕が描くわ。

ジミー　　：ほらね。絵の才能ってのは，しばしば家族で遺伝するんだよ，人の目の色と同じようにね。君が描いてくれた僕の絵のそれらの薄い青色の目を見てみてよ。それらの目は僕の父の目と同じだ。僕は彼に似ているってみんな言うんだよ。

ジョージア：なら，ことわざにあるみたいに，私は「生まれつきの」画家ってことね。それがあなたの要点？

ジミー　　：そうだ。君が才能を伸ばすために一生懸命に努力してないってことじゃないよ。君が努力してきたのは知ってる。君の熱心さは君の才能と同じくらい賞賛に値するよ。僕なんて世界で最も怠惰な人間さ。

ジョージア：絵を描くことは私にとって確かに簡単なことだわ。それでも，がんばって絵に取り組むことが大好きなの。気づいてくれてうれしいわ。

ジミー　　：それが才能の本質に違いないよ。どんなにきつい練習をしてもそれを楽しく感じるなら，君は才能があるということだよ。

ジョージア：あなたは正しいかもしれないわね。そして，ねえジミー。あなたは怠け者なんかじゃないわ。私はあなたのアパートのそばを週に5回か6回は歩いて通るの。あなたはいつもギターを弾いているわ。大きな音で。そして見事に。私？　私は最も簡単な曲でさえ口笛で吹けないわ。あなたの家族には音楽家がいるの？

ジミー　　：そういえば，いるよ。いとこがピアニストなんだ。おじさんもそうだ。そして，おじさんの父親はロックンロールバンドにいたんだ。昔，1960年代にね。彼らはナンバーワンヒットのレコードを出したんだ。ラジオ局の全部がそれを流してたよ。それについて君にこれまで話さなかったっけ？

ジョージア：話してないわよ！　それって本当にすごいじゃないの。コピーを持ってたりする？

ジミー　　：そりゃあ持ってるさ。もちろん，今はCDだけどね。そして僕のスマホにダウンロードしてあるよ。ほら，聞いてみて。

（ジョージアはスマートフォンを受け取り，ヘッドフォンのプラグを差し込んで，踊り始める。）

ジョージア：すばらしいわね。
ジミー　　：なんで叫んでるの？
ジョージア：なに？　聞こえないわ。
ジミー　　：ヘッドフォンを外しなよ，ジョージア！

（ジョージアはヘッドフォンを外す。）

ジョージア：ごめん。夢中になっちゃった。このCDのコピー，私にちょうだいよ。
　　　　　　そして，ジミー，あなたについて意見を言うわね。あなたはバンドを始
　　　　　　めるといいわ。
ジミー　　：それで，バンド名は「本物っぽい木」にするって？
ジョージア：そのとおり。

立命館英語の過去問ビジュアル解説

立命館英語の出題傾向を大問ごとに把握して、ビジュアル解説で解答根拠と思考プロセスを分析しましょう！ リーズニング（解答根拠の言語化）が英語力を伸ばし、志望校合格へのカギとなります！

大問1 長文読解問題

○×△内容一致を対策する！

〔1〕 内容説明

リード文が問う本文中の内容を説明する内容説明問題です。

解法ポイントは、**リード文のキーワードに注目して**、本文中から該当箇所を探し、**選択肢と本文内容を照合**すること。該当範囲を見つけられれば、正解は容易でしょう。（→ p.071 CHAPTER 2 ④ C①「内容説明」）

〔2〕 ○×△内容一致

立命館に特有の問題形式。「本文の内容と一致するもの」「一致しないもの」、**「本文の内容からだけではどちらとも判断しかねるもの」**の3つに分ける問題です。

解法ポイントは、**選択肢のキーワードを手がかりに**、解答根拠となる本文該当範囲を探し、**選択肢と本文内容を照合**すること。また立命館の内容一致に限っては、「本文の内容からだけでは判断しかねる」選択肢があるため、「一致」「不一致」「どちらとも判断しかねる」（○×△）の**判断基準を明確**にするのが重要です。（→ p.078 CHAPTER 2 ④ C②「内容一致」）

〔3〕 タイトル選択問題

本文の内容をもっともよく表すものを5つの選択肢から選ぶ、タイトル選択問題です。

解法ポイントは、**文章全体のキーワードを含むものを探す**こと。また、**文章全体の主張**と照合すること。引っかからないようにしたいのは、文章全体のうちの**一部にすぎない選択肢**です。逆に、文章の**テーマを拡大してしまっている選択肢**も除外しなければなりません。タイトル選択問題では、「本文の一部に書かれているか」ではなく、**「本文全体の主張と合うか」**で判断するようにしましょう。

大問**2** 長文読解問題

空所補充と下線部の指示語に集中！

〔1〕 空所補充問題

　850語程度の長文中にある8か所の空所を埋める方式です。立命館の空所補充は，知識問題はほぼなく，**空所前後の精読と論理**で解く問題が出題されます。選択肢が however, in contrast, for instance などの論理マーカー補充問題も出ます。

　解法ポイントは，**選択肢と空所前後の形に注目**して，主に**精読や論理**で解くことです。(→ p.054 CHAPTER 2 ❹ A①「空所補充問題」)

〔2〕 下線部内容説明（指示語問題）

　下線部の指示語や代名詞の内容を問う出題形式が中心です。

　解法ポイントは，**直前の文の精読**です。下線部の直前の文章に重要な語法や構文が含まれていることが多いため，そこにも注意しましょう。

(→ p.068 CHAPTER 2 ❹ B③「下線部内容説明」)

大問**3** 会話問題

会話表現ではなく，会話の流れで解く！

〔1〕，〔2〕 会話問題

　出題形式は，空所補充問題。**問題文の最後に10個の選択肢がまとめて記載**されている形式です。そのため多くの選択肢の中から，瞬時に**候補となる選択肢をしぼる**必要があります。会話表現は問われません。会話問題のなかでは，選択肢の文が比較的長いことが特徴です。登場人物2人は，ほとんどの場合，どちらも外国人で，問題文の初めに会話の場面設定が書かれています。場面は，学校施設やオフィス，交通機関など日常生活のあらゆる場所に設定されています。

　解法ポイントは，**空所の直前直後に注目**すること。「**指示語・代名詞**」「**省略**」「**疑問文と答えの形**」などのポイントに注目して，直前直後のつながりを考えましょう。選択肢が10個もあるので，直前直後と関係のない選択肢をすぐに消去できるように練習が必要です。(→ p.091 CHAPTER 2 ❹ E②「会話問題」)

大問4 文法・語法4択問題

> 文法・語法は8問中7問以上正解する!

　基本的な文法・語法4択問題です。基本的な問題が多いので，**ミスは0〜1個に抑えましょう**。

　解法ポイントは，空所前後と選択肢に注目し，文法単元を予測し，**形から解く**こと。最初から訳して解こうとするのではなく，形から文法知識を思い浮かべて解きましょう。(→ p.088 CHAPTER 2 ❹ E① 「文法・語法4択問題」)

大問5 語彙問題

> 語彙問題は10問中8問以上正解する!

〔1〕 語彙4択問題

　出題形式は，空所にあてはまる単語を選ぶ語彙4択問題です。単語帳1冊を完ぺきに覚えることで解ける問題が多いです。

　解法ポイントは，**問題文を精読し，選択肢の意味から判断する**こと。難単語が出題された場合は，わかる単語から消去法で解く必要があります。

〔2〕 同意語4択問題

　出題形式は，下線部と同じ意味の単語・熟語を選ぶ同意語4択問題。〔1〕の語彙問題と同様に，基礎単語が中心に問われるため，**単語帳1冊を完ぺきに仕上げておきましょう**。

　解法ポイントは，**下線部前後と選択肢の意味**から判断すること。下線部と選択肢の単語の意味だけで解くことができる比較的簡単な問題がほとんどですが，まれに，下線部の単語が難しい場合があります。その場合は，下線部前後の文を精読し，意味を推測する必要があります。

立命館英語の過去問ビジュアル解説　　（解答と配点は p.284）

I 次の文を読んで，問いに答えなさい。

1　The Hawaiian language has no term for "virtual reality." At least, it didn't in 2017, when the Smithsonian Asian Pacific American Center held its first event in Hawai'i. Visitors to the Honolulu festival — called "*Ae Kai*: A Culture Lab on Convergence" — could learn about Hawaiian fabric-making and surfboard-crafting or watch Hawaiian films and poetry readings. Most of the presenters were native Hawaiians and Pacific Islanders and the signs were in the Hawaiian language. But organizers faced a problem: Some of the words needed to describe the exhibits didn't exist yet.

逆接マーカー
⊖ 言い換えマーカー

2　"We worked with Hina Kneubuhl, a linguist[1] who was taking part in the program," says Kālewa Correa, the center's curator[2] of Hawai'i and the Pacific. "She would ask us questions like, 'What is at the core of virtual reality? What is it, really?' We had to really tease out[3] how to describe that idea within a Hawaiian worldview[4]." The term they came up with was *ho'opili 'oia'i*, which literally

※まず初めに段落番号をふり，（注）と問題形式をざっと確認する

ここに注目!!
※1文目「ハワイ語は「仮想現実」を表す言葉がない」
→テーマの導入「ハワイ語について」

※ the Honolulu festival ...
→問（1）(A)のキーワード
→主催者についての記述を探す

※ But
→逆接マーカー
→後ろが重要（主張）
→問題に問われやすい

※: (コロン)
→言い換えマーカー
→同内容（抽象→具体）

※第1パラグラフは But に注目，最終文が主張

ここに注目!!
※2パラは〈具体→結論〉から，最終文が主張（結論的内容）
（文章全体で見ると，2パラはハワイ語の問題に関する具体説明にすぎない）
→ハワイ語に問題があるという主張が重要）

means "true connection," or being fully immersed in an experience. The Hawaiian language expert presented the word to an official panel that approves new words, and the term was submitted to the modern Hawaiian dictionary.

3 Stories like this remind us of a time when Hawaiian was more actively spoken. Correa recalls that his Portuguese immigrant ancestors on his father's side learned the language when they arrived in the mid-1800s. So did immigrants from China, Japan, Africa, and all over the world. Only about half of the islands' population were indigenous[5] at the time, but Hawaiian was the kingdom's language, spoken in shops, in the fields, in the houses of government.

remind A of B「AにBを思い出させる」

逆接マーカー

4 "It was the language of an advanced, multicultural society," Correa says. "People often don't realize how sophisticated Hawai'i was at the time. We had universal suffrage[6]. We had women judges. King Kalākaua and Queen Kapi'olani were the first monarchs[7] to ever travel around the globe, back in the 1880s." On their tour, the royal couple stopped in Washington, DC, where President

ここに注目!!
※「1800年代半ばに」
　（時）
→過去の記述
→現在との対比を予測

※but
→逆接マーカー
→後ろが重要（主張）

※3パラは最終文のbut
に注目，その後ろが主
張（3パラ全体は過去
の具体説明，⊕内容
→現在の主張を予測）

ここに注目!!
※4パラは〈抽象→具体〉
　（1文目が抽象，2文
目以降が具体）から，
1文目が主張
（4パラ全体は，過去
の具体説明，⊕内容
→現在の主張を予測）

Ulysses S. Grant hosted them at the first-ever state dinner. The queen toured the Smithsonian museum, and when she returned to Hawai'i, she had her boat makers create a special canoe and send it to the museum.

5 In 1896, just a few years after the king died, Kalākaua's sister, Queen Liliuokalani, was overthrown and the US government acquired the islands as a US territory. Part of the overthrow involved banning the Hawaiian language from all schools. By the time Correa was born in 1975, only the elderly could still speak Hawaiian fluently.

ここに注目!!
※5パラは〈具体→結論〉から，最終文が主張（結論的内容）
（5パラ全体は過去の具体説明にすぎない→現在の主張を予測）

6 That changed around the time Correa went to college. A new program at the University of Hawai'i at Hilo revived the language and developed immersion programs[8] for Hawaiian schoolchildren. Today, more than 18,000 people speak Hawaiian fluently, a large proportion of them under the age of 18. Correa is also playing a role in the revival of the Hawaiian language. Through the center, he runs a program called *Our Stories*, which helps native Hawaiian and Pacific Islander filmmakers and multi-media artists share their own tales and perspectives.

追加マーカー

help O C（原形）「O が C するのを助ける」
「映画製作者やアーティストが物語や視点を共有するのを助ける」

ここに注目!!
※「コレアが大学に行く頃，それが変わった」
→⊖から⊕への変化（対比）を予測

※ Today
→過去と現在の対比
→現在が重要

※ Our Stories
→問（2）⑶のキーワード

※6パラは〈抽象→具体〉（1文目が抽象，2文目以降が具体）から，1文目が主張

247

7 One of the *Our Stories* projects is called *Language of a Nation*. It's a four-part series by the native Hawaiian filmmaker Conrad Lihilihi, relying on interviews with 「1896年のハワイ語禁止とその結果を探る— leading Hawaiian historians and cultural experts to explore 流のハワイの歴史家と文化の専門家とのインタビューを頼りにしている」 the 1896 ban and its consequences. "Language really is the code of thinking," says Kaleikoa Kaeo, a professor of ethnic studies at the University of Hawai'i in Maui, in the beginning of the series. "It is really the framework of how we see the world."

ここに注目!!
※ *Language of a Nation*
→ 問 (2) (4)のキーワード

※7パラは〈抽象→具体〉 (1文目が抽象，2文目以降が具体) から，1文目が主張

8 Along with his research and storytelling work, Correa has ～と一緒に，～とともに become interested in the boat Queen Kapi'olani sent to the Smithsonian back in the 1880s. He served as the cultural advisor when his colleague, Joshua Bell, the curator of globalism at the National Museum of Natural History, brought in two native Hawaiian canoe experts to take a look. The Hawaiians pointed out that sometime after it was donated, the queen's canoe was unexplainably modified to include parts of other boats. According to Correa, "They said, 'This is a Samoan mast and it must be part of something else. And those pieces of wood at the bottom — those aren't part of the design. They're the packing

ここに注目!!
※ two native Hawaiian canoe experts
→ 問 (2) (5)のキーワード

※8パラは〈抽象→具体〉 (1文目が抽象，2文目以降が具体) から，1文目が主張

materials that were used to hold the boat straight inside the

crate[9].'" The experts also insisted that the boat needed more

追加マーカー

than just repairs. "The Hawaiian mindset[10] about boats is

almost like the way musicians think about a Stradivarius

violin — that you have to play it and give it energy," says

Correa.

9 The same is true of the Hawaiian language itself.

同じことが　　　　　〜にもあてはまる

Reviving it involves more than learning the vocabulary and

grammar. It requires a whole new kind of engagement.

"Take a place name like Waimea Bay," Correa says, in

reference to a part of the island of Oahu. "*Waimea* means

'reddish-brown waters.' When you see places with

'*waimea*' in their name, it means that people long ago

noticed the reddish color of the water there — a result of

dissolving volcanic rock. Once you know the language, you

understand so much more about the land around you and

how your ancestors saw it. Those stories and perspectives

are still there. You just need to unlock them."

(Adapted from a work by Jennie Rothenberg Gritz)

ここに注目!!

※「それ（＝ハワイ語）を復活させること」（名詞）

※「コレア」（固有名詞）
→問〔1〕Ｄのキーワード

※9パラは〈抽象→具体〉（1文目は前段落とのつなぎ，2文目が抽象，3文目以降が具体）から，2文目が主張

（注）

1. linguist 言語学者
2. curator （博物館などの）学芸員
3. tease out 見つける
4. worldview 世界観
5. indigenous 先住民の
6. suffrage 投票権
7. monarch 君主
8. immersion program 他教科も当該言語で学ぶ外国語学習法
9. crate 木箱
10. mindset 考え方

〔1〕 内容説明問題　4問
本文の意味，内容にかかわる問い(A)〜(D)それぞれの答
えとして，本文にしたがってもっとも適当なものを(1)〜
(4)から一つ選び，その番号を解答欄にマークしなさい。

(A) What was challenging for the organizers of the Honolulu
ホノルルの祭り「Ae Kai：　　　　　　　集中に関する　　　文化実験室」の
festival "*Ae Kai: A Culture Lab on Convergence?*"
主催者にとって，　　　　　　　何が困難だったか。

(1) They could not find enough activities for visitors to
来訪者が参加　　　　　できる十分な活動を　　　　見つけることができなかった。
participate in.

(2) The Hawaiian language did not have terms to describe
ハワイ語には，観客にすべての展示を説明するための用語がなかった。
all the displays to the visitors.

(3) It was difficult to explain the Hawaiian worldview to the
祭りに参加する他の太平洋諸島の人々にハワイの世界観を説明することは困難だ
other Pacific Islanders attending the festival.
った。

(4) An official panel sometimes had trouble approving the
公的な審議会は，現代ハワイ語辞典のための新語の作成を承認するのに苦労する
creation of new words for the modern Hawaiian
こともあった。
dictionary.

解法の**ポイント**
内容説明
→リード文のキーワード（名詞）に注目
→本文該当箇所を探す
→選択肢と本文内容を照合＋解答力（not ... all に注意）

ここに**注目!!**

※「ホノルルの祭り『*Ae Kai ...*』の主催者」（名詞）
→the Honolulu festival "*Ae Kai ...*" の主催者についての記述を探す
→１パラと照合
→選択肢(2)の否定語と all の組み合わせに注意
（それぞれ単独だと間違いの選択肢になりやすいが，組み合わさると正解になりやすい）

(1) １パラ３文目（Visitors ...）＋ 最終文と不一致（肯定が否定にすりかわっている）

(2) １パラ最終文と一致

(3) １パラ最終文と不一致（祭りの主催者の問題ではない，リード文と対応しない本文箇所（２パラのカレワ・コレアの発言の最終文）から作られた選択肢のワナ）

(4) １パラ最終文と不一致（祭りの主催者の問題ではない，リード文と対応しない本文箇所（２パラ最終文）で作られた選択肢のワナ）

(B) Which of the following is NOT given as evidence of how
ハワイが19世紀にどれほど洗練されていたかを示す証拠として

sophisticated Hawai'i was in the 19th century?
あげられていないものは以下のどれか。

(1) The royal family traveled internationally.
王室は国際的に旅行をしていた。

(2) Hawai'i was industrializing at a rapid pace.
ハワイは急速に産業化されているところだった。

(3) Hawai'i had a form of democracy at that time.
ハワイは当時，民主主義の一形態を持っていた。

(4) Women held positions in the higher ranks of the legal
女性は司法制度の高い地位についていた。

system.

```
解法のポイント
内容説明
→リード文のキーワード（時）に注目
→本文該当箇所を探す
→選択肢と本文内容を照合＋解答力（不一致選択に注意）
```

ここに注目!!
※ NOT
→不一致選択に注意
→一致する選択肢3つを
　消して，不一致を消去
　法で選ぶ

※「19世紀」（時）
→19世紀のハワイの状
　況を探す
→4パラと照合
→消去法で選ぶ

(1) 4パラ5文目 King
　Kalākaua and ... と一
　致

(2) 本文に記述なし
→不一致

(3) 4パラ3文目 We had
　universal ... と一致

(4) 4パラ4文目 We had
　women ... と一致

```
【内容説明・内容一致の解法②　選択肢のワナ】
（→ p.071）

①否定語（本文肯定→選択肢否定によるすり替え）
②all, every, always, must など（過剰な表現を入れての本文のすり替え）
③only, just, merely, alone など（限定表現を入れての本文のすり替え）
④主体のすり替え（主語に注意）
⑤因果のすり替え（because など因果関係に注意）
⑥比較対象，比較基準のすり替え（比較に注意）
⑦現実と妄想のすり替え（仮定法に注意）
⑧数値表現のすり替え（数字に注意）
⑨リード文と対応しない本文箇所で作られた選択肢
```

(C) According to the text, what is the current situation

本文によると，ハワイ語に関する現在の状況はどのようなものか。

regarding the Hawaiian language?

regarding「～に関して，～について」（前置詞）

(1) It is mainly spoken by linguists and cultural specialists.

それは主に言語学者や文化の専門家によって話されている。

(2) It is currently in serious decline and unlikely to survive.

それは現在，深刻に衰退していて，生き残る可能性は低い。

(3) More young people are able to speak it fluently than

以前より多くの若者がそれを流暢に話すことができる。

before.

(4) Hawaiian has just been made a compulsory subject in

ハワイ語は高校で必修科目になったばかりである。

high schools.

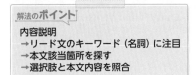

解法の**ポイント**

内容説明

→リード文のキーワード（名詞）に注目

→本文該当箇所を探す

→選択肢と本文内容を照合

ここに注目!!

※「ハワイ語に関する現在の状況」（名詞）

→本文該当箇所を探す

→6パラ3文目
　Today, ... と照合

(1) 6パラに記述なし

(2) 6パラ3文目と不一致

(3) 6パラ3文目と一致

(4) 6パラに記述なし

Kansai University

Kwansei Gakuin University

Doshisha University

Ritsumeikan University

(D) According to Kālewa Correa, why is reviving the language
カレワ・コレアによると，言語を　　　　　　復活させることは
　　⊕
so important?
なぜそれほど重要なのか。

(1) It will enable more people to communicate with elderly
そのことによって，より多くの人が高齢の親族とコミュニケーションをとることがで

relatives.
きるようになるだろう。

(2) It will help people to better understand its vocabulary
そのことによって，人々はその語彙や文法をより深く理解できるようになるだろう。

and grammar.

(3) It will give people a greater appreciation of their history
そのことによって，人々は自分たちの歴史や環境についてより深く理解できるよう

and environment.
になるだろう。

(4) It will allow Hawaiians to better enjoy their visits to
そのことによって，ハワイ人はワイメア湾をより楽しく訪れることができるようにな

Waimea Bay.
るだろう。

ここに注目!!
※「カレワ・コレア」
　（固有名詞）
※ why（原因・理由）
※「言語を復活させるこ
　と」（名詞）
→本文該当箇所を探す
→9パラ2文目以降と照
　合

(1) 9パラ4文目以降と
　　不一致

(2) 9パラ2文目と不一致

(3) 9パラ7文目Once ...
　　と一致

(4) 9パラ4文目以降と
　　不一致

解法のポイント

内容説明
→リード文のキーワード（固有名詞，why，名詞）に注目
→本文該当箇所を探す
→選択肢と本文内容を照合

【内容説明・内容一致の解法①
　リード文，選択肢のキーワード】（→ p.071）

①名詞（人，物，事の名称）
②固有名詞（人名，地名，国名，商品名，会社名などの固有の名前）
③" "（ダブルクォーテーションマーク）（強調か特別な意味を持つ語句）
④イタリック体（本，雑誌，新聞，論文のタイトルなど）
⑤ why, because, since（リード文の原因・理由を探す，因果関係に注目）
⑥時
⑦場所
⑧短い文

内容一致（一致，不一致，どちらとも判断しかねる）5問

〔2〕 次の(1)～(5)の文の中で，本文の内容と一致するものには1の番号を，一致しないものには2の番号を，また本文の内容からだけではどちらとも判断しかねるものには3の番号を解答欄にマークしなさい。

※立命館の内容一致は「どちらとも判断しかねるもの」に注意
→内容一致○×△の解法ポイント

2(1) In the middle of the 19th century, a large majority of the population of Hawai'i were indigenous.
19世紀中ごろ，ハワイの人口の大多数は 先住民であった。

> **ここに注目!!** (1)
> ※「19世紀中ごろ」（時）
> →本文該当箇所を探す
> →3パラ最文文と照合
> →不一致（約半数が先住民）

2(2) When she was in Washington, DC, Queen Kapi'olani presented the President of the United States with a specially made canoe.
カピオラニ王妃は，ワシントン DC に 滞在したとき，アメリカ大統領に特製のカヌーを贈呈した。
A present A with B 「A に B を贈る」 B

> **ここに注目!!** (2)
> ※「ワシントン DC」（場所）
> ※「カピオラニ王妃」「アメリカ大統領」（固有名詞）
> →本文該当箇所を探す
> →4パラ最文文と照合
> →不一致（ハワイに帰ってから博物館に贈呈した）

3(3) The *Our Stories* program was funded by the US government.
『私たちの物語』という プログラムはアメリカ政府から資金を提供されていた。

> **ここに注目!!** (3)
> ※『私たちの物語』（イタリック体）
> →本文該当箇所を探す
> →6パラ最文文，7パラと照合
> →『『私たちの物語』は，映画製作者やアーティストが物語や視点を共有するのを助ける」とあるが，選択肢の「アメリカ政府から資金を提供されていた」かは不明
> →本文に記述なし

1(4) The project, *Language of a Nation*, explores the effects of prohibiting the Hawaiian language in schools.
『ある国の言語』プロジェクトは，学校で ハワイ語を禁止することの影響を 探るものである。

1(5) Hawaiian canoe experts discovered that the canoe donated to the museum by Queen Kapi'olani had been changed from its original form.
ハワイのカヌーの専門家は， カピオラニ王妃から 博物館に寄贈された カヌーが，もとの形から変わって いることを発見した。

> **ここに注目!!** (4)
> ※『ある国の言語』（イタリック体）
> →本文該当箇所を探す
> →7パラと照合
> →7パラ2文目と一致

> **ここに注目!!** (5)
> ※「ハワイのカヌーの専門家」（名詞）
> →本文該当箇所を探す
> →8パラ2，3文目と照合
> →一致

解法のポイント
内容説明
→各英文のキーワードに注目
→本文該当箇所を探す
→選択肢と本文内容を照合＋解答力
　（どちらとも判断しかねるものに注意）

【内容一致○×△の解法ポイント】
「一致，不一致，どちらとも判断しかねる（○×△）」の判断基準を明確にする！

・本文と一致→○→1
・本文と不一致→×→2
・どちらとも判断しかねる→△→3

Kansai University
Kwansei Gakuin University
Doshisha University
Ritsumeikan University

〔3〕 本文の内容をもっともよく表しているものを(1)～(5)から一つ選び，その番号を解答欄にマークしなさい。

(1) A festival in Honolulu: "*Ae Kai*: A Culture Lab on
ホノルルの祭り「Ae Kai：集中に関する文化実験室」
Convergence"

(2) The historical relationship between the United States and
アメリカ合衆国とハワイの歴史的関係
Hawai'i

(3) An example of saving an endangered language and its
絶滅の危機に瀕している言語とそれに関連する文化を救うことの一例
related culture

(4) How immigration has influenced the language and culture
移民がどのようにハワイの言語と文化に影響を与えたか
of Hawai'i

(5) The importance of maintaining language diversity in the
21世紀に言語多様性を維持することの重要性
twenty-first century

解法の**ポイント**

タイトル選択
→文章全体のキーワードを含み，文章全体の主張と照合
（文章全体の一部にすぎない選択肢に注意）

ここに**注目!!**

※文章全体の主張である「ハワイ語の復興」と照合

(1)文章全体の主張と不一致
→「ホノルルの祭り『Ae Kai』」は文章全体の一部にすぎない

(2)文章全体の主張と不一致
→「アメリカ合衆国とハワイの歴史的関係」は文章全体の一部にすぎない

(3)文章全体の主張と一致
→「絶滅の危機に瀕している言語＝ハワイ語とその関連文化を救うこと」は文章全体の主張

(4)文章全体の主張と不一致
→「移民」は文章全体の一部にすぎない

(5)文章全体の主張と不一致
→「21世紀に言語多様性を維持することの重要性」は，「ハワイ語」という文章全体のキーワードへの示唆がなく，文章全体の主張を広げすぎている（テーマの広げすぎに注意）

Ⅱ 次の文を読んで，問いに答えなさい。

1 In 2020, a team led by Dr Gilad Bino visited the area surrounding the Manning and Hastings rivers, on the Mid North Coast of New South Wales, Australia. Only six months previously, fire had swept through the area, destroying ecosystems already damaged by continued drought, and Bino, a freshwater ecologist, was there to assess the effects of these multiple disasters on platypus[1] populations. Over two weeks, Bino's team used nets to trap and count platypuses along Dingo Creek, examining captured animals before returning them to the water. They

追加マーカー

also carried out surveys of the populations of macroinvertebrates[2] that platypuses depend upon for food.

2 InterChannel⊕

Interestingly, Bino's team's findings suggested that even in areas badly damaged by fire, macroinvertebrate numbers

⊕ 逆接マーカー

were relatively high. But when it came to platypuses, ⓐit

when it comes to ～
⊖ 「〜のことになると、〜に関しては」

was a very different story. On sections of creek unaffected by fires, the team were able to catch six platypuses over

6匹のカモノハシ　　3夜で

three nights. (A), in areas that weren't directly affected

逆接マーカー

by the fires but had suffered indirect impact in the form of

追加マーカー

erosion[3] and poor water quality, the team were also able to

（右段 注記）

※まず初めに段落番号をふり，（注）と問題形式をざっと確認する

※立命館の大問2は，空所補充と下線部内容説明が出題される。内容一致が出題されないので，問題のリード文を先読みする必要はない

※空所と下線部の前後は論理と精読でしっかり読み込み，他は大意を把握して速く読む（強弱をつけて読む）

※大問4で文法・語法4択問題が出題されるため，空所補充では文法知識問題は出題されない。立命館の空所補充は論理と精読で解く

※下線部内容説明は，主に指示語・代名詞が問われる

ここに注目!!
※ But
→逆接マーカー
→後ろが重要（主張），逆内容を予測（⊕から⊖へ）
→「大型無脊椎動物」⊕内容⟷下線部ⓐ「カモノハシ」⊖内容
→問（2）ⓐ

※ six platypuses
※ over three nights
→数値表現（設問になりやすい）

※ also
→追加マーカー

（縦書き右端タブ）Kansai University　Kwansei Gakuin University　Doshisha University　Ritsumeikan University

257

trap several platypuses over two nights. However, on sections of creek directly affected by fire the team caught only one platypus over five nights in one location, and another one at a second location. Even more ☐(B), they found no young platypuses at any location, suggesting none of the populations had bred successfully in the previous year.

3 Although disturbing, Bino didn't find these ☐(C) surprising: "Intuitively[4], it makes sense that fire and drought pose significant threats to freshwater species, especially in combination." But his team's findings were significant. "Previous studies that looked at the impact of fires on platypuses didn't find a strong association between fire and platypus numbers. ☐(D), in those studies the condition of the rivers wasn't as dire[5] as it was at the peak of the drought in 2019 when the fires hit."

4 There seems little question these conditions had already placed pressure on platypus populations. Bino thinks that as creeks and rivers dry out, platypuses have to move along the dry stream bed in search of the deep pools they use as

---

逆接マーカー

数匹のカモノハシ　2夜で
1匹のみのカモノハシ　5夜で
もう1匹のカモノハシ
0匹の若いカモノハシ

逆接（譲歩）マーカー
言い換えマーカー
逆接マーカー
=Previous studies

ここに注目!!
- ※ several platypuses
- ※ over two nights
  →数値表現
- ※ However
  →逆接マーカー
  →後ろが重要（主張）
  →逆内容を予測
- ※ only one platypus
- ※ over five nights
- ※ no young platypuses
  →数値表現

ここに注目!!
- ※ these
  →直前の複数の内容を指す
  →2パラの調査結果と判断
- ※ But
  →逆接マーカー
  →後ろが重要（主張）
- ※ those studies
  →直前の複数の studies を指す
  →前文の Previous studies を指す

shelter. This puts them at risk of attack by invasive species[6]

具体例マーカー
such as foxes and cats. He believes (ⅴ)<u>this</u> was happening in

因果マーカー（原因・理由）
these areas because some of the local people who live along

the river mentioned seeing fox holes with platypus

逆接（譲歩）マーカー
carcasses[7] scattered about. More importantly, though,

Bino's study suggests the drought alone was not enough to

account for the drop in platypus populations.   (E) , the

number of platypuses in the rivers seems to be linked to

追加マーカー
whether the rivers and their surrounding areas had also

been affected by fire.

ここに注目!!
※下線部の this
→問（2）(ⅴ)

※ More importantly
「さらに重要なことに」
→著者の価値表現
→重要（主張）

5 Fire has a variety of direct impacts upon platypuses

因果マーカー（原因・理由）
because it damages important vegetation that they rely

upon. The upper sections of riverside plants offer shade,

B
cooling the water and protecting the animals from direct

対比マーカー   A
sun, as well as providing a habitat for the insects whose

A だけでなく B（=not only A but also B）
larvae[8] form a significant part of the platypus' diet.

Simultaneously, the roots of bushes and trees growing

along the riverbank support the burrows[9] in which the

追加マーカー
species breeds and rests. Fires also affect platypuses in less

因果マーカー（原因）
direct ways. Run-off of ash and increased erosion resulting

～から生じる，～に原因がある
from loss of vegetation in river systems reduce water

quality, leading to the build-up of toxins[10] and organic compounds, and decreasing oxygen.

6 It might come as a shock to many that we (F) the health of the platypus. After all, as well as their significance in many Aboriginal cultures, the species has long been a subject of scientific and public curiosity. In the 18th and 19th centuries, much of ㋒this revolved around the way the platypus seemed to belong to two different classes of organism, exhibiting the characteristics of mammals alongside ones associated with birds.

7 A lack of data on this exceptional creature's health and habitat has created a situation in which platypus populations could suffer rapid declines or local extinctions without scientists or policymakers noticing. This concern prompted Dr Tahneal Hawke to try to develop a better understanding of platypus distribution and abundance over time. ㋓To do this, Hawke searched newspaper reports, natural history books, explorers' journals, and museum records for references to platypuses. The results were clear. Over the past 20 years, platypuses appear to have

ここに注目!!

※ might come as a shock「ショックであるかもしれない」
→著者の価値表現
→主張
→具体説明か理由説明がくると予測（具体化）

※ After all「結局」
→結論マーカー
→前文の might come as a shock に注目し、After all は結論ではなく理由説明として「なにしろ～だから」と訳す

※ as well as
→as well as A, B「A だけでなく B」
→対比マーカー
→B が重要

※下線部の this
→問（2）㋒

ここに注目!!

※無生物主語構文
〈無 S prompt O C (to V)〉
「無 S は O が～するのを促す」
→「無 S によって、O は C する」と訳す
（無 S が原因、OC が結果、V (prompt) は訳さないか意訳する）

※下線部の this
→問（2）㋓

disappeared from 21.3 per cent of their known historical territory.

8 Hawke's research also offers an alarming glimpse of a time when platypuses were ⬚(G). Records from the 19th century frequently describe sightings of as many as 20 platypuses in an hour or two, often in daylight. Likewise, thousands of platypus furs passed through markets in Sydney and elsewhere, with one merchant in Nowra claiming to have sold as many as 29,000 furs in the years before World War I.

追加マーカー
〜もの

ここに注目!!
※ alarming「不安にさせる，警戒すべき」⊖
→著者の価値表現
→主張
→具体説明か理由説明がくると予測（具体化）

9 The recent ⬚(H) platypus populations are likely to become more apparent in years to come. As a result, Bino, Hawke and their colleagues at the Centre for Ecosystem Science recently applied to have the platypus listed as a threatened species. They hope ⓐthis will lead to better monitoring of platypus populations, and more careful consideration of threats from developers and water management agencies. The team will be returning to carry out follow-up surveys. Their findings will contain important lessons about the future of this remarkable

因果マーカー（結果）
今後数年で，近い将来
V
O
C
have O C(Vpp)「OがCされる／ようにする」

ここに注目!!
※ As a result
→因果マーカー（結果）
→前が原因，後ろが結果

※下線部の this
→問（2）お

animal in a climate-changed world.

(Adapted from a work by James Bradley)

(注)

1. platypus   カモノハシ
2. macroinvertebrate   大型無脊椎動物
3. erosion   浸食
4. intuitively   直感的に
5. dire   悲惨な
6. invasive species   外来種
7. carcass   (動物の) 死体
8. larvae   幼虫
9. burrow   巣穴
10. toxin   毒素

空所補充問題 8問

〔1〕 本文の （A） ～ （H） それぞれに入れるのにもっとも適当なものを(1)～
(4)から一つ選び，その番号を解答欄にマークしなさい。

(A) (1) As a result
その結果

(2) In contrast
対照的に

(3) Likewise
同様に

(4) Nevertheless
それにもかかわらず

解法のポイント

空所補充
→選択肢に注目
→論理マーカー補充問題
→論理と精読
（also と数値表現に注目）

ここに注目!!
※選択肢が論理マーカー
→空所前後の論理関係を把握する
→also に注目
→追加マーカー
→同内容を予測
→空所の前「〜地域では，3夜で6匹のカモノハシを捕獲できた」
空所の後「〜地域では，2夜で数匹のカモノハシをまた捕獲できた」
→空所の前後が同内容であることから，追加マーカー（同内容）の選択肢(3)が入る

(B) (1) concerning
気にする，心配する

(2) encouraging
励ます

(3) satisfying
満足させる

(4) tiring
疲れさせる

解法のポイント

空所補充
→選択肢に注目
→論理と精読
（However と数値表現に注目）

ここに注目!!
※空所の前文の However に注目
→逆接マーカー
→後ろが重要（主張），逆内容を把握
→However の前「〜地域ではカモノハシが数匹捕獲できた」⊕
←→However のあと「（しかしながら）〜地域では，5夜で1匹のみ」⊖
→空所のあとを精読「さらに〜なことに，若いカモノハシは1匹も見つからなかった」⊖
→⊖内容が続くことから，選択肢(1)を入れて，Even more concerning「さらに気がかりなのは」となる

(C) (1) opinions
意見

(2) questions
質問

(3) results
結果

(4) strategies
戦略

解法のポイント

空所補充
→選択肢と空所前後に注目
→these に注目
→精読（指示語 these, find O C）

ここに注目!!
※ these に注目
また，find O C「O＝Cと思う」を把握
→these は直前の複数の内容を指す
→直前の段落である2パラの調査結果と判断
→「これらの調査結果＝驚くものだと思わなかった」
→選択肢(3)が入る

(D) (1) For instance
たとえば
(2) However
しかしながら

(3) Similarly
同様に
(4) Therefore
したがって，その結果

ここに注目!!

※選択肢が論理マーカー
→空所前後の論理関係を把握する
→空所の前「火事がカモノハシに与えた影響を調べた過去の研究では，火事とカモノハシの数の間に強い関連性は見つからなかった」，空所のあと「それらの研究では，河川の状態は，火事が襲った2019年の干ばつのピーク時ほど悲惨なものではなかった」
→空所の前「過去の研究では，火事とカモノハシの数の間に強い関連性はなかった」と空所のあと「その研究では，河川の状態は悲惨なものではなかった」の関係は，前が結果で後ろが原因という因果関係
しかし，選択肢に原因・理由を表す因果マーカーはない。代入法 & 消去法で考える（結論として，論理関係が不明瞭な捨て問である）

(1)「過去の研究では，火事とカモノハシの数の間に強い関連性はなかった。（たとえば）その研究では，河川の状態は悲惨なものではなかった」
→〈抽象→具体〉の論理関係ではない

(2)「過去の研究では，火事とカモノハシの数の間に強い関連性はなかった。（しかしながら）その研究では，河川の状態は悲惨なものではなかった」
→因果関係かつ逆接として考えられる
→「確かに火事とカモノハシの数の間に強い関連性はなかった。しかしながら，河川の状態は悲惨なものではなかったからしかたがない」
→選択肢(2)が入る。（論理関係が不明瞭な捨て問）

(3)「過去の研究では，火事とカモノハシの数の間に強い関連性はなかった。（同様に）その研究では，河川の状態は悲惨なものではなかった」
→同内容の追加と考え，この選択肢を入れてもしかたがない（論理関係が不明瞭な捨て問）

(4)「過去の研究では，火事とカモノハシの数の間に強い関連性はなかった。（その結果）その研究では，河川の状態は悲惨なものではなかった」
→因果関係が逆

(E) (1) As a consequence
結果として
(2) In fact
実際には

(3) Luckily
幸運なことに
(4) On the other hand
一方

ここに注目!!

※選択肢が論理マーカー
→空所前後の論理関係を把握する
→空所の前「しかし，さらに重要なことに，ピノの研究によると，干ばつだけではカモノハシの数の減少を説明するのに十分ではなかった」，空所のあと「河川のカモノハシの数は，河川やその周りの地域も火事に影響されたかどうかに

つながりがあるようだ」
→空所前後の論理関係は同内容
→In fact は追加マーカー（強調）「実際には」，または，逆接マーカー「しかし実際には」（前文と同内容か逆内容で判断）
→同内容の追加マーカーである選択肢(2)が最も適切

264

(F) (1) are dependent upon
〜に依存している

(2) bring up
〜を育てる

(3) care so much about
〜をそれほど気にする

(4) know so little about
〜についてほとんど知らない

解法の**ポイント** 空所補充
→ 選択肢に注目 → 論理と精読
（might come as a shock と After all と as well as に注目，仮S真S構文の把握）

ここに注目!!
※空所を含む文と直後の文の論理関係を把握する
→ 空所を含む文の仮S真S構文を把握して訳すと「私たちがカモノハシの健康〜ことは多くの人にとってショックであるかもしれない」，直後の文「なにしろ，多くのアボリジニ文化における重要性だけでなく，この種は長い間ずっと，科学的かつ一般的な好奇心の対象であったからだ」

→ might come as a shock に注目し，直後の文は空所を含む文の理由説明になっている「... ショックであるかもしれない。なぜなら ...」
→ 選択肢(1)(2)は文意が通らない
選択肢(3)は直前の might come as a shock とつながらない
選択肢(4)は直後の文とつながる
→ 選択肢(4)が適切

(G) (1) far more abundant
はるかに豊富な

(2) given greater protection
より大きな保護が与えられて

(3) not as tame
それほど飼い慣らされていない

(4) underpriced
割安な

解法の**ポイント** 空所補充
→ 選択肢に注目 → 論理と精読（alarming に注目）

ここに注目!!
※空所前後の論理関係を把握する
→ 空所を含む文「ホークの研究はまた，カモノハシが〜だった時代の不安にさせる一面も示している」
→ 著者の価値表現 alarming「不安にさせる，警戒すべき」⊖ から具体化を予測
→ 空所のあと「19世紀の記録では，よく日中の1，2時間に20匹ものカモノハシが目撃

されたことが頻繁に記されている」(as many as 多い数「〜もの」)
→ 空所前後の論理関係は同内容（抽象→具体）
→ 空所のあとが「19世紀，多くのカモノハシがいた」ことから，空所も「カモノハシが多くいた時代」と判断
→ 選択肢(1)が適切

(H) (1) declines in
〜の減少

(2) movements of
〜の動き

(3) observations of
〜の観察

(4) theories regarding
〜に関する理論

解法のポイント 空所補充
→選択肢に注目→論理と精読（As a result に注目，have O C の把握）

ここに注目!!

※空所前後の論理関係を把握する

→空所を含む文「カモノハシの個体数の最近の〜は，今後数年でより明らかになるようだ」

→空所のあと「その結果，ピノとホークと生態系科学センターの同僚たちは，最近，カモノハシが絶滅危惧種として登録されるように申請した」

→As a result に注目

→因果マーカー（結果），前後の論理関係は前が原因，後ろが結果

→空所のあと「カモノハシが絶滅危惧種として登録されるように申請した」という結果から，原因となる空所を含む文は「カモノハシの個体数の最近の減少がより明らかになる」と判断

→選択肢(1)が適切

下線部内容説明問題 5問

〔2〕 下線部あ〜おそれぞれの意味または内容として，もっとも適当なものを(1)〜(4)から一つ選び，その番号を解答欄にマークしなさい。

あ it was a very different story
非常に異なる話であった

(1) Bino's team was unable to complete its research.
ピノのチームは研究を完成させることができなかった。×

(2) The macroinvertebrates could no longer be eaten.
大型無脊椎動物はもはや食べられることはなかった。×

(3) Greater numbers of platypuses were captured each
より多くのカモノハシが毎晩捕獲された。

night.

(4) Platypuses were more badly affected than
カモノハシは大型無脊椎動物よりも悪い影響を受けていた。

macroinvertebrates.

解法のポイント
下線部内容説明（短い文）→論理（But に注目）

ここに注目!!

※下線部を含む一文の文頭 But に注目

→前後で逆内容であることから解く

→But の前の文「大型無脊椎動物の数は比較的多かった」⊕←→But の文「（しかし）カモノハシに関しては，非常に異なる話であった」⊖

→逆内容から「カモノハシの数は少なかった」と判断

→選択肢(4)が最も近い（下線部の it は非人称の it，時間・距離・天候・寒暖・明暗や漠然とした状況を示す。ここでは漠然とした状況を指す）

ⓘ this
これ，このこと

(1) the observation of the local area
地元地域の観察

(2) the hunting of platypuses by other animals
他の動物によるカモノハシの狩り

(3) the falling of water levels in the rivers and streams
河川の水位の低下

(4) the effect of fire on the invasive species in the area
火事がその地域の外来種に与える影響

解法の**ポイント**
下線部内容説明（指示語）
→精読（直前の文）

ⓤ this
これ，このこと

(1) the last 300 years
ここ300年，過去300年

(2) our historical interest in the platypus
私たちの歴史的なカモノハシへの興味

(3) what we did not know about the platypus
私たちがカモノハシについて知らなかったこと

(4) the importance of the platypus to Australian Aborigines
オーストラリアのアボリジニにとってのカモノハシの重要性

解法の**ポイント**
下線部内容説明（指示語）
→精読（直前の文，as well as に注目）

ⓔ To do this
これをするために

(1) To examine historical records
歴史的な記録を調べるために

(2) To raise concerns with other scientists
ほかの科学者に対する懸念を提示するために

(3) To improve policies to protect the platypus
カモノハシを守るための政策を改善するために

④ To more fully understand trends in platypus populations
カモノハシの個体数の傾向をもっとよく理解するために

> 解法の**ポイント**
> 下線部内容説明（指示語）
> →精読（直前の文，無生物主語構文の解釈）

ここに**注目!!**
※ To do this の this
→直前の文内容を指す
→直前の文 This
　concern ... を無生物
　主語構文として解釈し
　て精読
→「この懸念によって，
　ターニール・ホーク博
　士は，カモノハシの分
　布と個体数の経年変化
　をよりよく理解しようと
　した」
→To do this は「カモノ
　ハシの分布と個体数を
　よりよく理解しようとす
　るために」
→選択肢⑷と一致

ⓞ this
これ，このこと

(1) a plan to observe platypuses more closely
カモノハシをもっとくわしく観察する計画

(2) an effort to relocate the platypus to other areas
カモノハシを他の地域に移す努力

(3) a decision to publish the team's findings in a scientific
チームの発見を科学雑誌に公表する決定

journal

④ an attempt to have the platypus recognized as an
カモノハシが絶滅危惧種と認められるようにする試み

endangered animal

> 解法の**ポイント**
> 下線部内容説明（指示語）
> →精読（直前の文，have ○ C を把握）

ここに**注目!!**
※ this
→直前の文内容を指す
→「カモノハシが絶滅危
　惧種として登録される
　ように申請した」こと
→選択肢⑷と一致

Ⅲ

〔１〕　次の会話のあ～えそれぞれの空所に入れるのにもっと
<small>会話文空所補充問題　４問</small>
も適当な表現を(1)～(10)から一つ選び，その番号を解答欄
にマークしなさい。

On a bus

A: Excuse me, where are we now? Anywhere near Market

　　Square?

B: (　あ(5)　) You've missed your stop, I'm afraid.

A: Oh, you're joking! Really?

解法の**ポイント**

会話文空所補充
→**直前直後のつながりに注目**
→**直前の疑問文＋直後の⊖内容＋選択肢の代名詞に注目**

ここに**注目!!**

※直前直後のつながりに注目
→直前の疑問文，直後の⊖内容に注目して直前直
　後を訳す
　A「すみません，今どこを走っていますか？
　マーケット広場の近くのどこかですか？」
　B「(　あ　) 残念ですが，降りる停留所を逃して
　しまったようですね」
→直前の疑問文の答えとなり，直後の⊖内容とつ

ながる選択肢を探す
→選択肢を(1)から順に確認する
　(5) We passed it ten minutes ago. 「10分前
　にそこを過ぎた」は it が Market Square「マー
　ケット広場」を指し，直前の疑問文の答えとなり，
　直後の⊖内容につながる
→(5)が入る

※まず初めに問題形式を
　ざっと確認する

ここに**注目!!**

※最初のイタリック体（斜
　体）
→会話の状況設定
→場面と登場人物をイ
　メージする（大学で友
　達どうし，学生と教授，
　お店で客と店員など）
→今回は「バスの中，乗
　客どうしの会話」をイ
　メージ

※空所直前の疑問文
※空所直後の⊖内容

B: Didn't you hear the announcement? A lot of people got out there.

A: I had my headphones on. I must have dozed off.

B: Not to worry. (⊕ (い)(10))

逆接マーカー

A: I know, but I wanted to get there early. The best bargains are always gone before midday.

ここに注目!!
※空所直前の⊕内容
※空所直後のI know の目的語が省略されている
→省略を補う

※空所直後の but
→逆接マーカー
→後ろが重要

※空所直後の there
→指示語
→どの場所を指すか明確にする

解法のポイント
会話文空所補充
→直前直後のつながりに注目
→直前の⊕内容＋直後の省略と but と指示語＋選択肢の指示語に注目

ここに注目!!
※直前直後のつながりに注目
→直前の⊕内容，直後の省略と指示語に注目して直前直後を訳す
　A「心配しないで。(　い　)」
　B「知っていますが，早くそこに着きたかった」
→直前の Not to worry.「心配しないで」は励ましの発言で⊕内容，直後の I know の後ろに目的語が省略されている
→省略を補う
→直前の空所いの発言内容が省略されている

「いを知っています」，直後の but は後ろが重要，直後の there は場所を指すので直前の発言である空所いにある場所を予測
→これらとつながる選択肢を探す
→選択肢(10) If you're heading to the market, it's on all day.「もしあなたがマーケットへ向かっているなら，それは一日中やっています」は直前の⊕内容，直後の省略，指示語 there とつながる
→(10)が入る

B: Well, it's only ten o'clock. There's plenty of time.

A: Yes, you're right. OK, I see where we are now. The next stop's the university, right? (　う(6)　)

B: You might as well wait until the station. There's a shuttle bus from there that'll take you straight to the market.

解法のポイント

会話文空所補充
→直前直後のつながりに注目
→同一人物の発言は一貫している＋選択肢の指示語に注目

ここに注目!!

※直前直後のつながりに注目
→同一人物の発言の一貫性に注目して直前直後を訳す
A「はい、その通りです。よし、今どこにいるのかわかりました。次の停留所は大学ですね？（　う　）」
B「駅まで待ったほうがいいでしょう」

→Aの発言の一貫性から、バスの現在位置を把握したうえでの発言を選択肢から選ぶ。また、直後のBの発言ともつながるものを選ぶ
→選択肢(6) I'll get off there and walk back.「そこで降りて歩いて戻ります」は there が「次の停留所である大学」を指し、直前直後とつながる
→(6)が入る

A: Yeah, I know. (　え(2)　) I'd rather walk, I think. I'll go through the park.

B: Yes, it shouldn't take you long. Have fun at the market!

解法のポイント

会話文空所補充
→直前直後のつながりに注目
→直前の省略＋選択肢の But, 代名詞, ⊖内容に注目

ここに注目!!

※直前直後のつながりに注目
→直前のI knowの後ろに目的語が省略されている
→省略を補う
→直前のBの発言内容 There's a shuttle bus ...「そこからマーケットに直行するシャトルバスがあります」が省略されている
→省略を補って直前直後を訳す
A「ええ、（そこからマーケットに直行するシャトルバスがあることは）知っています。（　え　）むしろ、歩きたいと思います」

→空所は、「マーケットまでバスで行くのではなく、歩きたい」という発言内容になる選択肢を探す
→選択肢(2) But it's always so crowded.「しかし、それはいつもとても混んでいる」は But が逆接マーカー
→後ろが重要。選択肢(2)の it は「マーケットに直行するシャトルバス」を指し、so crowded が⊖内容、直前直後とつながる
→(2)が入る

(1) I'll go there instead.
私が代わりにそこへ行きます。

(2) But it's always so crowded.
しかし，それはいつも　　　とても混んでいます。

(3) That's what I was thinking.
それは私が考えていたことです。

(4) I don't think anyone noticed.
だれも気づかなかったと
思います。

(5) We passed it ten minutes ago.
10分前にそこを過ぎました。

(6) I'll get off there and walk back.
そこで降りて歩いて戻ります。

(7) I think you're on the wrong bus.
あなたは間違ったバスに乗って
いると思います。

(8) There's another market tomorrow.
明日，別のマーケットがあります。

(9) I can show you the way if you like.
もしよければ，その道を教えることができます。

(10) If you're heading to the market, it's on all day.
もしあなたがマーケットへ向かっているなら，それは一日中やっています。

ここに注目!!

(1)
※ there
→指示語
→どの場所を指すか

(2)
※ But
→逆接マーカー
→後ろが重要
※ it
→代名詞
→何を指すか

(3)
※ That
→指示語
→何を指すか

(5)
※ it
→代名詞
→何を指すか

(6)
※ there
→指示語
→どの場所を指すか

(8)
※ another market
→対比表現
→何と「別のマーケット」
　か

(9)
※ the way
→指示語 the+名詞
→何の名詞を指すか

(10)
※ it
→代名詞
→何を指すか

〔2〕　次の会話の㋐〜㋖それぞれの空所に入れるのにもっとも適当な表現を(1)〜(10)から一つ選び，その番号を解答欄にマークしなさい。

会話文空所補充問題 4問

In a shop

A:　Hello. I'll take this jacket, please. Can I pay by credit card?

B:　Yes, of course.

A:　Also, I got this coupon last time I was here. It should give me a 10% discount.

B:　It's no longer valid, unfortunately. (　㋕(8)　)

A:　Oh, I didn't realize. How annoying!

ここに注目!!

※最初のイタリック体（斜体）
→会話の状況設定
→場面と登場人物をイメージする
→「お店の中，お客と店員」をイメージ

※空所直前の It
→代名詞
→何を指すか明確にする

※ unfortunately
→⊖内容

※空所直後の realize の目的語が省略されている
→省略を補う

※空所のあとの How annoying!
→⊖内容

解法の**ポイント**

会話文空所補充
→直前直後のつながりに注目
→直前の代名詞，⊖内容＋直後の省略，⊖内容に注目

ここに注目!!

※直前直後のつながりに注目
→直前の It と⊖内容，直後の省略と⊖内容に注目して，代名詞は何を指すのかを明確にし，省略は補って，直前直後を訳す
B「残念ながら，それ（前回来たときにもらった10％オフのクーポン）はもう有効期限が切れています。（　㋕　）」
A「ああ，（有効期限が切れていることに）気が

つかなかった。なんてうんざりさせるんだ！」
→直前直後とつながる選択肢を探す
→選択肢(1)から順に確認し，(8) That campaign finished last week.「そのキャンペーンは先週で終わりました」は That campaign が直前の「有効期限切れのクーポン」を指し，⊖内容で直前直後とつながる
→(8)が入る

B: Perhaps I can interest you in our new customer card. If you sign up for one now, you'll get 15% off all your purchases today.

ここに注目!!
※空所直前の疑問文

A: Sounds good. Will it take long?

B: (　き(5)　) If you could just fill in this form with your details ....

> **解法のポイント**
> 会話文空所補充
> →直前直後のつながりに注目
> →直前の疑問文＋選択肢の指示語に注目

ここに注目!!

※直前直後のつながりに注目
→直前の疑問文に注目して直前直後を訳す
　A「いいですね。時間はかかりますか？」
　B「(　き　) この用紙に必要事項を記入していただければ…」
→直前の疑問文とつながる選択肢を探す

→選択肢(5) I can issue it straight away.「すぐにそれを発行できます」は it が our new customer card「新しいお客さまカード」を指し，直前直後とつながる
→(5)が入る

A: Let me see ...., Hmmm ... date of birth? Is that *really* necessary?

ここに注目!!
※空所直前の疑問文
※ that
→指示語

※ really
→イタリック体
→強調

逆接マーカー

B: (　く(9)　) We do need your home address though, and a telephone number if possible.

※空所直後の do
→強調の助動詞

※ though
→逆接マーカー

> **解法のポイント**
> 会話文空所補充
> →直前直後のつながりに注目
> →直前の疑問文，指示語，really＋直後の do，though＋選択肢の指示語に注目

ここに注目!!

※直前直後のつながりに注目
→直前の疑問文，指示語 that，really と直後の do，though に注目して直前直後を訳す
　A「それ (誕生日) は本当に必要ですか？」
　B「(　く　) けど，住所は必ず必要です，できれば電話番号も」
→直前の疑問文とつながり，直後の逆接マーカーと強調の助動詞 do から空所が重要ではなく，

空所の後ろが重要となる選択肢を探す
→選択肢(9) You can skip that part if you like.「その部分はとばしていただいてかまいません」は that part が date of birth「誕生日」の記入を指し，直前の疑問文の答えとなり，直後の文が空所より重要となり直前直後とつながる
→(9)が入る

A: I'm sorry. I'm not happy about sharing so much personal

information.

B: I understand. Do you still want the jacket?

A: (　㋕⑥　) Maybe I'll come back for one when you have

your next sale.

ここに注目!!
※空所直前の I
　understand の目的語
　が省略されている
→省略を補う

※空所直前の疑問文
→空所直後の one
→代名詞
→何を指すか明確にする

解法の**ポイント**
会話文空所補充
→直前直後のつながりに注目
→直前の省略，疑問文＋直後の代名詞＋選択肢
　の指示語に注目

ここに注目!!
※直前直後のつながりに注目
→直前の省略，疑問文と直後の代名詞に注目して
　直前直後を訳す
　B「（それほどたくさんの個人情報を共有するこ
　とについてうれしくないことは）わかりました。
　まだそのジャケットを買いたいですか?」
　A「（　㋕　）たぶん，次のセールのときに，ジャ

ケットを買いに戻ってきます」
→直前の疑問文とつながる選択肢を探す
→選択肢⑥ Actually, I think I'll leave it.「実は，
　それを買わないでおこうと思います」は it が
　the jacket「そのジャケット」を指し，直前の
　疑問文とつながる
→⑥が入る

(1) I'm afraid so.
残念ながらそうです。

(2) It's the best I can do.
それが私ができる最大のことです。

(3) Please take your time.
どうぞごゆっくり。

(4) We've completely sold out.
完全に売り切れ
ました。

(5) I can issue it straight away.
すぐにそれを発行できます。

(6) Actually, I think I'll leave it.
実は，それを買わない
でおこうと思います。

(7) I don't really have much choice.
本当にあまり　　　選択肢が　　　ありません。

(8) That campaign finished last week.
そのキャンペーンは先週で　　　終わりました。

(9) You can skip that part if you like.
その部分はとばしていただいてかまいません。

(10) We're only accepting cash payments now.
現在，現金でのお支払いのみとなります。

ここに注目!!

(1)
※ I'm afraid
→⊖内容
※ so
→指示語
→何を指すか

(2)
※ It
→代名詞
→何を指すか

(5)
※ it
→代名詞
→何を指すか

(6)
※ it
→代名詞
→何を指すか

(8)
※ That campaign
→指示語 that＋名詞
→「どのキャンペーン」を
　指すか

(9)
※ that part
→指示語 that＋名詞
→「どの部分」を指すか

276

文法・語法４択問題 ８問

IV 次の(A)〜(H)それぞれの文を完成させるのに，下線部の語法としてもっとも適当なものを(1)〜(4)から一つ選び，その番号を解答欄にマークしなさい。

※文法・語法４択問題は，空所前後と選択肢に注目し，文法単元を予測し，形から解く！（訳からではなく，形から解く）

(A) He ate _____ bread each morning.

(1) a　　　(2) a few

(3) many　　(4) some

ここに注目!!
※___ bread
→bread は不可算名詞，それにつく語（冠詞，形容詞）を選ぶ
→不可算名詞につくのは(4) some のみ，ほかはすべて可算名詞につく

解法の**ポイント**
文法・語法４択
→空所前後と選択肢に注目
→単元を予測し，形から解く
→不可算名詞 bread につく語（冠詞，形容詞）

(B) They _____ a house with a white fence.

(1) are bought recently　　(2) bought recently are

(3) have recently bought　　(4) recently bought is

ここに注目!!
※選択肢の bought と文の形と recently
→recently は現在完了形か過去形と使う
→選択肢(3)を選ぶ。ほかは be 動詞が現在形でrecently と一緒に使えない
また，(2)(4)は動詞の形がおかしい

解法の**ポイント**
文法・語法４択
→空所前後と選択肢に注目
→単元を予測し，形から解く
→bought と文の形と時を表す語句 recently（時制）

(C) Since I've been so critical of the academy, it wouldn't be right for _____ the prize.

(1) I accept　　(2) I were to accept

(3) me to accept　　(4) my accepting

ここに注目!!
※it wouldn't be for と選択肢(3)の to accept
→it is 形容詞 for 〜 to V「〜がVするのは…だ」という仮S真S構文，for は不定詞の意味上の主語
→選択肢(3)を選ぶ

解法の**ポイント**
文法・語法４択
→空所前後と選択肢に注目
→単元を予測し，形から解く
→it is 形容詞 for 〜 to V（仮S真S構文）

(D) I could not _____ if he was lying.

　　(1) insist　　　(2) speak

　　(3) talk　　　　④ tell

ここに注目!!

※選択肢が動詞, 目的語が if 節
→if 節「〜かどうか」を目的語にとれるのは選択肢(4)の tell「わかる」
→could not tell if ...「〜かどうかわからなかった」

> 解法の**ポイント**
> 文法・語法 4 択
> →空所前後と選択肢に注目
> →単元を予測し, 形から解く
> →if 節を目的語にとる動詞 (動詞の語法)

(E) This newspaper _____ published for about ten years in the early 20th century.

　　(1) has been　　　(2) having been

　　(3) is being　　　④ was

ここに注目!!

※ for about ten years in the early 20th century
→「20世紀初頭の約10年間」は今を含まないので過去を表す語句
→過去形の選択肢(4)を選ぶ

> 解法の**ポイント**
> 文法・語法 4 択
> →空所前後と選択肢に注目
> →単元を予測し, 形から解く
> →時を表す語句 for about ten years in the early 20th century (時制)

(F) Her wireless internet connection failed while she _____ an online class.

　　(1) has taken　　　(2) is taken

　　(3) takes　　　　④ was taking

ここに注目!!

※主節の動詞 failed と while 節
→while 節内の動詞の時制は主節の動詞 failed が過去形なので過去を選ぶ
→過去進行形の選択肢(4)を選ぶ

> 解法の**ポイント**
> 文法・語法 4 択
> →空所前後と選択肢に注目
> →単元を予測し, 形から解く
> →主節の動詞と従属節の動詞の時制

278

(G) Had you arrived on time, you _____ the answer to that

question.

(1) knew　　　　　(2) know

(3) will know　　　(4) would know

> 解法の**ポイント**
>
> 文法・語法 4 択
> →空所前後と選択肢に注目
> →単元を予測し，形から解く
> →仮定法の主節の形

(H) I quickly _____ the car and drove off.

(1) got at　　　　(2) got in

(3) got on　　　　(4) got up

> 解法の**ポイント**
>
> 文法・語法 4 択
> →空所前後と選択肢に注目
> →単元を予測し，形から解く
> →〈got＋前置詞＋the car〉

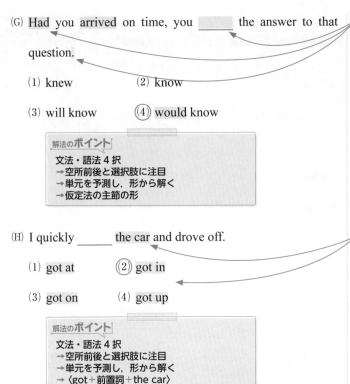

V

[1]
次の(A)〜(E)それぞれの文を完成させるのに，下線部に
〔語彙4択問題 5問〕
入れる語としてもっとも適当なものを(1)〜(4)から一つ選
び，その番号を解答欄にマークしなさい。

※〈語彙問題＝知識問
題〉として，語彙力で
意味から解く
1 〜 2問難単語が含
まれる問題もある
（今回は〔1〕(E)が難単
語を含む捨て問）

(A) Charles often asked his family and friends to _____ him

money.

(1) flood   ②lend
洪水，水浸しにする   貸す

(3) rest   (4) upset
休む   動揺させる

> **解法のポイント**
> **語彙4択**
> →知識問題（単語）
> →精読して選択肢の意味から判断

ここに注目!!
※リード文を精読
→「チャールズはよく家族
や友達に自分にお金を
〜するよう頼んだ」
→選択肢から「お金を貸
す」と判断
→選択肢(2)

(B) Some hairdressers enjoy working with _____ hair.

(1) civil   ②curly
市民の   巻き毛の，カールした

(3) intensive (4) lifelong
集中的な   一生の

> **解法のポイント**
> **語彙4択**
> →知識問題（単語）
> →精読して選択肢の意味から判断

ここに注目!!
※リード文を精読
→「美容師の中には〜な
髪を扱うのを楽しむ人
もいる」
→選択肢から「カールし
た髪」と判断
→選択肢(2)

(C) Both sides must learn to _____ to gain lasting peace.

①compromise   (2) fragment
妥協する   断片，ばらばらにする

(3) leap   (4) orbit
跳ぶ   軌道，軌道を回る

> **解法のポイント**
> **語彙4択**
> →知識問題（単語）
> →精読して選択肢の意味から判断

ここに注目!!
※リード文を精読
→「永続的な平和を得る
ために，両者が〜する
ことを学ばなければな
らない」
→選択肢から「妥協する」
と判断
→選択肢(1)

280

(D) The _____ of the new medical treatment are encouraging.

(1) concessions
譲歩

(2) flames
炎

(3) outcomes
結果

(4) ravages
破壊

解法の**ポイント**
語彙 4 択
→知識問題（単語）
→精読して選択肢の意味から判断

(E) Rather than living in luxury, the president donates 80% of

her salary to charity and tries to lead a _____ life.

(1) costly
高価な

(2) frugal
質素な

(3) literal
文字通りの

(4) lucrative
もうかる

解法の**ポイント**
語彙 4 択
→知識問題（単語）
→精読して選択肢の意味から判断

〔2〕 次の(A)～(E)の文において，下線部の語にもっとも近い
意味になる語を(1)～(4)から一つ選び，その番号を解答欄
にマークしなさい。

(A) I used to try not to <u>rely on</u> others for support.

(1) check on
　　〜を調べる
(2) count on
　　〜に頼る
(3) focus on
　　〜に焦点を合わせる
(4) spy on
　　〜を探る

> **解法のポイント**
> 同意語 4 択
> →知識問題（熟語）
> →下線部前後と選択肢の意味から判断

ここに注目!!
※下線部前後の意味
→rely on others「他人に頼る」
→rely on「〜に頼る」の同意語を選択肢の意味から判断
→選択肢(2)

(B) Taylor had <u>an outstanding</u> match in the final.

(1) a competitive
　　競争の
(2) a favorable
　　好ましい
(3) an impressive
　　印象的な
(4) an unlucky
　　不運な

> **解法のポイント**
> 同意語 4 択
> →知識問題（単語）
> →下線部前後と選択肢の意味から判断

ここに注目!!
※下線部前後の意味
→an outstanding match「見事な試合」
→an outstanding「見事な，際立った」の同意語を選択肢の意味から判断
→選択肢(3)

(C) We should call the building's <u>landlord</u> about fixing the

broken pipe.

(1) committee
　　委員会
(2) inhabitant
　　住民
(3) owner
　　所有者，オーナー
(4) tenant
　　賃借人，テナント

> **解法のポイント**
> 同意語 4 択
> →知識問題（単語）
> →下線部前後と選択肢の意味から判断

ここに注目!!
※下線部前後の意味
→the building's landlord「その建物の家主」
→landlord「家主，大家」の同意語を選択肢の意味から判断
→選択肢(3)

(D) In his speech, the prime minister spoke about the <u>crucial</u> role of education.

ここに注目!!
※下線部前後の意味
→the crucial role「重要な役割」
→crucial「重要な，決定的な」の同意語を選択肢の意味から判断
→選択肢(3)

(1) changing
変化している

(2) contemporary
同時代の

(3) important
重要な

(4) modern
現代の

解法のポイント
同意語 4 択
→知識問題（単語）
→下線部前後と選択肢の意味から判断

(E) We don't see ourselves as <u>opponents</u>, but some people do.
see O as C「O＝Cとみなす」

ここに注目!!
※下線部前後の意味
→see ourselves as opponents「自分たち自身＝敵とみなす」
→opponents「敵」の同意語を選択肢の意味から判断
→選択肢(4)

(1) colleagues
同僚

(2) innovators
革新者

(3) liberals
自由主義者

(4) rivals
ライバル

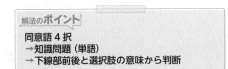

解法のポイント
同意語 4 択
→知識問題（単語）
→下線部前後と選択肢の意味から判断

問題は別冊 p.56〜70にあります。自己採点のときに活用してください。わからないところがあったら，もう一度「過去問ビジュアル解説」に戻って再チャレンジしてください。

■ 立命館 2022-2/1 全学部英語 (解答と配点)

問題番号	設問		正解	配点	問題番号	設問		正解	配点
I	1	A	2	3	III	1	あ	5	3
		B	2	3			い	10	3
		C	3	3			う	6	3
		D	3	3			え	2	3
	2	1	2	3		2	か	8	3
		2	2	3			き	5	3
		3	3	3			く	9	3
		4	1	3			け	6	3
		5	1	3	IV		A	4	2
	3		3	2			B	3	2
II	1	A	3	2			C	3	2
		B	1	2			D	4	2
		C	3	2			E	4	2
		D	2	2			F	4	2
		E	2	2			G	4	2
		F	4	2			H	2	2
		G	1	2	V	1	A	2	2
		H	1	2			B	2	2
	2	あ	4	3			C	1	2
		い	2	3			D	3	2
		う	2	3			E	2	2
		え	4	3		2	A	2	2
		お	4	3			B	3	2
							C	3	2
							D	3	2
							E	4	2

284

全訳

【Ⅰ】

1 ハワイ語には，「バーチャル・リアリティー（仮想現実）」という言葉はない。少なくとも，スミソニアン・アジア・パシフィック・アメリカン・センターがハワイで初めてイベントを開催した2017年にはなかった。「Ae Kai：集中に関する文化実験室」と呼ばれるホノルルの祭りに訪れた人々は，ハワイの布作りやサーフボード作りについて学んだり，ハワイの映画や詩の朗読を鑑賞したりすることができた。出演者のほとんどはハワイや太平洋諸島の出身者であり，看板もハワイ語で書かれていた。しかし，主催者たちはある問題に直面した。展示物を説明するのに必要な言葉のいくつかがまだ存在していなかったのだ。

2 「私たちは，このプログラムに参加していた言語学者ヒナ・ニューブールと協力しました」と，同センターのハワイと太平洋を担当する学芸員カレワ・コレアは言う。「彼女は私たちに，『バーチャル・リアリティー（仮想現実）の核心にあるのは何ですか。実際のところ，それは何なのですか』といった質問を投げかけてきました。私たちは，ハワイの世界観の中で，その概念をどのように表現したらよいかを，なんとかして見つけなければなりませんでした」。彼らが考え出した言葉は「hoʻopili ʻoiaʻi」だった。それの文字通りの意味は，「真のつながり」すなわち，体験に完全にひたるといったことである。そのハワイ語の専門家は新しい言葉を承認する公的な審議会にこの言葉を報告し，現代ハワイ語辞典に登録された。

3 このような話を聞くと，ハワイ語がもっとさかんに話されていた時代が思い出される。コレアは，父方のポルトガル移民であった祖先は1800年代半ばにハワイに来たときにハワイ語を覚えたと振り返る。中国，日本，アフリカなど世界各国からの移民も同様だった。当時，先住民は，ハワイ島の人口の約半数ほどでしかなかったが，ハワイ語はその王国の言語であり，店や農場，政府機関で話されていた。

4 「ハワイ語は高度な多文化社会の言語だったのです」とコレアは言う。「当時のハワイがどれほど洗練されていたかをわかっている人はあまりいません。普通投票権がありました。女性の裁判官もいました。カラカウア王とカピオラニ王妃は，1880年代に世界を一周した最初の君主です」。旅行中，王夫妻はワシントンDCに立ち寄り，そこでユリシーズ・S・グラント大統領が史上初の国賓晩餐会で彼らをもてなした。王妃はスミソニアン博物館を見学し，彼女がハワイに戻ると船大工に特別なカヌーを作らせ，それを博物館に送らせた。

5 カラカウア王が亡くなってほんの数年後の1896年，その妹であるリリウオカラニ女王が退位させられ，アメリカ政府がハワイ諸島をアメリカ領として取得した。王制廃止の一環として，ハワイ語はすべての学校で禁止された。コレアが生まれた1975年までには，ハワイ語をまだ流暢に話せるのは高齢者だけになっていた。

6 コレアが大学に入学したころ，その状況は変化した。ハワイ大学ヒロ校の新しいプログラムがハワイ語を復興させ，ハワイの子どもたちのためのイマージョン・プログラム（他教科も当該言語で学ぶ外国語学習法）を開発したのだ。現在，1万8000人

以上がハワイ語を流暢に話し，その多くは18歳未満である。コレアもハワイ語の復興に一役かっている。センターを通して，彼は『私たちの物語』というプログラムを運営しているが，そのプログラムはハワイや太平洋諸島出身の映画制作者やマルチメディアアーティストが，それぞれの物語や視点を共有するのを手助けしている。

7　『私たちの物語』のプロジェクトの一つに，『ある国の言語』という作品がある。ハワイ出身の映画制作者コンラッド・リヒリヒによる四部作で，一流のハワイの歴史家や文化専門家へのインタビューをもとに，1896年のハワイ語禁止令とその結果について探求している。ハワイ大学マウイ校の民族学の教授であるカレイコア・カエオは，この四部作の冒頭で，「言語とは，まさに思考を規定するものです」と述べている。「言語はまさに，私たちが世界をどう見るかの枠組なのです」。

8　研究と物語の仕事と並行して，コレアは1880年代にカピオラニ王妃がスミソニアン博物館に送った船に関心を持つようになった。コレアが文化アドバイザーとして務めていたとき，同僚であり国立自然史博物館のグローバリズム担当の学芸員であるジョシュア・ベルが，ハワイ出身でカヌーの専門家2人を連れてきて，カヌーを見てもらった。ハワイ人である専門家2人は，王妃のカヌーが寄贈されたあとのある時期に，不可解な改造が施され，ほかの船の部品を含むようになっていると指摘した。コレアは次のように述べた。「彼らはこう言いました。『これはサモアのマストで，ほかの何かの部品に違いない。それに，底にある木片は，もとの設計の一部ではない。それは木箱の中で船をまっすぐ固定するために使われていた梱包材だ』」。またその専門家たちは，その船は単なる修理以上のものが必要だと主張した。「ハワイ人の船に対する考え方は，音楽家のストラディヴァリウスのバイオリンについての考え方ととても似ています。それを弾いて，エネルギーを与えないといけないということです」とコレアは言う。

9　同じことがハワイ語自体にも言える。ハワイ語の復興には，語彙や文法を学ぶ以上のことが必要だ。まったく新しい取り組みが必要だ。「たとえば，ワイメア湾のような地名について考えてみましょう」とコレアはオアフ島の一地域について言及した。「ワイメアとは『赤茶色の海』という意味です。「ワイメア」という名前の場所があったら，赤みがかったそこの水の色に昔の人が気づいたということを意味します。それは火山岩が溶けたために出た色なのです。一度言葉を知ると，自分の周りの土地についても，先祖がそれをどのように見ていたのかについても，ずっと深く理解できるようになります。それらの物語や視点は，今もそこに存在します。それらを解明するだけでいいのです」。

全訳

【Ⅱ】

1　2020年，ギラッド・ビノ博士率いるチームは，オーストラリア・ニューサウスウェールズ州のミッド・ノース・コーストにあるマニング川とヘイスティングス川を囲む地域を訪れた。わずか6か月前に，火災がその地域を襲い，すでに継続的な干ばつで被害を受けていた生態系が破壊された。淡水生態学者であるビノは，カモノハシの

個体数に対するこれらの複数の災害の影響を評価するためにそこにいた。2週間にわたり、ビノのチームは、ディンゴ・クリークに沿って網を使用し、カモノハシを捕獲して数を数え、捕獲した動物を検査してから水中に戻した。彼らはまた、カモノハシが餌としてあてにしている大型無脊椎動物の個体数の調査もおこなった。

2　興味深いことに、ビノのチームの発見は、火災で大きな被害を受けた地域でも、大型無脊椎動物の数は比較的多いことを示した。しかし、カモノハシに関して言えば、話はまったく違っていた。火災の影響を受けていない小川のほとりでは、チームは3夜で6匹のカモノハシを捕獲することができた。同様に、火災の影響を直接受けなかったものの、浸食や水質悪化などの間接的な影響を受けた地域でも、2夜で数匹のカモノハシを捕獲することができた。しかし、火災の影響を直接受けた小川のほとりでは、5夜かけて1か所で1匹、もう1か所でもう1匹のカモノハシを捕獲しただけであった。さらに気がかりなのは、どの場所でも若いカモノハシが見つからなかったことであり、それは前年にうまく繁殖した個体はいなかったことを示した。

3　不穏な空気が流れたが、ビノはこれらの結果は驚くべきものではないと思った。「直感的には、火災や干ばつが淡水生物に重大な脅威を与えることは理にかなっています、特にその2つが合わさった場合には」。しかし、彼のチームの発見は意義深いものであった。「火災がカモノハシに与える影響を調べた以前の研究では、火災とカモノハシの数に強い関連性は見出せませんでした。しかし、それらの研究では、火災が発生した2019年の干ばつのピーク時ほど、河川の状態は悲惨ではなかったのです」。

4　これらの状況がカモノハシの個体数にすでに圧力をかけていたことは、ほとんど疑う余地がないようだ。ビノは、小川や川が干上がると、カモノハシは避難所として使う深い水たまりを探して、乾いた川底に沿って移動しなければならないと考えている。その結果、カモノハシは、キツネやネコなどの外来種に襲われる危険にさらされるのだ。川沿いに住む地元の人たちが、カモノハシの死骸が散乱したキツネの穴を見たと言ったことから、ビノはこれら地域でこのようなことが起こっていると考えている。しかし、より重要なのは、ビノの研究によると、干ばつだけではカモノハシの個体数の減少を説明しきれないということだ。実のところ、川にいるカモノハシの数は、川やその周辺が火災の影響も受けていたかどうかと関係があるようなのだ。

5　火災は、カモノハシがあてにしている重要な植物に害を与えるため、さまざまな直接的影響を彼らに及ぼす。川辺の植物の上部は日陰を作る。カモノハシの食事の重要な部分を占めているのは昆虫の幼虫であるが、日陰が昆虫に生息地を与えているだけでなく、水を冷やし、直射日光からカモノハシを守る。同時に、河岸沿いに生える茂みや木々の根は、カモノハシが繁殖や休息する巣穴を支えている。火災はまた、これより直接的ではない方法でも、カモノハシに影響を与える。灰の流出や、河川の植生が失われたことによる浸食の増加は、水質を低下させ、毒素や有機化合物の蓄積と酸素の減少につながる。

6　カモノハシの健康について、私たちがほとんど知らないということは、多くの人にとって驚きであるかもしれない。なにしろ、カモノハシは多くのアボリジニ文化において重要なだけでなく、長い間、科学的かつ一般的な好奇心の対象であったからだ。

18世紀と19世紀には，このことの大部分は，カモノハシが鳥類と関連した特徴と哺乳類の特徴を併せ持ち，2つの異なる生物種に属しているように見えるということから展開した。

7 この例外的な生物の健康と生息地に関するデータが不足しているため，科学者や政策担当者が気づかないうちに，カモノハシの個体数が急速に減少したり，一部地域で絶滅しかねない状況が生まれてきた。この懸念から，ターニール・ホーク博士は，カモノハシの分布と生息数の経年変化をより深く理解しようと努めた。これをおこなうために，ホークは，カモノハシへの言及を求めて新聞記事，自然史に関する文献，探検家の日記，博物館の記録などを調査した。その結果は明らかであった。過去20年の間に，カモノハシは歴史的に知られている生息地の21.3パーセントから姿を消したようだ。

8 ホークの研究はまた，カモノハシがはるかにたくさん生息していた時代の不安にさせる一面も示している。19世紀の記録には，1，2時間の間に20匹ものカモノハシが目撃されたことが何度も記されており，その多くは日中であった。同様に，カモノハシの毛皮もシドニーやその他の市場で何千枚と取引され，ナウラのある商人は，第一次世界大戦前の何年かの間に2万9000枚もの毛皮を販売したと述べた。

9 最近のカモノハシ個体数の減少は，近い将来さらに明らかになるだろう。結果として，ビノ，ホーク，そして生態系科学センターの同僚たちは，カモノハシを絶滅危惧種に登録されるよう，最近申請した。これにより，カモノハシの個体数がよりよく監視され，開発業者や水管理機関による脅威がより慎重に考慮されるようになることを彼らは期待している。そのチームは，再度，追跡調査をおこなうために戻ってくる予定である。彼らの発見は，気候が変動した世界における，この驚くべき動物の将来についての重要な教訓を含むであろう。

全訳

【Ⅲ】
〔1〕
バスの中で

A：すみません，私たちは今どこにいますか？　マーケット広場の近くですか？

B：10分前に通り過ぎましたよ。停留所を過ぎてしまったようですね。

A：えっ，冗談でしょ！　本当に？

B：アナウンスが聞こえませんでしたか？　たくさんの人がそこで降りていきました。

A：ヘッドフォンをしていたんです。うたた寝をしてしまっていたにちがいありません。

B：心配しないでください。マーケットに行くのなら，一日中やっています。

A：わかっています。ただ，早く行きたかったんです。掘り出し物はいつもお昼前になくなってしまうんです。

B：まあ，まだ10時です。時間はたくさんあります。

A：はい，そうですよね。ああ，今どこにいるかわかりました。次の停留所は大学で

しょう？　そこで降りて，歩いて戻ります。

B：駅まで待ったほうがいいですよ。そこからマーケットまで直行しているシャトルバスがあります。

A：はい，知っています。でもシャトルバスはいつもとても混んでいます。歩いたほうがいいと思います。公園を通って行きます。

B：はい，それほど時間はかからないと思います。マーケットを楽しんでください！

〔2〕

店で

A：こんにちは。このジャケットをください。クレジットカードで支払いできますか？

B：はい，もちろんです。

A：あと，前回来たときにこのクーポンをもらいました。10％引きになるはずです。

B：申し訳ありませんが，クーポンはもう使えません。先週でそのキャンペーンは終了しました。

A：ああ，気づきませんでした。なんて腹立たしいのだろう！

B：もしかすると，新しいお客様カードに興味をお持ちいただけるかもしれません。今すぐ申し込んでいただいたら，今日のお買い物がすべて15％オフになります。

A：いいですね。時間はかかりますか。

B：すぐに発行できますよ。こちらの用紙に必要事項を記入していただけるなら……。

A：えーっと……。うーん……生年月日ですか。本当に必要なんですか。

B：その部分はとばしていただいてもかまいません。でもご自宅の住所は必ず必要です。できたら電話番号もお願いします。

A：すみません。こんなに個人情報は教えたくないんです。

B：わかりました。それでもジャケットをお買い上げになりますか。

A：実は，やめておこうと思います。次のセールのときにまた買いにくるかもしれません。

全訳

【Ⅳ】

(A) 彼は毎朝いくつかのパンを食べていた。

(B) 彼らは最近，白い柵のある家を買った。

(C) 私はずっとその学会を激しく批判してきたのだから，私がその賞を受けるのは適切ではないだろう。

(D) 彼が嘘をついているのかどうか，私にはわからなかった。

(E) この新聞は20世紀初頭に約10年間発行されていた。

(F) 彼女がオンライン授業を受けていたとき，無線インターネット接続が途切れた。

(G) 時間どおりに到着していたならば，あなたはその質問の答えがわかるだろうに。

(H) 私はすぐに車に乗り込み，走り去った。

全訳

【V】
〔1〕
(A) チャールズはよく家族や友人に，自分にお金を貸してくれるように頼んだ。

(B) 美容師の中には巻き毛を扱うのを楽しむ人もいる。

(C) 永続的な平和を得るために，両者は妥協することを学ばなければならない。

(D) その新しい治療法の結果は励みになるものである。

(E) 社長は，ぜいたくに暮らすよりも，給料の8割を慈善事業に寄付し，質素な生活を
しようと努めている。

〔2〕
(A) 私はかつて，他人に支援を頼らないように努めていた。

(B) テイラーは決勝で見事な試合をした。

(C) 私たちは壊れたパイプの修理について建物の家主に電話するべきだ。

(D) 演説のなかで，首相は教育の重要な役割について話した。

(E) 私たちは自分たちを敵だとは思わないが，そう思う人もいる。

CHAPTER
4

分析編
（過去問の復習の仕方）

関関同立英語の分析編として，Section1 で過去問に取り組むときの自己採点の仕方，Section2 で過去問分析ノートの作り方，Section3 で全体計画の立て方を解説します。CHAPTER2 で確認した，自分の志望大学の「合格最低点」を目指して，今後，どうやって過去問に取り組んでいけばいいのかをこの CHAPTER で学んでください。関関同立英語のゴールを意識して，ゴールを知り，ゴールを目指して，自ら計画を立てて受験勉強に取り組み，最後にしっかりゴールして，関関同立の大学生になってください。

🔖 この CHAPTER の進め方

① 解説動画を視聴して，Section1 の自己採点の仕方と，Section2 の過去問分析ノートの作り方を読み，自分でも実践できるように，ノートなどを用意してください。

② Section3 の全体計画の立て方を参考に，入試までの自分の残り時間を計算して，自分なりの計画表を作りましょう。

③ 自分で計画したタイミングに沿って，実際に過去問に取り組み，自己採点し，過去問分析ノートを作ってみてください。過去問に取り組むごとに，いろいろな気づきが得られ，自分にとって何が必要なのか，いま何をすべきなのかが見えてくるはずです。それこそが，自分にとっての最短ルートの受験勉強です。

自己採点

八澤先生の解説動画を
Check!

011

ManaviisM
Section 1〜3

CHAPTER 2で伝えたとおり，関関同立合格の最重要指標は過去問の合格最低点です。問題を解いたあとは，必ず点数を出して，自分の立ち位置を客観的に把握するようにしましょう。

Points

- 過去問を解いたら必ず自己採点する。
- 解き直しのために〇×のみつける。
- 点数で一喜一憂しない。

　問題を解いたら，**まずは自己採点**をしましょう。CHAPTER 2に配点（予想配点含む）を載せているので，それを利用して自己採点をしてください。（→ p.045〜046）

　このときに，Section 2で説明する過去問分析ノートの作成のために，答えを書くのではなく，**〇×のみで採点**するようにしましょう。

　過去問は受験本番までに何度も解くことになります。一覧表にまとめておいて，毎回の結果とその推移を確認できるようにしておくことをおすすめします。

　そして，特に過去問演習において重要なのは**点数で一喜一憂しない**ということです。もちろん，点数を気にしなくていいわけではありません。CHAPTER 2で述べた通り合格最低点が最も重要な指標となるので，数字ときちんと向き合う必要があります。また，点数を出せば何より結果としてわかりやすいので，モチベーションにもつながります。

　しかし，受かる受験生は，そこで一喜一憂しません。問題を1回解いて点数がよくなかったからといって必要以上に落ち込んだり，逆によかったからと安心しすぎて勉強をさぼったりしてはいけません。結果を冷静に受け止めて自己診断し，**「この先の勉強にどう反映させたらいいか」**という方向に意識をシフトさせましょう。

　もし間違った問題が1つでもあったら，失点の原因についてとくに深く追究して，改善し，次につなげるためにどうしたらよいかを，常に考えるようにしましょう。

　何が原因で失点してしまったのか，何ができていなかったから正解にたどり着けなかったのかを知るためには，まず1つ1つの問題について**「問題分析」**の作業をおこなって，自分が間違った原因をきちんと突き止めたうえで，今後の改善策を考える必要があります。

　具体的に，どのような作業をおこなえばよいのかは，次ページ以降で紹介しますのでぜひ，実際に過去問を解いてから取り組んでみてください。

過去問分析ノート

過去問に取り組む意味は，自分の弱点や欠けている知識を正確に把握し，対策につなげることです。問題を解いて，それだけで満足してしまったら，意味がありません。過去問を解いたら必ず分析ノートを作成し，復習しましょう。自分でまとめる習慣をつけることが重要です。

1. 過去問分析ノートのつくり方

Points

- 過去問を解いたら必ず過去問分析ノートをつくる。
- ノートをつくっただけで安心してしまわないように注意。

過去問を解いたあとの流れは以下のようになります。

(1) 問題を解いたら，解説を読む前に○×だけで採点する。
(2) 間違えた問題，解答根拠があいまいな問題は，もう一度解き直す。
(3) 分析ノートづくり　手順1：自分が間違えた原因を言語化する。
(4) 分析ノートづくり　手順2：問題の解き方（解答根拠）を言語化する。
(5) 分析ノートづくり　手順3：次から何を意識すべきなのかを言語化する。

(1) 問題を解いて○×をつける

Section 1 で説明したとおりです。

(2) もう一度解き直す

　いきなり分析に入る前に，もう一度解き直しをしましょう。また，考え直した答えがある場合は，もとの答えを消さずに，**2つ目の答えとして区別ができるように**書いておきましょう。

　なお，受験勉強初期は，そもそも分析ができるほどの学力が備わっていないことのほうが多いです。きちんとした分析の開始時期は，**受験学年の夏以降**が目安となります。逆に言うと，この時期までにはひととおりのインプットが終わっているようにしておくのが望ましいです。

　解答根拠の手がかりが思いつかない場合は，正答率がきわめて低い難問や捨て問（ほぼ解けない問題）であるかもしれないので，解き直しに時間をかけすぎないようにしましょう。

（3）と（4）分析ノートづくり　手順1と2：間違えた問題の解き方を言語化する

このページの②の説明を参照して，間違えた原因と解答根拠をしっかりと考えて，言語化しましょう。

（5）分析ノートづくり　手順3：何を意識すべきなのかを言語化する

p.305以降の③の説明を参照して，「次回以降にどうつなげるか」をしっかりと考えて言語化しましょう。

また，ノートづくりはあくまで合格のための手段であって，**それ自体が目的ではありません**。分析ノートをつくるうちに，必要以上にていねいな構成にしようとしたり，細かいことにこだわって時間をかけすぎてしまう人もいますが，それでは本末転倒です。手段が目的化しないように気をつけましょう。

② 分析チェックポイント

Points

• 過去問分析は「5つの力」にもとづいておこなう

実際の分析に入る前に，どういう観点で分析をするのがよいのかを見ていきましょう。

基本的には，CHAPTER 2で紹介した「関関同立英語に必要な5つの力」（→ p.049）を基準にして，それぞれの項目について確認すれば OK です。具体的な観点を見ていきましょう。

（1）語彙力

まずは自分が取り組んだ過去問で，**単語・熟語・多義語が身についていたか**を確認しましょう。

チェックの仕方は，本文にも選択肢にもわからない単語や熟語がなかったかどうかを，自己採点後にしっかり確認することです。単語や熟語以外でも，もしある1文の意味がよくわからなかったり，単語自体は知っているけど別の意味で使われていたりということがあったなら，それは英文法や多義語の知識に欠けているという証拠です。絶対にそのままにせず，**この機会に自分の知識に**してしまいましょう。

例えば，次の英文を見てください。

(1) The police, <u>press</u>, and gallery staff rushed to the location.

（関西大　2022年　大問2　p.111）

(2) Central American coffee production <u>soared</u> hand in hand with industrial expansion in Europe.

（関西学院大　2022年　大問3　p.167）

(3) <u>It wasn't long before</u> the drink became popular with <u>the rest of</u> the population, particularly ... as alcohol.

（同志社大　2022年　大問2　p.210）

(4) The <u>term</u> they <u>came up with</u> was ... an experience.

（立命館大　2022年　大問1　p.245）

　これらは，CHAPTER 3 に掲載している英文です。文中の下線部の表現の意味はわかりますか？　関関同立に受かるためには，**このレベルの語彙は即答**できなければいけません。

　過去問に取り組んだあとは，本文はもちろん，**選択肢も含めてわからない語彙がないか**をきちんと調べて，覚えるようにしましょう。

　また，どれだけ語彙を覚えていったとしても，「英文のすべての語彙がわかる」ということは実際の入試本番ではほぼありえません。関関同立入試で必要とされる基本的な語彙の基準は，

　　英単語：2000語レベルの単語帳1冊
　　英熟語：1000語レベルの熟語帳1冊

です。逆に言うと，よほどの余裕でもないかぎりは**2冊目の単語帳に手を出す必要はありません**。もし入試本番で自分が使用しているものに載っていない表現が出てきたら，その場で推測して対応するようにしましょう。ただし，普段の学習で出てきた，「掲載されていない語彙」については，自分が使用している単語帳や熟語帳に書き込んで必ず一元化しておきましょう。

解 答

(1) press　（ここでは）新聞社などの報道機関

(2) soar　（ここでは）上昇する，急増する

(3) it is not long before SV　まもなく S が V する

　　the rest of A　A の残り

(4) term　（ここでは）言葉

　　come up with A　A を思いつく

（2）文法力

　英文法は英語のルールです。ルールを無視していては英文を正しく読めるようにはなりません。きちんと理解しましょう。

　文法の分析を始めるかどうかは，市販の**4 択英文法問題集を 1 周終えているかどうか**で決めます。まだ 1 冊終わっていない場合は，分析よりもインプットを進めることを優先しましょう。遅くとも受験学年の夏までには，最低 1 周は終えているのが理想です。計画的に進めてください。

　すでに 1 冊終えている場合は，間違えた単元の特定をしましょう。ここで，「自分は不定詞が苦手だな」とか「形容詞や副詞のところがまだ覚えきれていないな」といった弱点がわかるはずです。そして文法の復習において最も重要なのが，間違えた問題の単元について，**その単元すべての問題を復習する**ということです。

　例えば，以下の問題を考えてください。

This newspaper （　　　） published for about ten years in the early 20th century.

　　　(1) has been　　(2) having been　　(3) is being　　(4) was

（立命館大　2022 年　大問 4　p.278）

　これの答えは(4)で，過去形の理解が問われています。この問題で間違えてしまったときに，多くの受験生が，この問題だけ，もしくは過去形だけの復習をしてしまいます。でもそれでは，きちんとした文法の力は身につきません。過去形の問題で間違えたということは，過去形だけでなく，**時制全体の理解がまだあいまいだ**とい

うことです。したがって，**時制のすべてについて復習**しなければいけません。インプット用の参考書で時制全体について理解し直し，４択英文法問題集で時制の単元の問題すべてを解き直しましょう。

　もちろん，この復習方法はかなり労力がかかります。でも，これくらいの密度で復習しなければ関関同立に合格することはできません。CHAPTER 2 の **Section 4** (p.054) の解き方も参考にして，確実な文法力を身につけていきましょう。

（3）精読力（解釈力）

　単語の意味や文法事項がわかっていたとしても，英文の構造を正確に把握できなければ文章は正しく読めません。

　まず，次の英文の構造がきちんとわかるかどうか，確認してみてください。

⑴ Using a pen, or a digital stylus, involves more of the brain than using a keyboard, her new findings show.

　※ a digital stylus　タッチペン　　　　　　　（同志社大　2022年　大問1　p.196）

⑵ The characteristics that are considered shared by members of the group may be respected by the observer, in which case it is a positive stereotype.

　　　　　　　　　　　　　　　　　　　（関西大　2022年　大問3　p.121）

　すぐにわかったでしょうか？

　こういったちょっと複雑な文構造の文の英文解釈ができなければ，文章は正確に読めるようになりません。

　英文解釈ができるようになるためには，１文１文，それぞれの**単語の品詞とその役割に注目**して，**どの文型になっているのか**を細かく見る必要があります。知識を詰め込むだけでなく，**知識を運用する**という観点で勉強していきましょう。

(1) Her new findings show [that [using a pen, or a digital stylus], involves
     S   V   O   S'   V'

more of the brain (than [using a keyboard])].
  O'

⬇

[[Using a pen, or a digital stylus,] involves more of the brain (than
O   S'   V'   O'

[using a keyboard])], her new findings show.
                       S   V

解釈のポイント

- 第3文型の倒置 (SVO → OSV)
- 従属接続詞の that の省略
- using は動名詞

和訳　ペン，あるいはタッチペンを使うことは，キーボードを使うことよりも脳のより
多くの部分に関係していることを，彼女の新しい研究結果は示している。

略解

(2) We consider the characteristics shared (by members of the group.)
  S   V   O   C

⬇

The characteristics are considered shared (by members of the group)
      S   V   C

(by us.)
動作主が不特定なら省略

⬇

The characteristics ⟨that are considered shared (by members of the
      S   V'   C'

group)⟩ may be respected (by the observer,) ⟨in which case it is
          V   S' V'

a positive stereotype.⟩
   C'

解釈のポイント
- 第 5 文型（SVOC）の受動態
- 主格の関係代名詞 that
- 関係形容詞 which の非制限用法

和訳　集団の構成員が共有していると考えられる特徴は，観察者によって尊重されるか
もしれず，その場合，それは肯定的ステレオタイプである。

　これは一例ですが，上記のようなポイントをもとに，英文の構造を理解し，正し
く意味をとらなければいけません。そのために，市販の英文解釈の参考書を活用し
て，1 文ごとに SVOC をふったり，カッコでくくったりする練習をしていきましょ
う。

（4）論理力

　CHAPTER 1で見たとおり，関関同立英語の**メインは長文読解**です。また，文法問
題や会話問題などでも，もちろん読解力が必要です。単純な知識のみで解ける問題
も一部は出ますが，基本的にはすべての問題に対して読解力を駆使できるように，
しっかり対策しましょう。
　さて読解力のひとつは，**流れを理解する能力**です。英語長文を読んでいて「結局
何の話をしてるんだっけ……？」と混乱した経験はありませんか？　文章を理解す
るためには，必ず文章の流れをつかまなければなりませんが，そのためには，どの
ようなことを意識すればよいのでしょうか。ポイントを説明していきます。

　まず，別冊 **p.29** の関西学院大学の大問 3 の長文を，流れを意識して読んでみて
ください。実際は，この長文から空所補充問題と内容一致問題が出題されますが，
まずは，空欄に正答を入れた状態で読んでみましょう。ここでは文の流れをつかむ
ことだけに集中して，論理的読解を試みてください。

　論理的読解のポイントは，細かいことを言えば多岐にわたりますが，最終的には

　　　・**本文全体で何を述べたいのか？**
　　　・そのために**各段落はどのような役割**を果たしているのか？

がわかれば OK です。今回の文章であれば次のように考えればいいでしょう。

The Industrial Revolution took off between the end of the 1700s and the mid-nineteenth century.
産業革命は1700年代の終わりから19世紀半ばにかけて起こった。

Starting in northern England and Scotland, then spreading to parts of Europe and North America,
イングランド北部とスコットランドから始まると，ヨーロッパの各地と北アメリカに広まり，

urban areas transitioned to factory production.
都心部は工場生産に移行した。

Factory work demanded alert minds and quick-moving hands to operate machinery,
工場労働は，機械を操作するための油断のない頭脳とすばやく動く手を必要としたが，

and the traditional beverages of choice throughout Europe
ヨーロッパじゅうで好まれていた伝統的な飲み物，

— beer and wine — did not fit these new contexts well.
すなわちビールやワインは，これらの新しい労働環境には合わなかった。

革命 → 大きな変化 → 革命の前後で何がどうなった？ → 自分でまとめる！

	労働形態	飲み物
変化前	手作業 （本文に記述はないが 一般的な感覚から想起）	ビールやワイン （工場生産に適していない）
変化後	工場生産 （注意力と迅速さが必要）	第1段落には書いていない

「工場生産に適した飲み物は何か？」と考えながら第2段落を読んでいきましょう。

`第2段落`

Previously, beer and wine had been safer to drink than most water.
かつては，ビールとワインはほとんどの水よりも安全に飲める物であった。

Hot drinks were basically unknown.
温かい飲み物は基本的に知られていなかった。

The average adult in England consumed weak beer throughout the day,
イングランドの平均的な成人は，一日中弱いビールを飲んでいた。

starting with beer soup (prepared with eggs and poured over bread) for breakfast.
朝食にビアースープ（卵を入れて作り，パンにかけたもの）を飲むことから始めて，

Beer provided an important source of nutrition,
ビールは重要な栄養源であり，

and most households produced their own beer to meet family needs.
ほとんどの家庭でそれぞれのニーズに合ったビールを作っていた。

A typical English family consumed about three liters of beer per day per person, including children.
典型的なイングランド人の家族は，子どもも含めて，一日に一人当たり約3リットルのビールを消費していた。

Depending on the strength of the home production,
家で作ったビールのアルコール度数にもよるが，

an average person might pass the day in a half-drunk state.
平均的な人は半分酔った状態で一日を過ごしていたとも言える。

Coffee provided a novel alternative:
コーヒーが斬新な代替手段を提供した。すなわち，

instead of quieting the mind and slowing the body, it woke them up.
気持ちを静め体を休めるのではなく，目を覚まさせたのである。

第3・4段落

Important technological innovations promoted the growth of the coffee industry and trade, especially the steam engine.
大きな技術革新，とくに蒸気エンジンの革新はコーヒー産業・貿易の成長を促した。

The steam engine, which was adapted to sailing vessels around 1840, proved revolutionary for sea as well as land transportation.
蒸気エンジンは，1840年ごろに航海する船に使われたが，陸上輸送と同じように海上輸送にも大変革を起こした。

Sailing ships had been unable to trade easily with Central America
風で帆走する船では中央アメリカとたやすく貿易することは不可能だった

because seasonal winds could keep the ships trapped in harbors for months.
季節風が船を何か月も港に留めてしまうからだ。

By contrast, the outer Caribbean islands benefited from favorable winds and could be visited all year round.
対照的に，カリブ海の外側に位置する島々には，追い風のおかげで一年中訪れることができた。

Coffee became a profitable export for Central America and southern Mexico when steam-driven ships appeared,
コーヒーは，蒸気エンジン船が現れたとき，中央アメリカとメキシコ南部にとって利益を生む輸出品になった，

because they could enter and leave ports regardless of wind direction.
なぜなら蒸気エンジン船は風の吹く方向にかかわらず港に出入りすることができたからであった。

Central American coffee production soared hand in hand with industrial expansion in Europe.
中央アメリカのコーヒー生産高はヨーロッパの産業拡大とともに急増した。

Prices for coffee, tea, and sugar declined as monopolies ended,
コーヒーや紅茶，砂糖の値段は独占が終わるとともに低下し，

and supplies expanded along with increasing demand.
そして供給は増加する需要に伴って拡大した。

技術（特に蒸気機関）の発展 → 海上輸送が活発化 → コーヒー産業の成長促進

第5段落

Coffee and tea, drunk with sugar, became a part of daily diets across Europe's social classes.
コーヒーや紅茶は砂糖とともに飲まれ，ヨーロッパの社会階層を越えて日常の食生活の一部になった。

The sweet drinks offered minimal nutrition, but provided calories and an energy boost.
その甘い飲み物にはわずかな栄養しかなかったが，カロリーがありエネルギー補給になった。

In France, coffee consumption climbed from 50 million pounds in 1853 to 250 million pounds by 1900, a fivefold increase.
フランスでは，コーヒーの消費量は1853年の5000万ポンドから1900年には2億5000万ポンドにまで上昇し，5倍になった。

In Germany, the 100 million pounds consumed in 1853 increased to 400 million pounds by 1900.
ドイツでは，1853年に1億ポンドであった消費が1900年には4億ポンドに増えた。

Consumption also exploded among the Dutch, Italians, and Scandinavians.
（コーヒーの）消費はオランダ人，イタリア人，スカンジナビア人の間でも爆発的に増えた。

コーヒーが（社会階級を越えて）日常的に普及

話全体をまとめると，

　　　産業革命
　➡ 工場生産に適した飲み物（コーヒー）の普及
　➡ 技術（特に蒸気エンジン）の発展
　➡ 海上輸送が活発化
　➡ コーヒーのさらなる普及
ということになります。

以上が文章の流れを意識できている論理的読解の例です。「実際にどう考えれば
よいのか」「どういった着眼点があればそのように読めるのか」といったことについ
ては，多くの長文読解の参考書で身につけることができます。

　読むというのは，**ただ文字を目で追うことではありません**。「この段落ではどん
な話をしているのか」と**内容を整理**したり，「次にどのような内容が来るだろうか」
と**予測**したりしながら，**能動的に読ん**でいきましょう。

　また，英語で本文の流れをつかむのは難しいと感じている人は，まずは全訳の**日
本語の文章から考えてみる**のもアリです。日本語で書かれているのに，話の整理を
できない文章が，英語で書かれていてわかるわけがありません。まずは日本語で話
の流れを整理・予測できるようにしましょう。ただし当然ですが，最終的には英語
を論理的に読めるようになりましょう。

（5）解答力

　受験生の指導をしていると，とくに過去問演習の時期に「読めるけど解けない」
という相談をたくさん受けます。厳しいことを言うようですが，関関同立の英語に
おいて**「読めるけど解けない」ということはありえません**。もしそのように感じて
いる人がいたら，次のどちらかのパターンにあてはまっているはずなので，確認し，
状況に合わせて対策してください。

①本当は英文が読めていない

　大半はこれに尽きます。自分では読めていると思っても，**実は正確に読めていな
かった**ということは本当に多いです。（1）～（4）の**語彙力，文法力，精読力，論
理力**がきちんと身についているかを確認しましょう。

②英文は読めているが問題の解き方がわかっていない

　英文は正確に読めているのに解けないのは，**正しい解き方を知らないから**です。

　一般的な解法については CHAPTER 2 の **Section 4** (p.054) で，大学別の特徴的な
問題については CHAPTER 3 (p.100以降) の大学別過去問で解説しました。出題者はそ
れぞれの意図をもって出題しています。何が問われているのかをしっかりと考えて，
解答の根拠を明確にしたうえで答えるようにしましょう。

　解答の際，注意すべきポイントは，CHAPTER 2 の最後のチェックリスト (→ p.097
～098) にまとめました。それぞれの設問形式に合わせてしっかり対策をしましょう。
次ページからの過去問分析ノートづくりでもぜひこのチェックリストを活用してく
ださい。

③　過去問分析ノートづくり

Points

- 分析とは，「何がダメだったのか」「次回に向けてどうするか」を自分の頭で考えること。
- 解説を読んで理解することを「分析」とは呼ばない。
- 分析の際は「いつ」「何を」「なぜ」「どれくらい」やるのかなど，具体的なアクションを明確にする。

　多くの受験生が「分析とは解説を読んで理解することだ」と考えていますが，それは分析ではありません。解説を理解することももちろん重要ですが，それだけで終わっていてはその場限りの勉強になってしまいます。分析というのは，あくまで間違えた理由を**自分の頭で考えて，次につなげる**ことなのです。

　数か月以上受験勉強をしてきた受験生であれば，点がとれなかったとき，「解説を読めばわかるのにな」「時間を気にしなければできてたと思うけどな」などと，自分に言い訳をしてしまいがちです。でも**実際は，解説なしで，時間内に正解にたどりつけていない**から合格点がとれていないわけです。

　「過去問分析ノートづくり」では，その**原因究明と今後の改善策**を深掘りします。「解説と同じ解釈をなぜ自分一人ではできなかったのか」「どのような思考回路を持てばよいのか」「そのために今後何をすればいいのか」といったことをまとめるステップです。

　この作業を怠ると，いくら長時間勉強しても大きな成果が得られません。むしろ，「勉強しているのに成長を実感できない」という，一番モチベーションが下がる状態におちいってしまいます。

　分析の際は**「いつ」「何を」「なぜ」「どれくらい」**やるのかなど，**具体的なアクション**を明確にする必要があります。言葉にすると当たり前のことですが，これがきちんと実行できている受験生はなかなかいません。次ページ以降で，ダメな例もふまえて，いくつか分析例を載せます。比較しながら，よい分析をするための指標にしてください。

（1）×の分析ノートの例

> 分析1　単語の意味が出てこなかった
> 分析2　長文や文法を感覚で解いてしまっている
> 分析3　指示語・代名詞を明確にする

　これらは，すべてダメな分析の例です。

　もっと言うと，そもそも分析にすらなっておらず，ただ解き終わったあとの感想が並べられているだけです。

　さらに，自分の解いた問題が添えられていないため，あとで振り返ったときにどの英文のどの箇所でつまずいたのかがわかりません。

　繰り返しますが，分析では**次につなげる**ことが重要です。その場限りの見直しで終わってしまわないように気をつけましょう。

　なお，上の分析1～3は，以下のように考えると，失点の原因を深掘りできます。

分析例1に対して

➡ 出てこなかった原因は？　インプット不足だからか，難しい単語だったからか？

➡ インプット不足なのであれば，今後どれだけ時間を使って覚える予定か？

➡ 意味が出てこない単語は全体の何割ほどあったか？

分析例2に対して

➡ 感覚で解いてしまった原因は何か？　途中で読めなくなったからか？時間が足りなくてあせったのか？

➡ 途中で読めなくなったのであれば，自分に足りない知識は何か？
どの箇所を理解していればそのまま読み進めることが可能だったのか？

➡ 時間が足りなくてあせったのであれば，速く処理するために今の自分には何が足りていないのか？　解く順番や解き方ももちろん検討する。

分析例 3 に対して

➡ 明確にできなかった原因は何か？　普段から軽視してしまっていたからか？　英文が難解だったからか？

➡ 英文をそのまま読むだけでなく全訳も読んで考えること。そもそも，その指示語や代名詞を明確にできるだけの日本語力があるのか？

次にどうすればいいかが不明瞭な分析は分析とは言えません。自分の弱点を正確に把握するために，ていねいに分析をしましょう。

（2）△の分析ノートの例

【同志社大　2022年　大問 1】

第 6 段落

Think about it. The same movement is required to type each letter on a keyboard. (　X　) contrast, when we write, our brain needs to think about and retrieve memories of the shape of each letter. We also need to use our eyes to watch what shapes we're writing. And we need to control our hands to press a pen or pencil to shape the different letters. All of this uses and connects more areas of the brain.

→ letter の意味のかんちがい。same の内容が理解できていなかった。

設問 E

1　A new study shows that students should stop using computers since using a pen or a pencil stimulates more areas of one's brain than a keyboard does.

→ stop が言い過ぎ。本文の内容をしっかり確認する。

【大問 2】

第 7・8 段落

Attempts to cultivate coffee plants smuggled from Yemen to Europe in the early seventeenth century failed. However, ... in greenhouses in 1706.

The first botanical description of the coffee tree, *Coffea arabica*, was made in these gardens by French botanist Antoine de Jussieu in 1713, and today coffee-loving pilgrims can come to the gardens to gaze on plants that have a direct lineage back to the eighteenth century. Their progenitors were to become the source of most of the cultivated coffee plants in the world today.

→ 具体例が多くてちゃんと考えられなかった。年代に注目して適切に処理する。

【大問3】
ほぼ満点だがミスに注意

　どうでしょうか。p.306の「×の分析ノートの例」は少し極端なものだったので，「自分だったらもっときちんと分析できる」と思った受験生は多いと思います。それでも，多くの受験生が初めて分析をするとなると，この「△の例」程度の分析（正確には「分析のようなもの」）になってしまいます。先ほどの「×の例」よりは多少はマシですが，これでもまだまだです。**これでは「分析」とは言えません。**

　例えば大問1では，「same は**結局何を指していたのか**」「stop が言い過ぎであると**なぜ判断できるのか**」といったことがわかりません。
　同様に大問2においても，**「適切な処理」とはどういうものか**がわかりません。「どういう観点で，何ができていれば」適切と言えるのかを明確にする必要があります。そもそも，解いている際に**100％正確に読み切る必要のある具体例だったのか**，ということもわかりません。
　大問3は，ほぼ満点だったということなので，「じゃあ，これでいいのでは？」と思うかもしれませんね。でも実は，**より深く意識できるところがまだある**のです。
　また，基本的に長文の内容に関してのみコメントが書かれていますが，関関同立レベルの英文であれば，**語彙や表現についても**わからなかったところが多少はあるはずです。単純な知識としても覚えるべきですし，それが設問にもかかわる内容であったのならば，より注意して復習をしなければいけません。

　突っ込みどころがあるということは，正しい視点で自分の弱点を把握しきれていないということです。失点の原因は，**根本の部分まで言語化**をしておかないと，適切な対策が立てられません。自分のために，**詳細に書き記して**おくようにしましょう。
　そして何より，「×の分析ノートの例」に続いてこの「△の分析ノートの例」でも抜け落ちている要素があるのですが，それが何かわかりますか？
　何度も言ってきましたが，分析で大切なのは**次につなげる**ことです。この「△の例」では，失点箇所の確認やその原因の追究はできているかもしれませんが，これは結局その場での復習でしかありません。
　「次回過去問を解くまでに，そして解くときに，自分がどうすればよいのか」という観点での分析になっているかを常に意識しましょう。

（3）○の分析ノートの例

先ほどの分析をさらにブラッシュアップさせましょう。

A　大問ごとの分析

【同志社大　2022年　大問1】
第6段落

　　Think about it. The same movement is required to type each letter on a keyboard. (X) contrast, when we write, our brain needs to think about and retrieve memories of the shape of each letter. We also need to use our eyes to watch what shapes we're writing. And we need to control our hands to press a pen or pencil to shape the different letters. All of this uses and connects more areas of the brain.

　　まず，letter を「手紙」と訳してしまっていた。
　　それと The same movement の same が何を指しているのか理解できていなかった（第5段落の内容とかんちがい）。
　　本文の流れが「手書き」と「デジタル」の対比であることを考えれば，「手紙」の意味では不自然ということはわかったはず。
　　「同じ運動」→「単一の作業で済む」→「手書きに比べて脳への刺激が少ない」という読み取りはできた。
　　基本単語であっても正確に内容を理解することを心がける。

設問E

1　A new study shows that students should stop using computers since using a pen or a pencil stimulates more areas of one's brain than a keyboard does.

　　本文では stop とまでは言っていない。第1段落と第14段落参照。
　　時間がなかったので，ざっと読んで「手書きを推奨している」内容だと考えて正解の選択肢と判断してしまった。
　　使われている単語や因果関係について，選択肢の中でも，本文の該当箇所でも注意して読む。

[メモ]
　　stop のあとの using は動名詞で，他動詞 stop の目的語。
　　since のあとの using も動名詞だが，using a pen or a pencil でひとかたまりの主語になっている。
　　文末の does は代動詞で，stimulates の言い換え。

【同志社大　2022年　大問2】

第7・8段落

Attempts to cultivate coffee plants smuggled from Yemen to Europe in the early seventeenth century failed. However, when the Dutch took control of parts of Ceylon (now Sri Lanka) from the Portuguese in the mid-1600s, they found small coffee plantations begun with plants brought in by Arab traders, which they subsequently developed along with plantations established in their colonies on the Malabar Coast of India. In the late 1690s, they took coffee plants to their colony of Batavia (now Java), which became their main source of supply. From there, seeds were taken back to the Hortus Botanicus (botanical gardens) in Amsterdam and were successfully cultivated in greenhouses in 1706.

The first botanical description of the coffee tree, *Coffea arabica*, was made in these gardens by French botanist Antoine de Jussieu in 1713, and today coffee-loving pilgrims can come to the gardens to gaze on plants that have a direct lineage back to the eighteenth century. Their progenitors were to become the source of most of the cultivated coffee plants in the world today.

具体例の内容がつかみづらく，そこを理解しようとして時間をかけて読んでしまった。ただ今回は，本文のテーマを考えればそこまで踏み込まなくても設問は解けたはず。

今後は，次のような読み方を実践する。

下線を引いた語句を目印に，時間に注目して，いったんは軽く読む。

→ 設問と対応を確認して根拠になりそうであれば，もっと深く読む。

[メモ]
第8段落の the coffee tree, Coffea arabica, was ... のカンマは同格を表している。

【同志社大　2022年　大問3】

・記号はすべて正解していたが，もう少し速く解くことはできそう。

→ スピードを意識する。（次回目標はあと2分短縮）。

・英作文も内容や構文としてはほとんど合っていた。でも，3単現のsや時制などのミスのせいで満点がとれなかったので注意する。

B　全体的な改善

次回の予定は 9/15。それまでに以下のことを意識して勉強する。

【語彙力・文法力】

動詞の語法が定着していない。

「view O as C の意味は?」のように，一問一答形式で聞かれれば答えられるレベルにはなっているが，動詞を見た瞬間に後ろの前置詞を予測するレベルにはまだ到達していない。

→ 単純暗記で終わらないように，知識の整理とアウトプットを繰り返していく。

→ アウトプットに関しては，4択問題集の動詞の語法をランダム演習のように解き，まずは，いつも8割とれるようにする。

【精読力・論理力】

英文解釈が甘い部分がある。

それぞれの品詞とその働きについて，まだ完ぺきにはなっていない。

→ 毎日10分復習する時間をとる。

→ 英語の勉強の際に常に英文解釈の参考書を手もとに置き，確認する習慣をつける。

単純に和訳をすることはある程度できているが，和訳した文章に対して疑問を持ったり，その先の展開を予測したりすることができていない。

→「抽象→具体→抽象」の論理展開を常に意識して，内容を考えながら読む。

→ 各段落ごとで筆者が何を伝えたかったのかメモをとる。

【解答力】

「同じ意味だけどほかの表現をしている」ことに気づけていないときがある。特に内容一致問題の選択肢。上で書いた「英文解釈が甘い」ことが原因のこともある。

→ 単語帳の見出し語を覚えるだけでなく，類義語を一元化して言い換えにも対応できるようにしていく。

よく書けている過去問分析ノートの例を見てみました。どうでしょうか。

　ここまでの精度で分析ができていれば，次回以降につなげることができます。「分析する」とはどういうことかをしっかりと理解して，過去問分析ノート作成に活かしてください。

　ただし，p.293でも述べた通り，そもそもの**一定水準以上の基礎力**がなければ，ここまでの分析はできません。**語彙力や文法力を高めるインプット**は早めにひととおり終わらせ，**精読力・論理力・解答力を使うアウトプット**もある程度は経験したうえで，過去問分析に取り組むようにしましょう。

しっかりとした過去問
分析ノートを作って，
次につなげましょう。

Section 3 全体計画

目標達成のために一番重要なのは，全体像を把握しておくことです。
そもそも今自分が解いている問題や取り組んでいる分析が，全体計画と照らし合わせて最適なものなのかを常に意識するようにしましょう。

1 全体計画の作り方

Points

- 受験日から逆算して全体計画を設計する。
- 英語の項目は，「語彙」「英文解釈」「英文法」「長文読解」「過去問」。
- 英語以外の科目も自分で作成してみよう。
- 下記はあくまで例なので，必ず自分で考えること。
- 計画作成自体が目的化しないように。

ゴールから逆算

　最後に，今回の演習を通して，今後の勉強の全体像を設計しましょう。

　CHAPTER 2の合格最低点のところでも述べましたが，勉強においては**ゴールを意識する**ことが重要です。全体像もわからないまま勉強することは，まさに「木を見て森を見ず」の状態です。必ず「いつまでに何を終わらせているのが理想的なのか」を逆算し，**全体計画を把握しながら勉強する**ようにしましょう。

　「今週はこれをやって，来週はこれをやって…」というように**順次進めるのはNG** です。**2月に関関同立入試があるというゴールは決まっている**ので，「2月に合格最低点を出すためには1月にこれができないといけない。だから12月までにこれを達成する。さらにそのために夏休みまでにこれを達成する。なので今はこの勉強に取り組む」という形で，**合格からの逆算**で考えるようにしましょう。

「5つの力」に準じて項目分け

　計画作成時の項目についてですが，英語は，「5つの力」（→ p.049）を参考にして，**「語彙」「英文解釈」「英文法」「長文読解」「過去問」**にわけるとよいでしょう。

　なお，関関同立いずれの大学の入試問題にも会話問題が含まれています。しかし

マニアックな会話表現はほぼ出題されないため，**会話問題に特化した対策は必要ありません**。CHAPTER 2 の **Section 4** (→ p.091) を参考にして，過去問演習の中で対策すれば十分です。

また，今回は英語のみですが，**ほかの科目も同じように**考えて全体像を設計するようにしてください。

自分の計画は自分で考える

次のページから全体計画の例も提示しますが，これは全員にあてはまる絶対的なものではありません。一人ひとり志望校や志望学部，得意科目や苦手科目，配点の比重などが異なるなかで，個人単位での本当の意味での**最適な計画は，自分で考える**しかありません。

近年では，情報があふれ，かつそれにアクセスすることが容易になり便利になりました。そのため，自分にとって本当に必要な情報が何なのかを判断するのが，かえって難しくなってしまいました。

計画においても，実際の行動においても，**自分の頭で考える**ということを大原則としましょう。次のセクションからの計画例は，**あくまで参考の 1 つ**として見るようにしてください。

「やらないこと」を決めるのも大切

関関同立合格の勉強法が載っている本は，この本だけではありません。合格したいがために情報をたくさん集めて目移りしてしまっている人はいませんか？　ありとあらゆる情報をすべてつめこんでしまうと，**間違いなくオーバーワーク**になってしまいます。

大学受験においては，「やったほうがよいこと」は山のようにあります。でも「全部やる」ことは現実的には無理です。**「やらないこと」を決める**ことも大切なのです。

次のページからの計画作成の例は，「やらないこと」を決めるための参考にしてください。例えば，「会話問題」の項目を入れなかったのも，「やらないこと」を決めた例と言えますね。

計画は想定どおりには進まない

計画作成のときは当然理想的な流れを考えますが，すべてが**自分の想定どおりに進むとは思わない**ようにしましょう。思っていたよりも暗記や理解に時間がかかる場合もありますし，体調を崩したり急な予定が入ったりすることもありえます。

逆に，自分の想定よりも早く進められるということも，多くはないですが可能性としてはあるでしょう。

ある程度前後することを見越したうえで，全体設計をするように心がけましょう。

計画作成が目的化しないように

　計画を立てただけで満足してしまっている受験生がよくいますが，行動に移さなければ，意味がありません。過去問分析ノートも全体計画の作成も，**それ自体が目的ではない**ことを心にとどめておきましょう。

　全体計画を志望校合格までの地図として，常にゴールに向かって歩き続けるようにしましょう。

②　計画例：高２の２月スタート

Points ☀

- 夏までにインプット終了。
- 秋〜冬で演習量増加。
- 直前期は過去問メインで仕上げをする。

　本格的な受験勉強を始めたばかりの人は以下のような計画にするとよいでしょう。基本の流れは，上記 Points のとおりです。

　なお，ここでは同志社志望の受験生を想定していますが，**関関同立いずれの大学の計画も大きな流れは同じ**です。特に関大は同志社と重なる部分が多いです。ただし，関学と立命館は，英文法をはじめ知識問題の比重が大きくなるので，受験後期〜入試直前期においても，**英文法の演習の時間をしっかり確保**しましょう。

（1）語彙

　これまでにも何度か述べたとおり，**単語帳は2000語レベル，熟語帳は1000語レベル**のものを使用しましょう。

　まずは英単語について，**「英語→日本語」で一語一訳を即答**できるレベルにもっていきましょう。**週200〜300語のペースで暗記**し，5〜6月には1周終わっているのが理想です。続いて，**単語の複数訳と熟語の暗記**を並行してやり，夏までにインプットを固めましょう。

　また，基本的に**2冊目は不要**です。単語帳も熟語帳も，それぞれ1冊を何度も復習して完ぺきに覚えるようにしましょう。

　なお，同志社では英作文があるので，単語帳の1000〜1200語レベル（共通テストレベル）の単語については，正しくつづれるようにしておきましょう。

（2）英文解釈

　単語と合わせて，**英文法よりも優先的に**取り組みましょう。用語やルールがわからないと英文法の解説が読めない（読んでも理解できない）ためです。

　基本的には，参考書を1冊やれば十分ですが，余裕があれば演習として2冊目に取り組んでもいいでしょう。勉強法の基本イメージとしては，「英語長文の演習と復習のなかで，英文解釈もあわせて演習と復習をする」ということになります。

（3）英文法

　英文法の参考書で勉強しはじめるのは，基本的な英文解釈の参考書を勉強し終えてからがよいでしょう。夏までに単元別の内容を1周します。どの文法書も，だいたい15〜20単元程度に分かれているので，**週1〜2単元ずつ**進めていきます。まず1周し，演習と復習を繰り返しやっていきましょう。夏以降は，単元別ではなく**ランダム演習**で，**実力の定着度合いを確認**していきます。

　同志社では文法問題が直接出題されるわけではありません。しかし，英文法の勉強をしておけば，**解釈との関連性**がわかり，**長文がより正確に理解**でき，**英作文にも役立ち**ます。**総合的な英語力向上**が見込めますから，志望校の出題形式を問わず，英文法にはきちんと取り組みましょう。

　とはいえ，夏以降の勉強における優先順位としては，英文法はそこまで高くありません。

（4）長文読解

　自分の語彙力・文法力・解釈力のレベルを考慮して，**自分に合った難易度**の問題集をやります。

　長文問題集の中には，主に読み方と解き方の着眼点を学習できる参考書寄りのものと，どんどん問題を解いていく問題集寄りのものがあるので，時期に応じて，自分が必要なものを選択するようにしましょう。

　同志社合格までに解いておきたい長文の問題数は，約150題ほどです。特に同志社であれば900〜1000語程度の長文が出るので，後半期は文章量が多いものにも積極的に取り組むようにしましょう。

（5）過去問

　Section 2 でも述べたとおり，過去問に取り組むのは，ある程度**インプットを終えてから**のほうが効果的です。

　一般的なペースとしては，まず夏に1セット（英語の入試1回分）を解いて過去問を分析します。その前に春ごろにも1セット解いてもかまいません。春にはまだ手も足も出ないでしょうが，形式を知るために役立ちます。

　分析できたら，**対策と演習**をしましょう。そして，**秋には月１〜２セット**解いて方向性の確認をします。**冬には取り組む量を増やし，週１〜２セット**解きます。**直前期は週２〜３セット**解いて，最終確認をしましょう。

　１週間で解くべき過去問の数は，**問題集との兼ね合いで決定**します。過去問で５割とれないのであれば，過去問よりも復習や演習に力を入れたほうがよいかもしれません。過去問をやるかやらないかは時期にもよりますので，これは一つの基準としてください。

自分の計画は自分で
考えるのが大原則。
次の例を参考に
してください！

同志社大学 英語年間計画（1年スパンの例）

		2月	3月	4月	5月	6月	7月
語彙	参考書	▶2000語レベルの英単語帳1冊		▶同じ英単語帳の復習 ▶1000語レベルの英熟語帳1冊			
	進め方	300語／週		単語は適宜復習する 100語／週			
英文解釈	参考書	▶入門レベルの英文解釈参考書1冊					
	進め方	1冊を1か月完成で2周する					
英文法	参考書			▶4択英文法問題集1冊			
	進め方			1単元／週 英文解釈の考え方も活用する			
長文読解	参考書			▶入門レベルの英語長文問題集1冊		▶基礎レベルの英語長文問題集1冊	
	進め方			2題／週		2題／週	
過去問	すべきこと	▶実際の問題を確認					
	進め方	ゴールの確認					

318

	8月	9月	10月	11月	12月	1月	2月			
	▶同じ英単語帳の復習									
	2冊目不要！ 新しい語彙は一元化すること									
	▶長文教材の英文解釈									
	すべての英文の構造を把握する									
	▶同じ4択英文法 問題集の復習		▶ランダム英文法問題集1冊							
	2単元／週 解答の根拠を 明確にする		1回／週 間違えたらその単元を すべて復習			適宜復習する				
	▶標準レベルの英語 長文問題集1冊		▶難関レベルの英語 長文問題集1冊			▶同志社大の英語 問題集				
	3題／週		3題／週			過去問と合わせて 4〜5題／週				
	▶初回チャ レンジ	▶分析と調整		▶点数を意識		▶仕上げ				
	8月に 1セット	1（〜2）セット／月		2セット／月		1セット／週				

③ 計画例：高3の7月スタート

Points

- 基本的な考え方は，「高2の2月スタート」の例と同じ。
- あせって問題をただ解くだけにならないように注意。
- 暗記量を減らせる勉強法を模索する。

この本を手に取ったのが受験中盤期で，これから演習の量を増やしていくという人は，p.322，323のような計画にするとよいでしょう。

基本的な計画の立て方はこれまでに述べてきたことと変わりません。**限られた時間のなかで**，志望校合格をつかみとれるように勉強を進めていきましょう。

ゴール時期と勉強量と内容は一定

なお，計画表は7月からのスタートという設定ですが，文字どおり「ゼロから半年で合格するための計画」というよりは，**「これまでも自分なりに勉強してきた受験生が，今から本格的に志望校をねらうための計画」**となっています。もし7月に本当にゼロからスタートするということであれば，当然ですが，蓄積のある受験生との苦しい戦いになります。

とはいえ，「2月の入試というゴール時期」「関関同立合格のために必要な勉強量・内容」などは**毎年ほぼ一定かつ明確**です。それを試験当日までにこなすことができれば，何月からのスタートであっても合格の可能性は十分にあります。しっかり努力して，最後まで勉強を続けましょう。

あせりは禁物！

中盤期からの注意点としては，**あせって問題を解くだけにならない**ように注意することです。夏以降はインプットが終わって演習がメインとなり，模試を受ける機会も増えてくるでしょう。自分の実力と向き合ったり，周りの人と自分を比較したりする場面が増えてきます。その結果，「とりあえずもっとやらないと！」とあせって，問題をただ解くだけになってはいけません。

これまでに説明してきたことをしっかり意識して，意味のある勉強を心がけてください。

丸暗記せず，効率的な勉強を

　また，入試までの時間が短いですから，**より効率的な勉強**をする必要があります。「効率的」という言葉の解釈は人それぞれでしょうが，ここでは**「丸暗記をせずに理解して覚える」**という意味でとらえてください。

　例えば，熟語で put on 〜「〜（主に衣服）を身につける」という表現がありますが，このような熟語表現をひとつひとつすべて覚えていたらキリがありません。put と on という単語がもつ**核となるイメージ**から「くっつけて置く→衣類を体にくっつけて置く→衣類を身につける」というように**派生させて**考えれば，**暗記量を減らす**ことができます。

　時間がないからこそ，どのように進めれば効率的になるのかを常に意識して，学習方法を模索するようにしましょう。

あせらず，効率的に
勉強を進めていきましょう。

同志社大学 英語年間計画（半年スパンの例）

		2月	3月	4月	5月	6月	7月	8月
語彙	参考書	（2000語レベルの英単語帳）					▶2000語レベルの英単語帳1冊	
	進め方	（完ぺきではなくても1冊ひととおり終えているのが望ましい）					300語／週	
英文解釈	参考書	（入門レベルの英文解釈参考書）					▶入門レベルの英文解釈参考書1冊	
	進め方	（完ぺきではなくても基本的な内容については1冊終えているのが望ましい）					1冊を3週間完成で2周する	
英文法	参考書	（4択英文法問題集）					▶4択英文法問題集1冊	
	進め方	（完ぺきではなくても基本的な内容については1冊終えているのが望ましい）					2単元／週 英文解釈の考え方も活用する	
長文読解	参考書			（入門レベルの英語長文問題集）			▶基礎レベルの英語長文問題集1冊	
	進め方			（基本的な英語長文については参考書などで演習してあるのが望ましい）			2題／週	
過去問	すべきこと	（実際の問題を確認）						▶初回チャレンジ
	進め方	（ゴールの確認）						8月に1セット

013

ManaviisM

	9月	10月	11月	12月	1月	2月
	▶同じ英単語帳の復習 ▶1000語レベルの英熟語帳1冊		▶復習			
	単語は適宜復習する 100語／週		2冊目不要！ 新しい語彙は一元化			
	▶長文教材の英文解釈					
	すべての英文の構造を把握する					
			▶ランダム英文法問題集1冊			
	復習 解答の根拠を 明確にする		1～2回／週 間違えたらその単元 をすべて復習		適宜復習する	
	▶標準レベルの英語長文問題集1冊	▶難関レベルの英語長文問題集1冊	▶同志社大の英語問題集			
	3題／週	3題／週	過去問と合わせて 4～5題／週			
	▶分析と調整		▶点数を意識		▶仕上げ	
	1（～2）セット／月		2セット／月		1セット／週	

[著者紹介]

八澤 龍之介 YAZAWA RYUNOSUKE

難関私大専門塾マナビズム代表・株式会社 mooble 代表取締役社長。関西大学法学部卒。高校3年生のときに「人の夢を叶える人になる」ことを自分の人生のテーマに決め，起業家になることを決意。大学在学中にアルバイトを掛け持ちして資金を貯め，19歳で学習塾 FC として独立。22歳で FC から脱退し，2011年にオリジナルブランドの学習塾である「マナビズム」を立ち上げる。教育系 YouTuber としても活躍しており，これまで 2,000 名以上の難関大合格者を輩出してきたノウハウや，勉強法を受験生に向けて発信している。マナビズムが運営する YouTube チャンネル「マナビズムチャンネル」「関関同立ラボ」「早慶マーチラボ」を合わせると登録者5万人以上。これが認められ，さまざまな有名大学のオープンキャンパスで講演や受験対策講座を請け負っている。

「マナビズム」とは

難関私大専門塾マナビズムの関西エリアは「関関同立進学専門」の校舎として，これまで多数の関関同立合格者を輩出している。「何をしたらいいかわからない」と悩む受験生を救う「自習コンサルティング」というマナビズム独自のサービスが人気。ここでは週に一度，勉強を教えるのではなく，勉強法や受験戦略の指導が行われる。受験生からは，志望校最短合格から逆算された勉強計画で，日々やるべきことを明確にしながら勉強をすることができると好評だ。

□ 執筆協力　中桐拓也　中原一徳

□ 編集協力　今居美月　鹿島由紀子　渡邉聖子

□ 本文デザイン　トーキョー工房

□ 本文イラスト　碇優子

シグマベスト
THE GUIDE
関関同立の英語

本書の内容を無断で複写（コピー）・複製・転載することを禁じます。また，私的使用であっても，第三者に依頼して電子的に複製すること（スキャンやデジタル化等）は，著作権法上，認められていません。

© 八澤龍之介　2023　　Printed in Japan

著　者	八澤龍之介
発行者	益井英郎
印刷所	中村印刷株式会社
発行所	株式会社文英堂

〒601-8121　京都市南区上鳥羽大物町28
〒162-0832　東京都新宿区岩戸町17
（代表）03-3269-4231

●落丁・乱丁はおとりかえします。

─THE─ GUIDE

関関同立の英語

別冊
問題編
[過去問]

文英堂

〔Ⅰ〕A　次の会話文の空所(1)〜(5)に入れるのに最も適当なものをそれぞれ A 〜
D から一つずつ選び，その記号をマークしなさい。

Kaho, a Japanese exchange student, asks her friend Nora about a textbook.

Kaho: Tell me, Nora, have you heard about that introductory course on American literature?

Nora: Not only have I, but I enrolled for it.

Kaho: (1)＿＿＿＿＿＿＿＿＿ We'll be classmates, then! Have you bought the textbook yet?

Nora: No, I haven't. What about you?

Kaho: Well, I went to the university bookstore this morning to buy it but didn't have enough cash. It's 75 dollars!

Nora: That's unbelievable! Have you looked for a secondhand copy? More often than not, they have some in the used-book section.

Kaho: (2)＿＿＿＿＿＿＿＿＿ I had no idea.

Nora: Yes, and since it's a popular course, the store should have a bunch of secondhand copies left. But you should hurry, because bargain textbooks sell fast.

Kaho: (3)＿＿＿＿＿＿＿＿＿ I'm going back to the bookstore right away. Would you like to come with me?

Nora: Yes, I would. I need to save money as well. I've always wondered how poor college students manage to buy all these textbooks.

Kaho: (4)＿＿＿＿＿＿＿＿＿ I may have to drop a couple of classes if I can't get some of these textbooks at a cheaper price.

Nora: Don't worry just yet! If the bookstore's run out of secondhand copies, we can also search online. There's always a solution.

Kaho: I suppose you're right. (5)＿＿＿＿＿＿＿＿＿ I feel better now.

2

(1) A. I agree!

B. So did I!

C. I'm envious!

D. Not a chance!

(2) A. Is that so?

B. I forgot that.

C. Why not?

D. I doubt it.

(3) A. I'll buy a new copy.

B. Thanks for the tip.

C. I'm in no rush.

D. It's too late.

(4) A. It wouldn't change a thing.

B. I'm poor at reading.

C. I don't have that issue.

D. You're telling me.

(5) A. Forget about the bookstore.

B. Dropping a course is okay.

C. I shouldn't lose hope so easily.

D. I may have to reconsider my options.

B 下の英文 A ～ F は，一つのまとまった文章を，6つの部分に分け，順番をばらばらに入れ替えたものです。ただし，文章の最初には A がきます。A に続けて B ～ F を正しく並べ替えなさい。その上で，次の(1)～(6)に当てはまるものの記号をマークしなさい。ただし，当てはまるものがないもの (それが文章の最後であるもの) については，Z をマークしなさい。

(1) A の次にくるもの
(2) B の次にくるもの
(3) C の次にくるもの
(4) D の次にくるもの
(5) E の次にくるもの
(6) F の次にくるもの

A. Staple foods such as rice and bread are well known around the world, but one lesser-known staple food that is gaining attention is quinoa, which is a kind of seed harvested from a plant of the same name.

B. One of these has to do with nutrition. To begin with, as a seed, quinoa contains a large amount of fiber, which we now know is an essential nutrient for digestion, weight management, and the regulation of blood sugar. In addition, it is a great source of lean protein, meaning it can be used to build and maintain muscle at the cost of little fat.

C. Long before quinoa started spreading to other areas, it was cultivated in the Andean region of northwestern South America, primarily in the region that is present-day Peru and Bolivia. While it was initially used to feed livestock, people began consuming it some 4,000 years ago, and for some good reasons.

D. Given these benefits, it should come as little surprise that the consumption of quinoa has increased worldwide in recent years, and it is probably safe to say that this trend will continue into the foreseeable future. So why not give it a try yourself sometime?

E. Aside from this, quinoa conveniently pairs quite well with many kinds of food. As a result, more and more people are including quinoa as part of their diet.

F. Quinoa's growing popularity in many regions can be attributed to various factors. But what are quinoa's origins?

次の英文の空所 （ 1 ）〜（ 15 ）に入れるのに最も適当なものを
それぞれ A 〜 D から一つずつ選び，その記号をマークしなさい。

When gallery director Patrick McCaughey arrived at the National Gallery of
Victoria (NGV) on August 4, 1986, his staff was in crisis mode. The head of
security approached him: "I think the Picasso is gone," he said, looking upset.

The NGV — a major gallery in Australia — had purchased Picasso's *Weeping
Woman* less than a year earlier. At the time, it was the most （ 1 ） painting an
Australian gallery had ever acquired. Its price was AU$1.6 million (over AU$4.3
million in today's dollars) — an eye-watering amount for the public to （ 2 ） at
the time. After a plunge in the Australian dollar, it was valued at AU$2 million
shortly after.

One of a （ 3 ） of works Picasso painted in the 1930s, *Weeping Woman* is
considered a companion to his masterpiece, *Guernica*, and depicts his lover Dora
Maar in bright greens and purples, holding a tissue up to her suffering, angled
face. At the time of the purchase, McCaughey boasted, "This face is going to
haunt Melbourne for the next 100 years." But now, it had vanished from its wall.

The director and staff were baffled. In the painting's place was a note that said
it had been taken to "The ACT." They assumed it had been relocated to a sister
gallery in the ACT — the Australian Capital Territory — and started making calls
to confirm. When the gallery said they didn't have *Weeping Woman*, things started
to （ 4 ）.

It wasn't long until exactly what the ACT was became clear. （ 5 ） that
morning, *The Age*, a newspaper in Melbourne, received a letter signed by "The
Australian Cultural Terrorists," which said the group had stolen the work and now
had it in their （ 6 ）. Addressing arts minister Race Mathews, they wrote that
they were protesting "the clumsy, unimaginative stupidity of the administration."
They made a list of demands, including more funding for the arts and a prize for
young Australian artists. If Mathews didn't （ 7 ） the group's requests within a
week, they said, the Picasso would be burned.

Police swept the NGV building. （ 8 ）, they soon found the painting's
frame, but the canvas eluded them. At one point they even drained the famous

moat, a deep, wide defensive pit filled with water around the building, but still came up empty-handed.

Adding to the gallery's embarrassment about its lax security, the painting was not insured. If it were destroyed, there would be no financial recompense.

As the police struggled to make progress, newspapers around the world splashed the story across their pages. The city was full of theories. (　9　) suspected an "inside job": Not only was there no sign of forced entry to the gallery, but the painting had specialized screws attaching it to the wall, which would require certain tools — and expertise — to detach. Some said it was an act of high-stakes performance art: perhaps an homage to another infamous art robbery, the theft of the *Mona Lisa* in 1911, in （　10　） Picasso himself was briefly involved.

Days flew by, and still there were no clues. A second ransom note harassed Minister Mathews, calling him a "tiresome old bag of swamp gas" and "pompous idiot." The Cultural Terrorists wrote: "(　11　) our demands are not met, you will begin the long process of carrying about you the smell of kerosene and burning canvas." In a third letter, Mathews received a burnt match.

The gallery's head at the time, Thomas Dixon, wrote in the *Sydney Morning Herald* in 2019 that, as the deadline passed, "staff morale was collapsing. More theories（　12　）, then nothing."

But then, a tip. McCaughey was contacted by a local art dealer, who said a young artist she knew seemed to know something. McCaughey visited the artist's studio, where he found newspaper articles about the theft pinned to the wall. The gallery director mentioned that the painting could be returned （　13　） to a luggage locker at a train station or the city's airport. As Dixon wrote, "The artist remained stony faced throughout."

More than two weeks had passed since the theft when the press received an unidentified phone call. Go to Spencer Street Railway Station, the caller said, and look in locker 227.

The police, press, and gallery staff rushed to the location. When police pried open the locker, they found a neat, brown-paper parcel, which they quickly brought back to the station to unwrap. "And there it was," Dixon wrote. "No burns, no cuts, none of the things we feared." The painting had clearly been well cared for, by people who knew how to handle artwork.

To this day, the crime has not been （ 14 ）. The case remains in the Australian popular imagination, inspiring movies and novels.

After the painting was returned, the National Gallery of Victoria tightened its security considerably. When a subsequent （ 15 ） director started in the role, one of the first things he asked Dixon was who was behind the theft. "Everyone knows," Dixon replied, "but nobody can agree."

(1) A. expanded

  B. exported

  C. expensive

  D. experienced

(2) A. recall

  B. acquire

  C. digest

  D. expose

(3) A. series

  B. picture

  C. means

  D. symbol

(4) A. catch up

  B. get heated

  C. cool off

  D. become alarmed

(5) A. Over
B. Through
C. Since
D. Later

(6) A. possession
B. investment
C. account
D. power

(7) A. give in to
B. look down on
C. come up with
D. get away with

(8) A. For example
B. As a result
C. In effect
D. For that matter

(9) A. Few
B. Many
C. Everyone
D. Nobody

(10) A. whose
B. whom
C. what
D. which

(11) A. If
     B. Unless
     C. Although
     D. Whenever

(12) A. practiced
     B. proved
     C. circulated
     D. accepted

(13) A. unanimously
     B. anonymously
     C. according
     D. alone

(14) A. revealed
     B. allowed
     C. caught
     D. solved

(15) A. film
     B. painting
     C. safety
     D. gallery

B 本文の内容に照らして最も適当なものをそれぞれ A ～ C から一つずつ選び，
その記号をマークしなさい。

(1) The passage tells the story of an important artwork named
    A. *Weeping Woman.*
    B. *The Picasso.*
    C. *Guernica.*

(2) The burglary of the painting was confirmed when
    A. a related gallery in the ACT said they had not relocated it.
    B. a note found in the gallery declared that "The ACT" had taken it.
    C. a local newspaper received a letter from a group called "The ACT."

(3) One reason the painting was stolen was that
    A. the robbers wanted Race Mathews to step down as arts minister.
    B. the robbers were displeased with how the government treated the arts.
    C. the robbers protested the lack of support for administrators of the arts.

(4) The passage mentions that before the painting was stolen, the staff at the
    National Gallery of Victoria
    A. had requested funding from the gallery administration.
    B. had experienced a crisis at the time the new director arrived.
    C. had insufficient measures for safeguarding the painting.

(5) We can assume newspapers across the globe carried the story of the
    missing artwork mainly because
    A. the purchased painting was the most high-priced in the world.
    B. the puzzling nature of the case fascinated people.
    C. the Australian arts minister received many harassing ransom notes.

(6) Some people believe that those who stole the painting knew about artwork because
   A. they called themselves cultural terrorists.
   B. the group had an art studio near the station.
   C. the painting was found in excellent condition.

(7) Dixon suggests that
   A. everyone has a different opinion about who committed the crime.
   B. everyone knows the individuals who committed the crime.
   C. everyone has the same idea about who committed the crime.

〔Ⅲ〕**A**　次の英文の下線部①〜⑩について，後の設問に対する答えとして最も
適当なものをそれぞれ A 〜 C から一つずつ選び，その記号をマークしな
さい。

Whenever the topic of cultural difference is discussed, ①the allegation of stereotyping usually is not far behind. For instance, if cultural patterns of men and women are being compared, a certain woman may well offer that she doesn't act "that way" at all.

Stereotypes arise when we act as if all members of a culture or group share the same characteristics. Stereotypes can be attached to any assumed indicator of group membership, such as race, religion, ethnicity, age, or gender, as well as national culture. The characteristics that are considered shared by members of the group may be respected by the observer, in which case it is a positive stereotype. In the more likely case that the characteristics are disrespected, it is a negative stereotype. Stereotypes of both kinds are problematic in intercultural communication for several obvious reasons. One is that they may give us a false sense of understanding our communication partners. Whether the stereotype is positive or negative, it is usually only partially correct. Additionally, ②stereotypes may become self-fulfilling prophecies, where we observe others in biased ways that confirm our prejudice.

Despite the problems with stereotypes, it is necessary in intercultural communication to make cultural generalizations. ③Without any kind of supposition or hypothesis about the cultural differences we may encounter in an intercultural situation, we may fall prey to naive individualism, where we assume that every person is acting in some completely unique way. Or we may rely ordinarily on "common sense" to direct our communication behavior. Common sense is, of course, common only to a particular culture. Its application outside of one's own culture is usually ethnocentric. Ethnocentric is defined as using one's own set of standards and customs to judge all people, often unconsciously.

Cultural generalization can be made while avoiding stereotypes by maintaining the idea of ④dominance of belief. Nearly all possible beliefs are represented in all cultures at all times, but each different culture has a preference for some beliefs over others. The description of this preference, derived from large-group research, is a cultural generalization. Of course, individuals can be found in any culture who hold beliefs similar to people in a different culture. There just aren't so many of them — they don't represent the majority of people who hold beliefs closer to the norm or "central tendency" of the group. As a specific example, we may note that despite the accurate cultural generalization that Americans are more individualistic and Japanese are more group-oriented, ⑤<u>there are Americans who are every bit as group-oriented as any Japanese</u>, and there are Japanese who are as individualistic as any American. However, these relatively few people are closer to the ⑥<u>fringe</u> of their respective cultures. They are, in the neutral sociological sense of the term, "deviant," which means unusual.

Deductive stereotypes occur when we assume that abstract cultural generalizations apply to every single individual in the culture. While it is appropriate to generalize that Americans as a group are more individualistic than Japanese, it is stereotyping to assume that every American is strongly individualistic; the person with whom you are communicating may be a deviant. Cultural generalizations should be used tentatively as working hypotheses that need to be tested in each case; sometimes they work very well, sometimes they need to be modified, and sometimes they don't apply to the particular case at all. The idea is to derive the benefit of ⑦<u>recognizing cultural patterns without experiencing too much "hardening" of the categories</u>.

Generalizing from too small a sample may generate an ⑧<u>*inductive* stereotype</u>. For example, we may inappropriately assume some general knowledge about Mexican culture based on having met one or a few Mexicans. This assumption is particularly troublesome, since initial cross-cultural contacts may often be conducted by people who are deviant in their own cultures. ("Typical" members of the culture would more likely associate only with people in the same culture — that's how they stay typical.) So generalizing cultural patterns from any one person's behavior (including your own) in cross-cultural contact is likely to be both stereotypical and inaccurate.

Another form of inductive stereotype is derived from what Carlos E. Cortes calls the "social curriculum." He notes that schoolchildren report knowing a lot about Gypsies, even though few of the children have ever met even one member of that culture. According to Cortes's research, the knowledge was gained from old horror movies! ⑨Through media of all kinds we are flooded with images of "cultural" behavior: African Americans performing hip-hop or bringing warmth to medical practice; Hispanic Americans picking crops or exhibiting shrewdness in the courtroom; European Americans burning crosses or helping homeless people. When we generalize from any of these images, we are probably creating stereotypes. ⑩Media images are chosen not for their typicality, but for their unusualness. So, as with initial cross-cultural contacts, we need to look beyond the immediate image to the cultural patterns that can only be ascertained through research.

(1) Which does Underline ① actually mean?

    A. A claim of stereotyping has serious consequences.

    B. Stereotyping commonly follows discussion of culture.

    C. There is likely to be an accusation of stereotyping.

(2) What does Underline ② actually mean?

    A. Fixed concepts can sometimes lead to significant achievements.

    B. Thoughts about our own culture can be applied to another culture.

    C. Our existing ideas can determine what we will think in the future.

(3) What does Underline ③ imply?

    A. The context of cultural groups is important in understanding people.

    B. Common sense is essential in understanding a certain group's culture.

    C. Self-identity has an influence on how we respond to each new situation.

(4) What does Underline ④ actually mean?

    A. the favoring of certain beliefs

    B. the control of certain beliefs

    C. the perpetuation of certain beliefs

(5) What does Underline ⑤ imply?

    A. Japanese groups emphasize the importance of collectivism.

    B. Japanese are more concerned with other people than Americans.

    C. Some Americans do not demonstrate the values of individualism.

(6) Which of the following has a meaning closest to Underline ⑥ ?

    A. outside

    B. edge

    C. trim

(7) What does Underline ⑦ refer to?

    A. creating strict ways to organize cultural information usefully

    B. retaining flexibility of thinking regarding cultural generalizations

    C. making it easier to understand the advantages of cultural forms

(8) Which of the following has a meaning closest to Underline ⑧ ?

    A. overgeneralization from specific examples

    B. overgeneralization from broad experiences

    C. overgeneralization from unreliable sources

(9) What does Underline ⑨ imply?

    A. The images represented in the media determine people's actions.

    B. There are so many such images that they are difficult to avoid.

    C. Such images often display overwhelmingly positive stereotypes.

(10) What does Underline ⑩ imply?

    A. You should not believe media images because of their authority.

    B. You should not deny media images that are likely to be reliable.

    C. You should not generalize cultural patterns from media images.

B 本文の内容に照らして最も適当なものをそれぞれ A 〜 C から一つずつ選び、その記号をマークしなさい。

(1) In the first paragraph, the woman mentioned likely believes that

A. it is important to maintain distinctions between men and women.

B. people cannot easily be characterized in terms of their gender.

C. we should break the stereotype that cultural diversity exists.

(2) In the second paragraph, the author's main point is that

A. holding stereotypes is helpful when another culture is unfamiliar.

B. positive stereotypes are more useful for understanding other people.

C. there are dangers in holding stereotypes if we fully believe them.

(3) Using our own "common sense" in intercultural communication is

A. an overgeneralization in its own way and should be avoided.

B. an example of how we should think in general terms about people.

C. a tool to apply in some settings when we interact with various cultures.

(4) Compared to cultural stereotypes, cultural generalizations

A. are true if we regard the culture as a whole, allowing for exceptions.

B. are better applied to individuals in a culture rather than entire groups.

C. are seen as being applied to cultures that are not individualistic.

(5) One point the author makes in the fifth paragraph, starting with "*Deductive stereotypes*," is that we shouldn't

A. believe that categorizing certain cultural groups is appropriate.

B. consider that individualistic people can sometimes be abnormal.

C. presume that a group defines the characteristics of any one person.

(6) The overall meaning of the sixth paragraph, starting with "Generalizing from," is that

A. positive stereotypes are easily learned from personal experiences.

B. experiencing person-to-person communication may not be informative.

C. avoiding talking with only one person from another culture is essential.

(7) The most appropriate title for this passage is

A. "Understanding Stereotypes in Intercultural Communication."

B. "Avoiding Common Stereotypes in Intercultural Communities."

C. "Considering Research into Intercultural Stereotypes."

〔**I**〕　次の英文を読み，下記の設問（A 〜 D）に答えなさい。

A common way in which observation is understood by a range of philosophers is to see it as a passive, private affair. It is passive in that it is presumed that when seeing, for example, we simply open and direct our eyes, let the information flow in, and record what is there to be seen. It is the perception itself in the mind or brain of the observer that is taken to directly confirm the fact, which may be "there is a red tomato in front of me," for example. If it is understood in this way, then the establishment of observable facts is a very private affair. It is accomplished by the individual (ア)<u>closely</u> attending to what is presented to him or her in the act of perception. Since two observers do not have （　1　） to each other's perceptions, there is no way they can enter into a dialogue about the validity* of the facts they are supposed to establish.

This view of perception or observation, as passive and private, is not adequate, and does not give an accurate account of perception in everyday life, (イ)<u>let alone</u> science. Everyday observation is （　2　） passive. There is a range of things that are *done*, many of them automatically and perhaps unconsciously, to establish the validity of a perception. In the act of seeing, we scan objects, move our heads to test for expected changes in the observed scene, and so on. If we are not sure whether a scene viewed through a window is something outside the window or a reflection in the window, we can move our heads to check for the （　3　） this has on the view. It is a general point that if for any reason we doubt the validity of what seems to be true on the basis of our perceptions, (i)<u>there are various actions we can take to remove the problem</u>. If, in the tomato example above, we have reason to suspect that the tomato is some cleverly constructed image rather than a real tomato, we can touch it as well as look at it, and, if necessary, we can taste it.

With these few, somewhat elementary, observations I have only touched the surface of the detailed process psychologists can explain about the range of things that are done by individuals in the act of perception. More important for our task is to consider the significance and role of observation in science. An example that illustrates my point well is （　4　） from early uses of the microscope** in science. When scientists such as Robert Hooke and Henry Power used the microscope to look at small insects such as flies and ants, they often disagreed about the observable facts, at least _(ウ)initially. Hooke traced the cause of some of the disagreements to different kinds of light. He pointed out that the eye of a fly appears like a surface covered with holes in one kind of light (which seems to have led Power to believe that _(ii)this was indeed the case), like a surface covered with cones in another, and in yet another light, like a surface covered with pyramids. Hooke proceeded to clear up the problem. He endeavoured to （　5　） false information arising from complicated reflections by illuminating samples uniformly. He did this by using the light of a candle diffused*** through salt water. He also illuminated his samples from various directions to determine which features remained （　6　） under such changes.

Hooke's book, *Micrographia* (1665), contains many detailed descriptions and drawings that resulted from his actions and observations. These productions were, and are, public, not private. They can be checked, criticised, and added to by others. If a fly's eye, in some kinds of light, appears to be covered with holes, then that state of affairs cannot be usefully evaluated by the observer closely attending to his or her perceptions. Hooke showed what could be done to check the accuracy of the appearances in such cases, and the measures he recommended could be （　7　） by anyone with the required skill.

　*validity：妥当性，正当性
　**microscope：顕微鏡
***diffuse：放散する，発散する

設　問

A 本文中の下線部（ア〜ウ）の文中での意味に最も近いものを，それぞれ下記（a〜d）の中から1つ選び，その記号をマークしなさい。

(ア)　closely
　　　a.　officially　　　b.　carefully　　　c.　similarly　　　d.　evenly

(イ)　let alone
　　　a.　much less　　　　　　　　b.　no longer than
　　　c.　on account of　　　　　　d.　speaking of

(ウ)　initially
　　　a.　in formal terms　　　　　b.　at the beginning
　　　c.　in character　　　　　　 d.　with due respect

B 本文中の空所（1〜7）に入れるのに最も適当なものを，それぞれ下記（a〜d）の中から1つ選び，その記号をマークしなさい。

(1)　a.　threat　　　b.　contract　　　c.　debt　　　d.　access

(2)　a.　far from　　b.　nothing but　　c.　at best　　d.　by all means

(3)　a.　disaster　　b.　infection　　　c.　concept　　d.　effect

(4)　a.　drawn　　　b.　hidden　　　　c.　worn　　　d.　broken

(5)　a.　spread　　　b.　celebrate　　　c.　eliminate　　d.　compose

(6)　a.　conventional　　　　　　　b.　consistent
　　　c.　contemporary　　　　　　 d.　constitutional

(7) a. emptied out   b. carried out   c. locked out   d. left out

C   本文中の二重下線部（ⅰ，ⅱ）が文中で表している内容に最も近いものを，それぞれ下記 (a 〜 d) の中から 1 つ選び，その記号をマークしなさい。

(ⅰ) there are various actions we can take to remove the problem
   a. we are allowed to use different tools to move the window again
   b. we have many options to solve the issue
   c. there are several methods to get rid of the real tomato
   d. few things are available to answer the question

(ⅱ) this was indeed the case
   a. the fly was certainly put in a case covered with holes
   b. the holes actually served as a container for the fly
   c. the eye of a fly was really covered with holes
   d. cones and pyramids played an essential role when Power used a microscope

D   次の英文 (a 〜 h) の中から本文の内容と一致するものを 3 つ選び，その記号を各段に 1 つずつマークしなさい。ただし，その順序は問いません。

a. We can conduct an active observation by simply opening and directing our eyes.

b. When people perceive individually that there is a red tomato in front of them, they are making a public observation.

c. In our everyday act of seeing, we do not merely record what is present before us; we do a lot of things to ensure that our perception is correct.

d. When seeing objects, we tend to move our heads uselessly to make certain that expected changes take place in the observed scene.

e. It is reasonable to suspect that an image of a tomato tastes better than a real tomato.

f. Hooke claimed that what scientists saw through the microscope varied according to the kinds of light they used.

g. Hooke's use of a candle light diffused through salt water turned out to be the cause of a controversy.

h. We are able to examine whether or not Hooke's descriptions and drawings in his book are reliable.

〔Ⅱ〕 次の英文を読み，下記の設問 (A ～ C) に答えなさい。

When I was about fourteen years old, I (ア)signed up for something called Junior Achievement. It was a nonprofit group that promoted business skills in children. Or basically, it was a bunch of kids in a room every Thursday night acting like managers with adult supervision.

My group (イ)came up with a business called Roc Creations. This was a clever play on our core product: cheap, homemade rock necklaces. We thought it was a brilliant plan. After all, who likes necklaces? Everybody, of course. And how cheap are rocks? Pretty cheap. We spent one Thursday at the beach collecting rocks, (1)the next one painting, and a final Thursday drilling holes and tying string through them. We figured it was a (ウ)solid, well-executed plan.

Sadly, after a few weeks we realized we'd made a huge mistake. The necklaces failed to generate enough excitement at the flea markets*, despite our shouting about our product at surprised housewives, and we quickly (2)fell into the red with piles of dead stock exposing our poor judgment.

But then, like any good business, we (エ)evolved. We quickly changed our name to Roc-Cal Creations and produced cheap, plastic calendars. We tied on a marker, attached some magnets on the back, and went door-to-door, neighbor-to-neighbor, selling them to be put on refrigerators for four dollars each.

Well, we managed to sell enough to (オ)get back our loss. We started to make money and established a strong partnership with the lady working at a stationery** store. Yes, it all ended well, but not without some late nights under a lamp with a calculator, a stack of paper, and a pile of pencil crayons, trying desperately to finish the numbers for our annual report.

It was a great experience for me. That's why I think it's always fun when you see children running some sort of strange, funny, or terrible business. Because really, you're just watching them learn things they don't learn in the classroom, while they have fun doing it. They're learning how to sell, (カ)picking up social skills, and jumping right into the marketplace. And honestly, they're doing all this by just getting out there and giving it a try.

How cute are the twins selling lemonade on the street corner? The soccer team running the barbecue outside the mall? Or the kid who takes your shopping cart back if he gets to keep the twenty-five-cent deposit?

　　Those kids are all playing the game. So we say: Go on, kids. Do it well. Next time you're selling some rock-hard cookies at a bake sale, let us know. Because we're not just buying some mild indigestion***, are we? No, we're (3)<u>investing in the future.</u>

　*flea market：のみの市，フリーマーケット
　**stationery：文房具
***indigestion：消化不良

設　問

A
本文中の二重下線部（1〜3）が文中で表している内容に最も近いものを，それぞれ下記（a〜d）の中から1つ選び，その記号をマークしなさい。

（1）<u>the next one painting</u>
　　a.　the next day of the same week was spent painting the rocks
　　b.　the next Thursday was devoted to coloring one stone
　　c.　the next member of the group was responsible for painting the necklaces
　　d.　the same day of the following week was used to color the stones

（2）<u>fell into the red</u>
　　a.　earned enough money　　　　　b.　fell short of the products
　　c.　experienced a deficit　　　　　d.　turned red with shame

（3）<u>investing in the future</u>
　　a.　expecting a new cookie shop to open
　　b.　providing children with the opportunities to use their money carefully
　　c.　saving money for our own business in the future
　　d.　spending our money so that children can learn how to run a business

B　本文中の下線部 (ア～カ) の文中での意味に最も近いものを, それぞれ下記 (a ～ d) の中から 1 つ選び, その記号をマークしなさい。

(ア)　signed up for
　　　a.　joined　　　　　　　　　　b.　found an advertisement for
　　　c.　became interested in　　　 d.　searched for

(イ)　came up with
　　　a.　rejected　　　　　　　　　b.　gave up
　　　c.　participated in　　　　　　 d.　thought of

(ウ)　solid
　　　a.　hard　　　b.　satisfactory　　c.　difficult　　d.　financial

(エ)　evolved
　　　a.　improved　　b.　started　　　c.　united　　　d.　worked

(オ)　get back
　　　a.　run up against　　　　　　　b.　make up for
　　　c.　finish up with　　　　　　　d.　look down on

(カ)　picking up
　　　a.　losing　　b.　gaining　　　c.　lifting　　　d.　stealing

C　次の問い (i, ii) の答えとして最も適当なものを, それぞれ下記 (a ～ d) の中から 1 つ選び, その記号をマークしなさい。

(i)　Which of the following is true about the first business: Roc Creations?
　　　a.　Its members were not confident enough to be successful at selling their merchandise.
　　　b.　Its members spent around three days to create their merchandise.

c. Its products did not sell well partly because the members did not advertise them at the flea markets.

d. Its core products included homemade rock necklaces and rock-hard cookies.

(ii) Which of the following is NOT true about the second business: Roc-Cal Creations?

a. Its members had a hard time before succeeding in their business.

b. Its members visited many houses in order to sell their merchandise.

c. Its members built a good relationship with a clerk at a stationery store.

d. Its core product was a plastic calendar in the shape of a refrigerator.

〔**Ⅲ**〕 次の英文を読み，下記の設問（A，B）に答えなさい。

The Industrial Revolution （　1　） off between the end of the 1700s and the mid-nineteenth century. Starting in northern England and Scotland, then spreading to parts of Europe and North America, urban areas transitioned to factory production. Factory work demanded alert minds and quick-moving hands to operate machinery, and the traditional beverages of choice throughout Europe — beer and wine — did not fit these new contexts well.

Previously, beer and wine had been safer to drink than most water. Hot drinks were basically unknown. The average adult in England consumed weak beer throughout the day, starting with beer soup (prepared with eggs and poured over bread) for breakfast. Beer provided an important source of nutrition, and most households produced their own beer to （　2　） family needs. A typical English family consumed about three liters of beer per day per person, including children. Depending on the strength of the home production, an average person might pass the day in a half-drunk state. Coffee provided a novel （　3　）: instead of quieting the mind and slowing the body, it woke them up.

Important technological innovations promoted the growth of the coffee industry and trade, especially the steam engine. The steam engine, which was adapted to sailing vessels around 1840, （　4　） revolutionary for sea as well as land transportation. Sailing ships had been （　5　） to trade easily with Central America because seasonal winds could keep the ships trapped in harbors for months. By contrast, the outer Caribbean islands benefited from favorable winds and could be visited all year round.

Coffee became a profitable export for Central America and southern Mexico when steam-driven ships appeared, because they could enter and leave ports （　6　） of wind direction. Central American coffee production soared hand in hand with industrial expansion in Europe. Prices for coffee, tea, and sugar declined as monopolies ended, and supplies expanded along with increasing demand.

Coffee and tea, drunk with sugar, became a part of daily diets across Europe's social classes. The sweet drinks offered minimal nutrition, but （　7　） calories and an energy boost. In France, coffee consumption climbed from 50 million pounds in 1853 to 250 million pounds by 1900, a fivefold increase. In Germany, the 100 million pounds consumed in 1853 increased to 400 million pounds by 1900. Consumption also (8) among the Dutch, Italians, and Scandinavians.

設　問

A 本文中の空所 (1 ～ 8) に入れるのに最も適当なものを，それぞれ下記 (a ～ d) の中から 1 つ選び，その記号をマークしなさい。

(1) a. left　　　b. took　　　c. put　　　d. turned

(2) a. meet　　　b. argue　　　c. confuse　　　d. regret

(3) a. native　　　b. attractive　　　c. alternative　　　d. expensive

(4) a. proved　　　b. excluded　　　c. wasted　　　d. quoted

(5) a. glad　　　b. willing　　　c. likely　　　d. unable

(6) a. instead　　　b. regardless　　　c. scared　　　d. guilty

(7) a. offended　　　b. defeated　　　c. provided　　　d. decreased

(8) a. burned　　　b. damaged　　　c. reduced　　　d. exploded

B　次の英文 (a 〜 f) の中から本文の内容と一致するものを 2 つ選び，その記号を各段に 1 つずつマークしなさい。ただし，その順序は問いません。

a. Beer and wine were not suitable for factory work that required attention to detail.

b. The average adult in England did not consume weak beer except during breakfast.

c. Alcohol was strictly forbidden to children in a typical English family.

d. Sailing ships were capable of visiting the outer Caribbean islands throughout the year.

e. Only wealthy people could afford to consume coffee and tea with sugar.

f. Coffee consumption in France nearly doubled during the latter half of the nineteenth century.

〔**Ⅳ**〕 次の英文（1～10）の空所に入れるのに最も適当なものを，それぞれ下記
（a～d）の中から1つ選び，その記号をマークしなさい。

(1) Dan stayed up all night to get his work done. So (　　　) I.
　　　a. were　　　　b. was　　　　c. had　　　　d. did

(2) He told me that I should complete the application form a week in (　　　)
　　　of the due date.
　　　a. early　　　　b. advance　　　　c. front　　　　d. before

(3) (　　　) he acted more sincerely, she might not have gotten upset.
　　　a. Having had　　b. Were　　　c. Had　　　d. Had been

(4) We'd better (　　　) over these documents to check that there are no
　　　mistakes.
　　　a. gone　　　　b. go　　　　c. going　　　　d. to go

(5) (　　　) for the scholarship, I wouldn't be here at Cambridge to study
　　　English.
　　　a. But　　　　b. Within　　　　c. Unless　　　　d. Without

(6) Most of the items on this shelf are items (　　　) I cannot do without.
　　　a. how　　　　b. what　　　　c. that　　　　d. those

(7) I wish I had written to her. (　　　) it is, I will have to apologize for my
　　　long silence.
　　　a. For　　　　b. Since　　　　c. About　　　　d. As

(8) He tried to (　　　) me that staying home was the only way to keep out of
　　　trouble.
　　　a. convince　　b. explain　　　c. propose　　　d. say

(9) We will serve a variety of local dishes. Please come to the table and
( ) yourselves.

    a. help   b. give   c. hand   d. keep

(10) He is very positive in the way that he makes the ( ) of his failures.

    a. biggest   b. most   c. highest   d. largest

〔**V**〕 次の日本文（1～5）に相当する意味になるように，それぞれ下記（a～h）の語句を並べ替えて正しい英文を完成させたとき，並べ替えた語句の最初から2番目と7番目に来るものの記号をマークしなさい。

(1) これは多くの有名な数学者が答えを見つけようと試みてきた問題である。
This is a problem（　　　　　　　　）.
a. famous　　　b. have　　　c. many　　　d. mathematicians
e. the answer　f. to　　　g. to find　　h. tried

(2) その著者は2冊目の本ではじめて世界中の人々から注目を集めた。
It was（　　　　　　　　）from people around the world.
a. attention　b. attracted　c. his　　　d. not
e. second book　f. that　　g. the author　h. until

(3) 昨晩，地下鉄から降りるときに財布を盗まれてしまった。
I（　　　　　　　　）last night.
a. getting　　b. had　　　c. my　　　d. off
e. stolen　　f. the subway　g. wallet　　h. when

(4) その記事を翻訳するのは我々が予想していたよりも労力がいらなかった。
It（　　　　　　　　）expected.
a. had　　　b. less effort　c. than　　　d. the article
e. translate　f. took　　　g. to　　　h. we

(5) ネット配信のおかげでだれでもニュースキャスターになることが可能であると考える人もいる。
Some people think that online streaming（　　　　　　　　）broadcaster.
a. a　　　b. be　　　c. everyone　d. for
e. it　　　f. makes　　g. possible　　h. to

34

〔**Ⅵ**〕 次の会話文を読み，空所（1 〜 10）に入れるのに最も適当なものを，それ
ぞれ下記（a 〜 d）の中から 1 つ選び，その記号をマークしなさい。

James is speaking to Rick at the university cafeteria.

James: Rick, I finally found you! I've been trying to get in （ 1 ） with you for
the past few days. I wanted to ask you （ 2 ） about the upcoming
French exam. Did you get my messages?

Rick: Sorry, James. My cell phone broke last Monday.

James: Really? How?

Rick: I dropped it while I was in the bath. I was playing a game on my phone,
（ 3 ） it slipped out of my hands.

James: You use your cell phone in the bath? Without putting it in a water-proof
case or anything?

Rick: I know. I had it coming, （ 4 ）. But the thing is, I'm actually rather glad
I broke it.

James: How so?

Rick: I realized how much I'd become addicted to that tiny （ 5 ）. Quite
literally, I used to live with my phone, whether in the bath or in bed. It was
really hard to live without a phone at first, but after a few days, the
strangest thing happened.

James: What was that?

Rick: All of a sudden, I found myself in control of my life again. I was suddenly
in （ 6 ） of all this time that was only mine. If I hadn't dropped my
phone, I （ 7 ） would have realized how it had taken over my life.
Living without a phone for the past week has been such an eye-opening
experience.

James: You mean, you've decided not to buy a new one? How am I going to
（ 8 ） you then?

Rick: You could write me a letter.

James: A letter? How am I going to do that?

Rick: （ 9 ） I've ordered a new one. It's coming tomorrow. I'll （ 10 ） my
phone-free days!

(1)   a. place   b. touch   c. space   d. time

(2)   a. anything   b. what   c. something   d. that

(3)   a. because   b. when   c. after   d. while

(4)   a. sooner or later   b. inside out

       c. on and off   d. more often than not

(5)   a. water   b. bath   c. bed   d. device

(6)   a. defect   b. possession   c. danger   d. case

(7)   a. exactly   b. incorrectly   c. never   d. ever

(8)   a. assume   b. reach   c. hand   d. let

(9)   a. Work too hard!   b. What a treat!

       c. Thanks a lot!   d. I'm joking!

(10)   a. miss   b. live   c. adopt   d. focus

同志社大学

〔**Ⅰ**〕 次の文章を読んで設問に答えなさい。［＊印のついた語句は注を参照しなさ
い。］（65点）※実際の入試でも配点の記載あり。

You can improve learning — and potentially remember more — by
handwriting your class notes. Although computer technology is often necessary
today, using a pen or pencil activates more areas of your brain than a keyboard
does. These are findings of a new study.

As digital devices have (a)taken over society, "keyboard activity is now often
recommended as a substitute for early handwriting," a new study notes. The idea
is that typing may be easier for young children.

"Some schools in Norway have become completely digital," notes Audrey van
der Meer, the new study's leader. The human brain has evolved to interact
(W) the world in as many ways as possible, she notes. She believes that
"young children should learn to write by hand successfully, and, at the same time
learn to (b)manage a keyboard."

Van der Meer is a neuropsychologist*, someone who measures brain activity to
better understand learning and behaviors. She works at the Norwegian University
of Science and Technology in Trondheim.

Using a pen, or a digital stylus*, involves more of the brain than using a
keyboard, her new findings show. This is because writing and printing involve
(c)intricate movements that activate more areas of the brain. The increased brain
activity "(ア)gives the brain more 'hooks' to hang your memories on," she explains.

Think about it. The same movement is required to type each letter on a
keyboard. (X) contrast, when we write, our brain needs to think about and
retrieve memories of the shape of each letter. We also need to use our eyes to
watch what shapes we're writing. And we need to control our hands to press a pen
or pencil to shape the different letters. All of this uses and connects more areas of
the brain.

Along the way, these processes appear to "open the brain up for learning," says Van der Meer. So learning (Y) only one format — digital — could be harmful, she worries.

Van der Meer also points out that taking notes by hand stimulates "visual notetaking." Rather than typing blindly, the visual notetaker has to think about what is important to write down. Then, key words can be "interlinked* by boxes, and arrows, and supplemented by small drawings."

The potential benefits of handwriting for learning and memory have been (d)debated for some time. The new study set out to answer two questions. How (あ) handwriting (い) (う) using a keyboard or (え) when it (お) to (か) new information? And how similar are handwriting and drawing?

In all, 12 adults and 12 seventh-graders* took part. All were used to writing in cursive*. Researchers asked each of them to write and draw with a digital pen. Each was also asked to type on a keyboard. While performing these tasks, each volunteer wore a cap that held electrodes* next to their head. It looked somewhat like a hair net fitted with 256 sensors.

Those sensors recorded the recruits' brainwaves, a type of electrical activity, as EEGs. That's short for electroencephalograms*. The electrodes noted which parts of the brain turned on during each task. And they showed that the brain activity was about the same in both the kids and the adults.

Writing turned on memory areas in the brain. Typing didn't. Drawing images and writing also turned on parts of the brain involved with learning. Writing even activated language areas.

This suggests, Van der Meer says, that when we write by hand, "we both learn better and remember better." Her team described its findings July 28 in *Frontiers in Psychology*. Her team now suggests "that children, from an early age, must (イ)be exposed to handwriting and drawing activities in school."

This study does not recommend (e)banning digital devices. In fact, its authors point out, computers and other devices with keyboards have become essential in many modern classrooms. Keyboarding also can be especially helpful for students with certain special needs (such as if they have trouble using their hands). But nearly all students will benefit （ Z ） learning handwriting and drawing at an early age, the researchers now conclude.

Based on her data, Van der Meer now says "I would use a keyboard to write an essay, but I'd take notes by hand [in class]."

These new findings (f)back up other studies showing potential benefits of handwriting, says Joshua Weiner. He noted that "different parts of the brain might work together during writing versus typing." Weiner works at the Iowa Neuroscience Institute in Iowa City. This institute is part of the University of Iowa's Carver College of Medicine. Although Weiner was not involved with the new study, his own research focuses on the formation of brain circuits.

His own students type faster than they can write, he finds. Slowing down seems to require them to "think more" when taking notes, he says. He adds that this could "improve memory and (g)enhance learning." Weiner concludes that "writing may be beneficial" as it involves more of a "brain response."

Van der Meer recognizes that learning to write by hand is a slower process. She also is aware that it requires fine motor skills*. But, she adds, that's good: "If we don't challenge our brain, it can't reach its full potential."

(By Diane Lincoln, writing for *Science News for Students*, November 11, 2020)

［注］　neuropsychologist　神経心理学者
　　　　digital stylus　タッチペン，ペン型入力機器
　　　　interlinked　（interlink　繋げる，関連づける）
　　　　seventh-graders　米国における 7 年生（日本の中学 1 年生に相当する）
　　　　cursive　筆記体
　　　　electrodes　電極
　　　　electroencephalograms　脳波図
　　　　motor skills　運動技能

Ⅰ－A　空所(W)～(Z)に入るもっとも適切なものを次の1～4の中からそれぞれ一つ選び、その番号を解答欄に記入しなさい。

(W)　1　among　　2　from　　3　toward　　4　with

(X)　1　In　　2　On　　3　To　　4　With

(Y)　1　against　　2　around　　3　behind　　4　through

(Z)　1　before　　2　from　　3　of　　4　with

Ⅰ－B　下線部(a)～(g)の意味・内容にもっとも近いものを次の1～4の中からそれぞれ一つ選び、その番号を解答欄に記入しなさい。

(a)　taken over
　　1　conquered　　　　　　2　defeated
　　3　emerged from　　　　4　succeeded to

(b)　manage
　　1　avoid　　2　employ　　3　examine　　4　oversee

(c)　intricate
　　1　complex　　2　exciting　　3　linear　　4　unsophisticated

(d)　debated
　　1　attacked　　2　discussed　　3　overlooked　　4　proved

(e)　banning
　　1　advertising　　2　forbidding　　3　ignoring　　4　upgrading

(f) back up

    1 challenge   2 copy   3 store   4 support

(g) enhance

    1 boost   2 complicate   3 set aside   4 slow down

Ⅰ－C 波線部(ア)と(イ)の意味・内容をもっとも的確に表しているものを次の1～4の中からそれぞれ一つ選び、その番号を解答欄に記入しなさい。

(ア) gives the brain more 'hooks' to hang your memories on

    1 enables the brain to focus on what you are learning

    2 helps you write more clearly so you can remember things

    3 makes it easier for the brain to memorize things

    4 supplies the brain with nutrients necessary to memory

(イ) be exposed to

    1 be encouraged to forget about

    2 be given opportunities to engage in

    3 be made to understand the importance of

    4 be taught to fully concentrate on

Ⅰ－D 二重下線部の空所 (あ) ～ (か) に次の1～8の中から選んだ語を入れて文を完成させたとき、(あ) と (う) と (か) に入る語の番号を解答欄に記入しなさい。同じ語を二度使ってはいけません。選択肢の中には使われないものが二つ含まれています。

How (あ) handwriting (い) (う) using a keyboard or (え) when it (お) to (か) new information?

    1 by   2 comes   3 compare   4 does

    5 drawing   6 learning   7 to   8 we

Ⅰ－E　本文の意味・内容に合致するものを次の1～8の中から三つ選び，その
　　　番号を解答欄に記入しなさい。

1　A new study shows that students should stop using computers since using a
　　pen or a pencil stimulates more areas of one's brain than a keyboard does.

2　A recent study points out that in our digital age young people might find
　　typing easier than writing by hand.

3　According to Van der Meer, taking notes by hand strengthens one's visual
　　memory and helps one to type without looking at the keyboard.

4　Van der Meer indicates that, though writing can turn on parts of the brain
　　associated with learning, neither drawing images nor typing can do so.

5　A new study suggests that learning handwriting and drawing at an early age
　　is beneficial for most students.

6　Although Weiner was not involved with Van der Meer's research, he also
　　claims that handwriting could be beneficial and could improve memory.

7　Weiner encourages his students to type faster than they can write since
　　typing fast activates more areas of the brain than writing does.

8　Van der Meer admits that, since learning to write by hand is more
　　challenging than learning to type, it is more realistic for students to master
　　typing first.

〔**Ⅱ**〕 次の文章を読んで設問に答えなさい。〔＊印のついた語句は注を参照しなさ
い。〕（85点）

Coffee is one of the world's most valuable traded natural commodities, second
only to oil, and it is produced and consumed worldwide. The (a)prized bean is
believed to have originally evolved in the wild in East Africa, but global
exploration introduced it to many different cultures. Today, coffee is cultivated in
more than seventy countries in an area known as "the bean belt."

(W) the precise origins of the consumption of coffee remain uncertain, it
was likely first discovered in Ethiopia. It is thought that at some point before 1000
CE* Ethiopian tribes began to grind the coffee fruits containing the coffee seeds
or beans and mix them with an animal fat, making a kind of energy bar to
(b)sustain them on hunting trips or long journeys. Some nomadic* tribes continue
to consume these bars even today. （中略）

The earliest evidence of human cultivation of the coffee plant has been traced
back to the fifteenth century in Yemen. As with accounts of the discovery of
coffee, (ア)just how it traveled to the Arabian Peninsula is largely a matter of
conjecture. Some stories tell of Sudanese slaves chewing on coffee fruits to help
them survive the journey from Ethiopia to Arabia; some tell of an Islamic scholar
observing the invigorating* effects of coffee on a trip to Ethiopia and bringing it
back on his return to the Arabian Peninsula. Yet other tales view the spread of
coffee simply as the result of the ongoing trade that existed between the two
places.

Whatever the precise course of events, fifteenth-century Sufi* monks
imbibed* coffee as a beverage to help keep them awake during their nighttime
prayers. (イ)It wasn't long before the drink became popular with the rest of the
population, particularly the Muslims, who for religious reasons were (c)barred
from consuming intoxicating* beverages, such as alcohol. Coffeehouses, known
as *kaveh kanes*, multiplied throughout the Arab world, becoming communal hubs
for socializing, education, and general merriment*.

Coffee became known as "Arabian wine" or "wine of Araby," and tales of this
dark, bitter, stimulating beverage returned home with the thousands of pilgrims

44

who visited Mecca every year. Venetian traders first introduced coffee to Europe in 1615, probably bringing the beans from the Middle East into Venice, （ X ） coffee soon became a fashionable beverage. By the 1650s, it was sold on the streets of Venice by lemonade vendors, along with liquor and chocolate, and the first European coffeehouse was opened there in the mid-1600s. Believed to have medicinal benefits, coffee was claimed to cure drunkenness（中略）.

While the drinking of coffee spread throughout the Middle East, westward into Europe, and eastward into Persia and India in the sixteenth and early seventeenth centuries, and thereafter to the New World*, the Arabs attempted to maintain a monopoly in the coffee trade by closely guarding its cultivation — they would boil or lightly roast coffee seeds before they were exported, to render them infertile*. （ あ ） their efforts, coffee cultivation began to extend （ い ） the Middle （ う ） in the seventeenth century, mainly （ え ） to the Dutch, （ お ） dominated international shipping trade at that time.

Attempts to cultivate coffee plants (d)smuggled from Yemen to Europe in the early seventeenth century failed. However, when the Dutch took control of parts of Ceylon (now Sri Lanka) from the Portuguese in the mid-1600s, they found small coffee plantations begun with plants brought in by Arab traders, which they subsequently developed along with plantations established in their colonies on the Malabar Coast of India. In the late 1690s, they took coffee plants to their colony of Batavia (now Java), which became their main source of supply. From there, seeds were taken back to the Hortus Botanicus (botanical gardens) in Amsterdam and were successfully cultivated in greenhouses in 1706.

The first botanical description of the coffee tree, *Coffea arabica*, was made in these gardens by French botanist Antoine de Jussieu in 1713, and today coffee-loving pilgrims can come to the gardens to gaze on plants that have a direct lineage back to the eighteenth century. Their progenitors* were to become the source of most of the cultivated coffee plants in the world today.

（ Y ） a separate occasion, in 1670, the Sufi mystic Baba Budan reputedly* smuggled seven coffee seeds from Yemen to the hills of Chikmagalur in Karnataka in southwest India, which was to become a (e)renowned coffee-growing region.

Meanwhile, coffee's spread to the West (f) is attributed to the Columbian Exchange: the transfer of plants, animals, ideas, and diseases between the Eastern and Western hemispheres that followed Columbus's voyage to the New World of the Americas in 1492. Coffee and tea flowed one way, and chocolate in the other direction. The Dutch established coffee cultivation in their South American colony of Dutch Guiana (now Surinam) in the early eighteenth century, and at the same time, the mayor of Amsterdam presented the Sun King of France, Louis XIV, with a coffee plant from the Hortus Botanicus. A cutting from this plant was taken to the French Caribbean colony of Martinique by French naval officer Gabriel Mathieu de Clieu in 1723, and from there coffee spread to other Caribbean islands and to French Guiana. The story goes that coffee plants were smuggled into Brazil in 1727, leading to the beginnings of the world's largest coffee industry. With a (g) happy circularity, Brazilian coffee plants were transported to Kenya and Tanganyika (now Tanzania) in East Africa in the late nineteenth century, bringing new coffee varietals* to the area of the plant's wild origins in Ethiopia. Ethiopia has since become one of the top ten commercial coffee producers in the world.

In the New World, coffee became popular in Central and South America under the Spanish and Portuguese in the eighteenth century. In the British North American colonies, (ウ) tea was the drink of choice until 1773, when the settlers rebelled against the heavy (h) duty placed on it by the British government. Following the 1773 Boston Tea Party* protest, coffee became the patriotic drink in the Thirteen Colonies that formed the United States following the War of Independence (1775-83).

Today, the (i) vast coffee-cultivation area known as "the bean belt" sits almost entirely within the humid equatorial* region between the two tropics*, comprising growing regions that have steady temperatures of around 68°F (20°C), rich soil, moderate sunshine, and rain. Many countries, economies, and about twenty-five million people now depend （ Z ） coffee cultivation and export.

(From *How to Make Coffee: The Science behind the Bean*, by Lani Kingston, 2015)

同志社大学

［注］ CE （Common Era　西暦紀元）

nomadic　遊牧民の

invigorating　活力を与える，元気づける

Sufi　スーフィー主義者（イスラム教の神秘主義者）

imbibed　（imbibe　飲む）

intoxicating　人を酔わせる，夢中にさせる

merriment　笑い楽しむこと，陽気な騒ぎ

the New World　新世界（「旧世界」であるヨーロッパから見た南北アメリカ大陸）

infertile　（動植物が）繁殖力のない

progenitors　人・動植物の先祖

reputedly　評判では，世評では

varietals　ワインやコーヒーなどの特定栽培地域の品種

Boston Tea Party　ボストン茶会事件（本国政府の植民地政策に憤った人々がボストン港でイギリス貨物船の積荷の紅茶を海に投棄した事件）

equatorial　赤道直下の

the two tropics　南北回帰線

Ⅱ－A　空所(W)～(Z)に入るもっとも適切なものを次の1～4の中からそれぞれ一つ選び，その番号を解答欄に記入しなさい。

(W)　1　Although　　2　For　　3　Since　　4　When

(X)　1　what　　2　where　　3　which　　4　who

(Y)　1　Against　　2　In　　3　On　　4　When

(Z)　1　by　　2　in　　3　to　　4　upon

47

(a) prized
  1 admirable   2 enhanced   3 treasured   4 victorious

(b) sustain
  1 entertain   2 guarantee   3 nourish   4 suspend

(c) barred
  1 derived   2 driven   3 prohibited   4 suffered

(d) smuggled
  1 converted systematically   2 introduced officially
  3 traded openly   4 transported illegally

(e) renowned
  1 contemporary   2 developed
  3 famous   4 renewed

(f) is attributed to
  1 contributes to   2 originates from
  3 reinforces   4 resembles

(g) happy
  1 bright   2 cheerful   3 fitting   4 joyous

(h) duty
  1 fine   2 obligation
  3 punishment   4 tax

(ⅰ) vast

    1 best   2 huge   3 last   4 narrow

Ⅱ－C 波線部(ア)～(ウ)の意味・内容をもっとも的確に示すものを次の1～4の中からそれぞれ一つ選び，その番号を解答欄に記入しなさい。

(ア) just how it traveled to the Arabian Peninsula is largely a matter of conjecture

    1 how coffee beans became popular among people in the Arabian peninsula is fascinating

    2 most indicate that the discovery of coffee beans in the Arabian peninsula was essentially accidental

    3 our understanding of how coffee beans spread across the Arabian peninsula is mostly speculative

    4 there is little doubt as to how coffee reached the Arabian peninsula

(イ) It wasn't long before the drink became popular with the rest of the population

    1 Inspired by Sufi monks, religious people of all kinds regarded coffee as sacred

    2 It took a long time for people to truly appreciate and enjoy coffee

    3 Soon coffee was widely accepted, even among people other than Sufi monks

    4 The caffeine in coffee opened the minds of most people in the region

(ウ) tea was the drink of choice until 1773

    1 tea finally became available in 1773

    2 tea was accessible until 1773

    3 tea was hard to obtain in 1773

    4 tea was preferred until 1773

$\rm{II-D}$　二重下線部の空所（あ）～（お）に次の1～8の中から選んだ語を入れて文を完成させたとき，（あ）と（え）と（お）に入る語の番号を解答欄に記入しなさい。同じ語を二度使ってはいけません。選択肢の中には使われないものが三つ含まれています。選択肢はすべて小文字にしてあります。

（　あ　）their efforts, coffee cultivation began to extend（　い　）the Middle（　う　）in the seventeenth century, mainly（　え　）to the Dutch,（　お　）dominated international shipping trade at that time.

1	age	2	because	3	beyond	4	despite
5	due	6	east	7	which	8	who

$\rm{II-E}$　本文の意味・内容に合致するものを次の1～8の中から三つ選び，その番号を解答欄に記入しなさい。

1　Global demand makes coffee one of the world's most desired natural products, surpassed only by oil.

2　Some scholars state that coffee plants originated in the Middle East, and that the inhabitants of its mountainous regions chewed raw coffee beans for medicinal purposes.

3　Scientists have determined that coffee trees were cultivated by Europeans in the fifteenth century.

4　In the medieval era, Arabs made a dark, robust wine from coffee beans, which the French later imported into Europe.

5　During the eighteenth century, the practice of drinking coffee spread throughout the Middle East, then to Europe, then across the Atlantic to the New World.

6   The first botanist to give an accurate account of the coffee plant was Antoine de Jussieu.

7   The Dutch established coffee plantations in North America mainly for indigenous consumers.

8   The bean belt exists almost exclusively in the region between the tropics.

Ⅱ－Ｆ   本文中の太い下線部を日本語に訳しなさい。（本文の内容から the two places が具体的にどこかを明示して訳しなさい。）

Yet other tales view the spread of coffee simply as the result of the ongoing trade that existed between the two places.

次の会話を読んで設問に答えなさい。(50点)

(*Jimmy spots his friend Georgia seated on a park bench, painting. He approaches, looks at what she's working on, and speaks.*)

Jimmy:　How do you do that?

Georgia: I do it with a brush and a set of watercolor paints.

Jimmy:　You know what I mean. I'm asking how you paint *so well*. I've never been able to sketch so much as a plausible tree.

Georgia: "Plausible Tree" sounds like a good name for a rock and roll band. Don't you play the guitar?

Jimmy:　Yes. But don't change the subject. Really, you're so talented with a brush.

Georgia: I've been painting for years. _____(a)_____ You just get better with practice.

Jimmy:　If practice was all it took, I'd be pretty good myself. I took an art class. And I practiced long and often.

Georgia: Let me see what you can do. _____(b)_____ Draw a picture of me.

(*Jimmy spends a few minutes sketching.*)

Jimmy:　There. Give me your honest opinion.

Georgia: My honest opinion is that you're better at geometry than sketching. _____(c)_____ Picasso would be ashamed. Here, let me sketch a picture of you.

(*She works for a few minutes, then shows Jimmy the result.*)

Jimmy:　Oh, you're good for sure. _____(d)_____ I'm not a handsome man, but I have to admit it. That's me. Mind if I use this in my new passport instead of a photo? No one will notice.

Georgia: You're welcome to try.

Jimmy: I wonder. How does talent relate to practice? I think you've got to be born with a gift for art. Talent is given to you. Then you work with it.
_____(e)_____

Georgia: My mother and sister do.

Jimmy: You see? A gift for art often runs in families, like the color of a person's eyes. Take those ice-blue eyes in the picture you drew of me.
_____(f)_____ People say I look like him.

Georgia: So, I'm a "natural-born" painter, as the saying goes? Is that your point?

Jimmy: Yes. Not that you haven't worked hard to develop your gift. I know you have. Your dedication is as admirable as your talent. I'm the laziest man on earth.

Georgia: Painting does come easily to me. Still, I love working at it. I'm glad you noticed.

Jimmy: *That* must be what talent is. [どんなにきつい練習をしてもそれを楽しく感じるなら，君は才能があるということだよ。]

Georgia: I think you may be right. And come on, Jimmy. You aren't lazy. I walk by your apartment five or six times a week. _____(g)_____ Loudly. And beautifully. Me? I can't whistle even the simplest of tunes. Any musicians in your family?

Jimmy: Come to think of it, there are. My cousin's a pianist. So is my uncle. And *his* father was in a rock and roll band. Way back in the 1960s. They had a number one hit record. All the radio stations played it. Didn't I ever tell you about that?

Georgia: No! That's really wild. Do you have a copy?

Jimmy: You bet I do. It's on CD now, of course. And I've got it loaded on my smartphone. Here, listen.

(*Georgia takes the phone, plugs in some headphones, starts to dance.*)

Georgia: Great stuff.

Jimmy: Why are you shouting?

Georgia: What? I can't hear you.

Jimmy:　Take the headphones off, Georgia!

(*She does*.)

Georgia: Sorry about that. I was getting into it. _____(h)_____ And as
for you, Jimmy. You should start a band.

Jimmy:　And call it "Plausible Tree"?

Georgia: Exactly.

Ⅲ－A　空所(a)～(h)に入るもっとも適切なものを次の1～10の中からそれぞれ
一つ選び，その番号を解答欄に記入しなさい。同じ選択肢を二度使っては
いけません。選択肢の中には使われないものが二つ含まれています。

1　Does anyone else in your family paint?

2　Does my face really look like a bunch of triangles and cubes?

3　Does my face really look like a tree?

4　Here, take this pencil and sketch pad.

5　I might as well be looking into a mirror.

6　I might as well be looking out a window.

7　I started when I was just a kid.

8　They're my father's.

9　You're always playing the guitar.

10　You've got to give me a copy of that CD.

Ⅲ－B　本文中の［　　　］内の日本語を英語で表現しなさい。

どんなにきつい練習をしてもそれを楽しく感じるなら，君は才能があるという
ことだよ。

Ⅰ 次の文を読んで，問いに答えなさい。

The Hawaiian language has no term for "virtual reality." At least, it didn't in 2017, when the Smithsonian Asian Pacific American Center held its first event in Hawai'i. Visitors to the Honolulu festival — called "*Ae Kai*: A Culture Lab on Convergence" — could learn about Hawaiian fabric-making and surfboard-crafting or watch Hawaiian films and poetry readings. Most of the presenters were native Hawaiians and Pacific Islanders and the signs were in the Hawaiian language. But organizers faced a problem: Some of the words needed to describe the exhibits didn't exist yet.

"We worked with Hina Kneubuhl, a linguist[1] who was taking part in the program," says Kālewa Correa, the center's curator[2] of Hawai'i and the Pacific. "She would ask us questions like, 'What is at the core of virtual reality? What is it, really?' We had to really tease out[3] how to describe that idea within a Hawaiian worldview[4]." The term they came up with was *ho'opili 'oia'i'*, which literally means "true connection," or being fully immersed in an experience. The Hawaiian language expert presented the word to an official panel that approves new words, and the term was submitted to the modern Hawaiian dictionary.

Stories like this remind us of a time when Hawaiian was more actively spoken. Correa recalls that his Portuguese immigrant ancestors on his father's side learned the language when they arrived in the mid-1800s. So did immigrants from China, Japan, Africa, and all over the world. Only about half of the islands' population were indigenous[5] at the time, but Hawaiian was the kingdom's language, spoken in shops, in the fields, in the houses of government.

"It was the language of an advanced, multicultural society," Correa says. "People often don't realize how sophisticated Hawai'i was at the time. We had universal suffrage[6]. We had women judges. King Kalākaua and Queen Kapi'olani were the first monarchs[7] to ever travel around the globe, back in the 1880s." On their tour, the royal couple stopped in Washington, DC, where President Ulysses S. Grant hosted them at the first-ever state dinner. The queen toured the Smithsonian museum, and when she returned to Hawai'i, she had her boat makers create a special canoe and send it to the museum.

In 1896, just a few years after the king died, Kalākaua's sister, Queen Liliuokalani, was overthrown and the US government acquired the islands as a US territory. Part of the overthrow involved banning the Hawaiian language from all schools. By the time Correa was born in 1975, only the elderly could still speak Hawaiian fluently.

That changed around the time Correa went to college. A new program at the University of Hawai'i at Hilo revived the language and developed immersion programs[8] for Hawaiian schoolchildren. Today, more than 18,000 people speak Hawaiian fluently, a large proportion of them under the age of 18. Correa is also playing a role in the revival of the Hawaiian language. Through the center, he runs a program called *Our Stories*, which helps native Hawaiian and Pacific Islander filmmakers and multi-media artists share their own tales and perspectives.

One of the *Our Stories* projects is called *Language of a Nation*. It's a four-part series by the native Hawaiian filmmaker Conrad Lihilihi, relying on interviews with leading Hawaiian historians and cultural experts to explore the 1896 ban and its consequences. "Language really is the code of thinking," says Kaleikoa Kaeo, a professor of ethnic studies at the University of Hawai'i in Maui, in the beginning of the series. "It is really the framework of how we see the world."

Along with his research and storytelling work, Correa has become interested in the boat Queen Kapi'olani sent to the Smithsonian back in the 1880s. He served as the cultural advisor when his colleague, Joshua Bell, the curator of globalism at the National Museum of Natural History, brought in two native Hawaiian canoe experts to take a look. The Hawaiians pointed out that sometime after it was donated, the queen's canoe was unexplainably modified to include parts of other boats. According to Correa, "They said, 'This is a Samoan mast and it must be part of something else. And those pieces of wood at the bottom — those aren't part of the design. They're the packing materials that were used to hold the boat straight inside the crate[9].'" The experts also insisted that the boat needed more than just repairs. "The Hawaiian mindset[10] about boats is almost like the way musicians think about a Stradivarius violin — that you have to play it and give it energy," says Correa.

The same is true of the Hawaiian language itself. Reviving it involves more than learning the vocabulary and grammar. It requires a whole new kind of engagement. "Take a place name like Waimea Bay," Correa says, in reference to a part of the island of Oahu. "*Waimea* means 'reddish-brown waters.' When you see places with '*waimea*' in their name, it means that people long ago noticed the reddish color of the water there — a result of dissolving volcanic rock. Once you know the language, you understand so much more about the land around you and how your ancestors saw it. Those stories and perspectives are still there. You just need to unlock them."

(Adapted from a work by Jennie Rothenberg Gritz)

（注）

1.	linguist	言語学者
2.	curator	（博物館などの）学芸員
3.	tease out	見つける
4.	worldview	世界観
5.	indigenous	先住民の
6.	suffrage	投票権
7.	monarch	君主
8.	immersion program	他教科も当該言語で学ぶ外国語学習法
9.	crate	木箱
10.	mindset	考え方

〔1〕 本文の意味，内容にかかわる問い(A)～(D)それぞれの答えとして，本文にしたがってもっとも適当なものを(1)～(4)から一つ選び，その番号を解答欄にマークしなさい。

(A) What was challenging for the organizers of the Honolulu festival "*Ae Kai: A Culture Lab on Convergence?*"

(1) They could not find enough activities for visitors to participate in.

(2) The Hawaiian language did not have terms to describe all the displays to the visitors.

(3) It was difficult to explain the Hawaiian worldview to the other Pacific Islanders attending the festival.

(4) An official panel sometimes had trouble approving the creation of new words for the modern Hawaiian dictionary.

(B) Which of the following is NOT given as evidence of how sophisticated Hawai'i was in the 19th century?

(1) The royal family traveled internationally.

(2) Hawai'i was industrializing at a rapid pace.

(3) Hawai'i had a form of democracy at that time.

(4) Women held positions in the higher ranks of the legal system.

(C) According to the text, what is the current situation regarding the Hawaiian language?

(1) It is mainly spoken by linguists and cultural specialists.

(2) It is currently in serious decline and unlikely to survive.

(3) More young people are able to speak it fluently than before.

(4) Hawaiian has just been made a compulsory subject in high schools.

(D) According to Kālewa Correa, why is reviving the language so important?

(1) It will enable more people to communicate with elderly relatives.

(2) It will help people to better understand its vocabulary and grammar.

(3) It will give people a greater appreciation of their history and environment.

(4) It will allow Hawaiians to better enjoy their visits to Waimea Bay.

〔2〕 次の(1)～(5)の文の中で，本文の内容と一致するものには1の番号を，一致しないものには2の番号を，また本文の内容からだけではどちらとも判断しかねるものには3の番号を解答欄にマークしなさい。

(1) In the middle of the 19th century, a large majority of the population of Hawai'i were indigenous.

(2) When she was in Washington, DC, Queen Kapi'olani presented the President of the United States with a specially made canoe.

(3) The *Our Stories* program was funded by the US government.

(4) The project, *Language of a Nation*, explores the effects of prohibiting the Hawaiian language in schools.

(5) Hawaiian canoe experts discovered that the canoe donated to the museum by Queen Kapi'olani had been changed from its original form.

〔3〕 本文の内容をもっともよく表しているものを(1)～(5)から一つ選び，その番号を解答欄にマークしなさい。

(1) A festival in Honolulu: "*Ae Kai*: A Culture Lab on Convergence"

(2) The historical relationship between the United States and Hawai'i

(3) An example of saving an endangered language and its related culture

(4) How immigration has influenced the language and culture of Hawai'i

(5) The importance of maintaining language diversity in the twenty-first century

Ⅱ 次の文を読んで，問いに答えなさい。

In 2020, a team led by Dr Gilad Bino visited the area surrounding the Manning and Hastings rivers, on the Mid North Coast of New South Wales, Australia. Only six months previously, fire had swept through the area, destroying ecosystems already damaged by continued drought, and Bino, a freshwater ecologist, was there to assess the effects of these multiple disasters on platypus[1] populations. Over two weeks, Bino's team used nets to trap and count platypuses along Dingo Creek, examining captured animals before returning them to the water. They also carried out surveys of the populations of macroinvertebrates[2] that platypuses depend upon for food.

Interestingly, Bino's team's findings suggested that even in areas badly damaged by fire, macroinvertebrate numbers were relatively high. But when it came to platypuses, (あ)it was a very different story. On sections of creek unaffected by fires, the team were able to catch six platypuses over three nights. ☐(A)☐, in areas that weren't directly affected by the fires but had suffered indirect impact in the form of erosion[3] and poor water quality, the team were also able to trap several platypuses over two nights. However, on sections of creek directly affected by fire the team caught only one platypus over five nights in one location, and another one at a second location. Even more ☐(B)☐, they found no young platypuses at any location, suggesting none of the populations had bred successfully in the previous year.

Although disturbing, Bino didn't find these ☐(C)☐ surprising: "Intuitively[4], it makes sense that fire and drought pose significant threats to freshwater species, especially in combination." But his team's findings were significant. "Previous studies that looked at the impact of fires on platypuses didn't find a strong association between fire and platypus numbers. ☐(D)☐ in those studies the condition of the rivers wasn't as dire[5] as it was at the peak of the drought in 2019 when the fires hit."

There seems little question these conditions had already placed pressure on platypus populations. Bino thinks that as creeks and rivers dry out, platypuses have to move along the dry stream bed in search of the deep pools they use as shelter. This puts them at risk of attack by invasive species[6] such as foxes and cats. He believes ᵢ₁this was happening in these areas because some of the local people who live along the river mentioned seeing fox holes with platypus carcasses[7] scattered about. More importantly, though, Bino's study suggests the drought alone was not enough to account for the drop in platypus populations. ☐(E)☐, the number of platypuses in the rivers seems to be linked to whether the rivers and their surrounding areas had also been affected by fire.

Fire has a variety of direct impacts upon platypuses because it damages important vegetation that they rely upon. The upper sections of riverside plants offer shade, cooling the water and protecting the animals from direct sun, as well as providing a habitat for the insects whose larvae[8] form a significant part of the platypus' diet. Simultaneously, the roots of bushes and trees growing along the riverbank support the burrows[9] in which the species breeds and rests. Fires also affect platypuses in less direct ways. Run-off of ash and increased erosion resulting from loss of vegetation in river systems reduce water quality, leading to the build-up of toxins[10] and organic compounds, and decreasing oxygen.

It might come as a shock to many that we ☐(F)☐ the health of the platypus. After all, as well as their significance in many Aboriginal cultures, the species has long been a subject of scientific and public curiosity. In the 18th and 19th centuries, much of ᵢ₃this revolved around the way the platypus seemed to belong to two different classes of organism, exhibiting the characteristics of mammals alongside ones associated with birds.

A lack of data on this exceptional creature's health and habitat has created a situation in which platypus populations could suffer rapid declines or local extinctions without scientists or policymakers noticing. This concern prompted Dr Tahneal Hawke to try to develop a better understanding of platypus distribution and abundance over time. ㉓To do this, Hawke searched newspaper reports, natural history books, explorers' journals, and museum records for references to platypuses. The results were clear. Over the past 20 years, platypuses appear to have disappeared from 21.3 per cent of their known historical territory.

Hawke's research also offers an alarming glimpse of a time when platypuses were ☐(G)☐. Records from the 19th century frequently describe sightings of as many as 20 platypuses in an hour or two, often in daylight. Likewise, thousands of platypus furs passed through markets in Sydney and elsewhere, with one merchant in Nowra claiming to have sold as many as 29,000 furs in the years before World War I.

The recent ☐(H)☐ platypus populations are likely to become more apparent in years to come. As a result, Bino, Hawke and their colleagues at the Centre for Ecosystem Science recently applied to have the platypus listed as a threatened species. They hope _(お)this will lead to better monitoring of platypus populations, and more careful consideration of threats from developers and water management agencies. The team will be returning to carry out follow-up surveys. Their findings will contain important lessons about the future of this remarkable animal in a climate-changed world.

(Adapted from a work by James Bradley)

（注）

1. platypus　　　　　カモノハシ
2. macroinvertebrate　大型無脊椎動物
3. erosion　　　　　　浸食
4. intuitively　　　　直感的に
5. dire　　　　　　　悲惨な
6. invasive species　　外来種
7. carcass　　　　　　（動物の）死体
8. larvae　　　　　　幼虫
9. burrow　　　　　　巣穴
10. toxin　　　　　　　毒素

〔1〕　本文の ☐(A)☐ ～ ☐(H)☐ それぞれに入れるのにもっとも適当なものを(1)～(4)から一つ選び，その番号を解答欄にマークしなさい。

(A)　(1)　As a result　　　　　(2)　In contrast
　　　(3)　Likewise　　　　　　(4)　Nevertheless

(B) (1) concerning   (2) encouraging
     (3) satisfying   (4) tiring

(C) (1) opinions   (2) questions
     (3) results   (4) strategies

(D) (1) For instance   (2) However
     (3) Similarly   (4) Therefore

(E) (1) As a consequence   (2) In fact
     (3) Luckily   (4) On the other hand

(F) (1) are dependent upon   (2) bring up
     (3) care so much about   (4) know so little about

(G) (1) far more abundant   (2) given greater protection
     (3) not as tame   (4) underpriced

(H) (1) declines in   (2) movements of
     (3) observations of   (4) theories regarding

〔2〕 下線部あ〜おそれぞれの意味または内容として，もっとも適当なものを(1)
〜(4)から一つ選び，その番号を解答欄にマークしなさい。

あ it was a very different story
(1) Bino's team was unable to complete its research.
(2) The macroinvertebrates could no longer be eaten.
(3) Greater numbers of platypuses were captured each night.
(4) Platypuses were more badly affected than macroinvertebrates.

(い) this

    (1) the observation of the local area

    (2) the hunting of platypuses by other animals

    (3) the falling of water levels in the rivers and streams

    (4) the effect of fire on the invasive species in the area

(う) this

    (1) the last 300 years

    (2) our historical interest in the platypus

    (3) what we did not know about the platypus

    (4) the importance of the platypus to Australian Aborigines

(え) To do this

    (1) To examine historical records

    (2) To raise concerns with other scientists

    (3) To improve policies to protect the platypus

    (4) To more fully understand trends in platypus populations

(お) this

    (1) a plan to observe platypuses more closely

    (2) an effort to relocate the platypus to other areas

    (3) a decision to publish the team's findings in a scientific journal

    (4) an attempt to have the platypus recognized as an endangered animal

III

〔1〕 次の会話の⑧～②それぞれの空所に入れるのにもっとも適当な表現を(1)～
(10)から一つ選び，その番号を解答欄にマークしなさい。

On a bus

A: Excuse me, where are we now? Anywhere near Market Square?

B: (　⑧　) You've missed your stop, I'm afraid.

A: Oh, you're joking! Really?

B: Didn't you hear the announcement? A lot of people got out there.

A: I had my headphones on. I must have dozed off.

B: Not to worry. (　⑩　)

A: I know, but I wanted to get there early. The best bargains are always gone before midday.

B: Well, it's only ten o'clock. There's plenty of time.

A: Yes, you're right. OK, I see where we are now. The next stop's the university, right? (　⑤　)

B: You might as well wait until the station. There's a shuttle bus from there that'll take you straight to the market.

A: Yeah, I know. (　②　) I'd rather walk, I think. I'll go through the park.

B: Yes, it shouldn't take you long. Have fun at the market!

　(1)　I'll go there instead.

　(2)　But it's always so crowded.

　(3)　That's what I was thinking.

　(4)　I don't think anyone noticed.

　(5)　We passed it ten minutes ago.

　(6)　I'll get off there and walk back.

　(7)　I think you're on the wrong bus.

　(8)　There's another market tomorrow.

　(9)　I can show you the way if you like.

　(10)　If you're heading to the market, it's on all day.

66

〔２〕 次の会話の㋕〜㋘それぞれの空所に入れるのにもっとも適当な表現を(1)〜
(10)から一つ選び，その番号を解答欄にマークしなさい。

In a shop

A: Hello. I'll take this jacket, please. Can I pay by credit card?

B: Yes, of course.

A: Also, I got this coupon last time I was here. It should give me a 10% discount.

B: It's no longer valid, unfortunately. （ ㋕ ）

A: Oh, I didn't realize. How annoying!

B: Perhaps I can interest you in our new customer card. If you sign up for one now, you'll get 15% off all your purchases today.

A: Sounds good. Will it take long?

B: （ ㋖ ） If you could just fill in this form with your details ....

A: Let me see .... Hmmm ... date of birth? Is that *really* necessary?

B: （ ㋗ ） We do need your home address though, and a telephone number if possible.

A: I'm sorry. I'm not happy about sharing so much personal information.

B: I understand. Do you still want the jacket?

A: （ ㋘ ） Maybe I'll come back for one when you have your next sale.

(1) I'm afraid so.

(2) It's the best I can do.

(3) Please take your time.

(4) We've completely sold out.

(5) I can issue it straight away.

(6) Actually, I think I'll leave it.

(7) I don't really have much choice.

(8) That campaign finished last week.

(9) You can skip that part if you like.

(10) We're only accepting cash payments now.

IV   次の(A)～(H)それぞれの文を完成させるのに，下線部の語法としてもっとも適
当なものを(1)～(4)から一つ選び，その番号を解答欄にマークしなさい。

(A) He ate _____ bread each morning.
   (1) a   (2) a few   (3) many   (4) some

(B) They _____ a house with a white fence.
   (1) are bought recently   (2) bought recently are
   (3) have recently bought   (4) recently bought is

(C) Since I've been so critical of the academy, it wouldn't be right for _____
the prize.
   (1) I accept   (2) I were to accept
   (3) me to accept   (4) my accepting

(D) I could not _____ if he was lying.
   (1) insist   (2) speak   (3) talk   (4) tell

(E) This newspaper _____ published for about ten years in the early 20th
century.
   (1) has been   (2) having been   (3) is being   (4) was

(F) Her wireless internet connection failed while she _____ an online class.
   (1) has taken   (2) is taken   (3) takes   (4) was taking

(G) Had you arrived on time, you _____ the answer to that question.
   (1) knew   (2) know   (3) will know
   (4) would know

(H) I quickly _____ the car and drove off.
   (1) got at   (2) got in   (3) got on   (4) got up

V

〔1〕 次の(A)～(E)それぞれの文を完成させるのに，下線部に入れる語としてもっとも適当なものを(1)～(4)から一つ選び，その番号を解答欄にマークしなさい。

(A) Charles often asked his family and friends to _____ him money.
- (1) flood
- (2) lend
- (3) rest
- (4) upset

(B) Some hairdressers enjoy working with _____ hair.
- (1) civil
- (2) curly
- (3) intensive
- (4) lifelong

(C) Both sides must learn to _____ to gain lasting peace.
- (1) compromise
- (2) fragment
- (3) leap
- (4) orbit

(D) The _____ of the new medical treatment are encouraging.
- (1) concessions
- (2) flames
- (3) outcomes
- (4) ravages

(E) Rather than living in luxury, the president donates 80% of her salary to charity and tries to lead a _____ life.
- (1) costly
- (2) frugal
- (3) literal
- (4) lucrative

〔2〕 次の(A)～(E)の文において，下線部の語にもっとも近い意味になる語を(1)～(4)から一つ選び，その番号を解答欄にマークしなさい。

(A) I used to try not to <u>rely on</u> others for support.
    (1) check on   (2) count on
    (3) focus on   (4) spy on

(B) Taylor had <u>an outstanding</u> match in the final.
    (1) a competitive   (2) a favorable
    (3) an impressive   (4) an unlucky

(C) We should call the building's <u>landlord</u> about fixing the broken pipe.
    (1) committee   (2) inhabitant
    (3) owner   (4) tenant

(D) In his speech, the prime minister spoke about the <u>crucial</u> role of education.
    (1) changing   (2) contemporary
    (3) important   (4) modern

(E) We don't see ourselves as <u>opponents</u>, but some people do.
    (1) colleagues   (2) innovators
    (3) liberals   (4) rivals

本冊問題・出典一覧